国家文化产业资金支持媒体融合重大项目

21世纪新概念教材："换代型"系列

高职高专教育市场营销专业教材新系

价格理论与实务

Jiage Lilun yu Shiwu

（第六版）

翟建华　刘超　编著

东北财经大学出版社

Dongbei University of Finance & Economics Press

大连

图书在版编目（CIP）数据

价格理论与实务 / 翟建华，刘超编著 . —6版 . —大连：东北财经大学出版社，2019.2（2021.1重印）

（高职高专教育市场营销专业教材新系）

ISBN 978-7-5654-3415-0

Ⅰ.价…　Ⅱ.①翟…②刘…　Ⅲ.物价学–高等职业教育–教材　Ⅳ.F714.1

中国版本图书馆CIP数据核字（2019）第002689号

东北财经大学出版社出版

（大连市黑石礁尖山街217号　邮政编码　116025）

网　　　址：http://www.dufep.cn

读者信箱：dufep@dufe.edu.cn

大连东泰彩印技术开发有限公司印刷　东北财经大学出版社发行

幅面尺寸：185mm×260mm　　　字数：309千字　　　印张：14.25

2019年2月第6版　　　　　　　　2021年1月第19次印刷

责任编辑：许景行　李　彬　　　　　责任校对：孟石威

封面设计：张智波　　　　　　　　　版式设计：钟福建

定价：32.00元

总 序

随着"教育兴国"战略的实施，面对21世纪社会经济发展对人才的需要，党中央国务院决定扩大高等教育规模，通过多种形式积极发展高等教育，使我国高等教育的毛入学率至2015年达到36%左右，实现由"精英型"高等教育向大众化高等教育的转变。高职高专是我国高等教育的重要组成部分，培养拥护党的基本路线，适应生产、建设、管理、服务第一线需要，德、智、体、美全面发展的高等技术应用型专门人才，学生应在具有必备的基础理论和专门知识的基础上，重点掌握从事本专业领域实际工作的基本能力和基本技能，具有良好的职业道德和敬业精神。大力发展高等职业教育，培养大量的高等技术应用型专门人才，是实现高等教育大众化目标的必然选择。

高职高专教育要完成培养高等技术应用型专门人才这一根本任务，迫切需要解决的问题之一是教材问题，因为目前高职高专院校使用的教材基本上是本科教材、原专科教材和成人高校教材。与高职高专教育新的培养目标相适应的新教材建设，从严格意义上讲，还是一块未开垦的"处女地"。切实做好占整个高等教育在校生规模60%以上的高职高专教育教材的建设已迫在眉睫。

《中华人民共和国国民经济和社会发展"九五"计划和2010年远景目标纲要》明确指出，国有企业要按照市场需求组织生产，"搞好市场营销，提高经济效益"，要积极发展"代理制、连锁经营等新的营销方式""建立科研、开发、生产、营销紧密结合的机制"。1999年8月12日，江泽民总书记在东北和华北地区国有企业改革与发展座谈会上所做的题为"坚定信心，深化改革，开创国有企业发展的新局面"的讲话中指出："加强企业发展战略管理，关键是要根据不断变化的市场要求，抓住发展战略、技术创新战略和市场营销战略这些重点环节。"这就把市场营销战略提到了与发展战略、技术创新战略并驾齐驱的位置上。社会主义市场经济发展的客观需要和党中央、国务院对市场营销工作的重视，表明市场营销专门人才存在着广阔的市场需求潜力，预示着高职高专教育的市场营销专业将有强劲的发展态势。

有鉴于此，在21世纪初，以具有开设市场营销专业的历史经验和师资、规模优势的上海商业职业技术学院、山东商业职业技术学院、安徽商贸职业技术学院、无锡商业职业技术学院、浙江商业职业技术学院、温州职业技术学院、浙江工商职业技术学院和广东农工商职业技术学院等为主体的全国商业高职高专院校，按照教育部关于高职高专教育"专业课程等依据教学大纲组织自编教材"的精神，提议编写高职高专教育市场营销专业课程教材。

根据高职高专市场营销专业教学计划和培养目标的要求，列入编写初版的教材有《市场营销学》《现代企业经营管理》《广告原理与实务》《公共关系原理与实务》《现代推销理论与实务》《市场营销策划》《价格理论与实务》《国际贸易理论与实务》《市场调查与预测》《商务谈判》《现代营销礼仪》《电子商务与网络营销》《消费者行为学》《商品学概论》共14本。

这些教材自初版起便具有如下特点：

（1）依据高职高专教育的培养宗旨和人才培养模式的基本特征，围绕市场营销职业岗位群的要求，坚持以提高学生整体素质为基础，以培养学生市场营销综合能力特别是创新能力和实践能力为主线，兼顾学生的后续发展需要，确立专业课程新体系和教材内容新体系。各门课程的教材在基本理论和基础知识的选择上以应用为目的，以"必需、够用"为度，服从培养能力的需要，突出针对性和实用性。

（2）着力于学生市场营销能力的培养，但不是与中等职业教育相同的一些单项技能，而是综合运用营销理论分析、解决营销实际问题的能力。因此，"必需、够用"的基本理论也必须理论概念清楚、知识完整准确、重点突出，有一定的深度和难度，使其与中等职业教育教材相区别。

（3）坚持实用性与前瞻性的统一。高职高专教育属于大众化教育，旨在培养适应我国社会主义市场经济体制下新型企业市场营销岗位第一线需要、具有市场营销综合能力的高等技术应用型专门人才。学生毕业后，绝大多数要进入营销岗位就业或者自己去创业，因此教材内容必须强调实用性和针对性。同时，兼顾市场营销职业岗位群发展和学生的后续发展需要，教材编写必须坚持前瞻性原则，在内容上要新，做到充分吸收本学科海内外最新教科书、最新科研成果和最新营销实践经验、举措和案例，并把这些新内容与高职高专教育教学要求及学生的接受能力结合起来，以强化教材的科学性、先进性和适应性。

（4）自觉摆脱"传统专科教育的学科型教育和专科教育教材为本科教育教材的压缩"的框框，摈弃"传统教材以理论知识为核心，以原理、范畴、概念分类为主线，以从理论到理论的阐述为章节结构"的惯性做法，在重点、扼要、完整地论述"必需、够用"的基本理论知识的同时，增加图、表、典型案例、专栏、补充阅读资料等栏目的内容比例，设置课堂讨论题、自测题、实训题和复习思考题，以强化理论与实际的结合、学习知识与开发智力的结合、动脑思考与动手操作的结合，真正体现高等职业教育的特色。

光阴荏苒。到2014年，东财版"21世纪新概念教材：换代型系列·高职高专教育市场营销专业教材新系"大部分已出第四版，印刷24次左右。其中：有8种入选"普通高等教育'十一五'国家级规划教材"，有6种入选"'十二五'职业教育国家规划教材"，3种成为"国家级精品课程教材"，1种入选"教育部普通高等教育精品教材"，多种被评为全国、行业或省级畅销书，深受广大高职院校师生的喜爱与欢迎。

为了将《国家中长期教育改革和发展规划纲要（2010—2020年）》中提出的"着力提高人才培养水平"，"坚持育人为本，德育为先""强化能力培养，创新人才培养模式""着重培育学生的主动精神和创造性思维"等新时期教育要求进一步落到实处，完成"十二五"时期起我国高等职业教育新型人才培养的阶段性目标，市场营销专业教材必须与时俱进，体现国内外先进的专业技术水平、教育教学理念和课改新趋势，实现课程教材建设的模式转换。为此，我们于2013年年底启动了对原版教材的全面修订。

改版的教材在以下方面沿着"21世纪新概念教材：换代型系列"的方向继续前行：

（1）同步提升了高职高专职业教育经管类专业的人才培养目标定位。借鉴发达国家高等职业教育关于"职业教育与学术教育有机结合"的课改经验，"克服高职各类专业的同质化倾向"，将高职高专职业教育经管类人才培养目标由先前的"教高〔2006〕16号"（培养"面向生产、建设、服务和管理第一线高素质技能型专门人才"），经过"教职成〔2011〕9号"、"教高〔2012〕4号"和国发〔2014〕19号等文件的一般定位（培养"高端技能型人才"、"应用技术型人才"乃至"技术技能型人才"），提升到"职业知识"、"职业能力"与"职业道德"并重的"高等复合应用型"人才培养目标上来；同时，对照《国家中长期教育改革和发展规划纲要（2010—2020年）》关于"创新人才培养模式""着重培育学生的主动精神和创造性思维"等新时期教育要求，将"问题思维"和"创新意识"的培养纳入新版教材的人才赋型机制中。

（2）兼顾了"衔接"和"层次区别与提升"。在教学重点、课程内容、能力结构等方面，既细化了高职教材与中职教材的有机衔接，也研究和探索了前者不同于后者的层次区别与提升。

（3）兼顾了"工学结合型"教育所要求的"双证沟通"与"互补"。在把国家职业资格标准融入专业课程内容与标准的同时，一方面着眼于高等职业学历教育与职业培训的重要区别，强化了对学生"职业学力"的全面建构；另一方面通过同步反映行业领域、国内外高职教育教学及课程改革新发展、新标准、新成果，弥补国家职业资格标准的相对滞后性。

（4）兼顾了"理论"、"实务"、"案例"和"实训"等教学与训练环节。与只侧重"实务"的中职教材不同，修订版教材依照"原理先行、实务跟进、案例同步、实训到位"的原则，循序渐进地展开高职教材内容。

（5）扩展了"职业学力"建构的基本内涵。将学生"职业学力"基本内涵的建构，由先前的"职业知识"和"职业能力"两者并重，扩展到"职业知识"、"职业能力"和"职业道德"三者并重，致力于建构以"健全职业人格"为更高整合框架的教材赋型机制。

（6）兼顾了各种教学方法。将"学导式教学法""案例教学法""问题教学法""讨论教学法""项目教学法""工作导向教学法"等诸多先进教学方法具体运用于专业课程各种教学活动、功能性专栏和课后训练的教材设计中。

联合国教科文组织的研究表明：进入21世纪，不少学科知识更新周期已缩短至2～3年。这意味着在高职院校学习的相当多知识在毕业后已经过时。为应对日益加速的"知识流变性"，自第本版起，本系列教材将"自主学习"训练视为与"实训操练"同等重要的能力训练：在奇数各章"学习目标"的"职业能力"中用

"自主学习"子目标替换第五版"实训操练"项，并相应调整了其章后"基本训练"中"能力题"的子题型。

为阶段性落实《教育部关于进一步推进职业教育信息化发展的指导意见》（教职成〔2017〕4号）和《教育部高等教育司2018年工作要点》等文件的要求，2018年起本系列再版和重印教材增加了二维码教学资源，借以满足广大高职院校对二维码教材的最新需求。

教材改革与创新是一项系统工程，旨在培养"高等复合应用型人才"的高职高专教育经管类专业教材的改革与创新更是如此。我们试图在深入调查研究、系统总结国内外教材建设先进经验的基础上，与时俱进地不断推出具有我国高等职业教育特色、优化配套的市场营销专业的新型教材。

期待广大专家、学者和读者们继续给我们以宝贵的意见与支持，使本系列教材通过阶段性修订，与我国新时期高等职业教育教学及课程改革发展始终保持同步。

"高职高专教育市场营销专业教材新系"项目组

第六版前言

本教材第五版发行使用至今已有三年。随着供给侧结构性改革的持续推进，我国经济发展进入新常态，价格理论研究与价格改革也因此不断深化，并有新的成果形成。基于高职高专院校人才培养目标的要求，以相关课程标准为依据，结合价格理论与实践最新的成果，第六版教材在第五版的基础上对各章的教学内容和章后训练进行了调整与更新，具体是：

第一，为了突出学生专业技能培养与职业素质的塑造要求，修订了每章的"职业知识、职业能力和职业道德"等学习目标的内容。

第二，为了更好地体现我国"互联网+"时代市场经济的特征，使教材内容更具有前沿性、典型性与权威性，第六版对教材中的陈旧理论内容进行了修订，同时更新了全书各章的篇首引例、同步案例、同步思考、职业道德与企业伦理、章后基本训练中的案例分析与善恶研判案例，以及综合案例与综合训练等实践教学内容。

第三，为利用丰富的网络资源开展信息化教学，拓宽学习价格理论的知识面，文中增添了思维导图、延伸阅读材料等二维码资源，同时删除了正文中的小资料内容，部分小资料经更新完善后变更为二维码阅读材料。

第四，同步更新了第六版教材的网络教学资源包，使用本教材的教师可登录东北财经大学出版社网站（www.dufep.cn）查询和下载这些教学资源（PPT和"基本训练"参考答案与提示）。

第六版教材的修订工作由安徽商贸职业技术学院翟建华和刘超两位老师共同完成。具体分工如下：翟建华负责第1、2、3、6、7、8章的修订，刘超负责第4、5、9、10、11章及综合案例、综合实训的修订。全书最后由翟建华总纂定稿。本书在修订过程中参阅了大量的书刊和网络资源，在此向有关作者一并致谢！

由于编著者水平有限，书中难免存在缺点和错误，敬请广大师生批评指正。

编著者
2019年1月

目　录

第1章　价格概论/1

- ■　学习目标/1
- 1.1　价格概述/2
- 1.2　价格机制与价格职能/7
- ■　本章概要/11
- ■　基本训练/12

第2章　价格形成/15

- ■　学习目标/15
- 2.1　价格形成的基础/16
- 2.2　影响价格形成的因素/19
- 2.3　价格形成的主体与方式/28
- ■　本章概要/31
- ■　基本训练/32

第3章　价格弹性/36

- ■　学习目标/36
- 3.1　需求价格弹性/37
- 3.2　供给价格弹性/42
- 3.3　其他价格弹性/45
- ■　本章概要/50
- ■　基本训练/51

第4章　价格构成/54

- ■　学习目标/54
- 4.1　价格构成概述/55
- 4.2　价格构成中的成本/57
- 4.3　价格构成中的税金和利润/63

■　本章概要/67
■　基本训练/68

第5章　价格体系/72

■　学习目标/72
5.1　价格体系的内容/73
5.2　商品比价/74
5.3　商品差价/79
5.4　价格总水平/85
■　本章概要/89
■　基本训练/90

第6章　定价程序/93

■　学习目标/93
6.1　搜集定价资料/95
6.2　进行定价分析/97
6.3　确定定价目标/97
6.4　选择定价方法/101
6.5　运用定价策略/101
■　本章概要/102
■　基本训练/102

第7章　定价分析/106

■　学习目标/106
7.1　财务分析/107
7.2　顾客分析/114
7.3　竞争分析/120
■　本章概要/124
■　基本训练/125

第8章　定价方法/128

■　学习目标/128
8.1　成本导向定价法/130
8.2　需求导向定价法/133
8.3　竞争导向定价法/137
■　本章概要/139
■　基本训练/139

第9章 定价策略/143

- ■ 学习目标/143
- 9.1 新产品定价策略/144
- 9.2 价格调整定价策略/146
- 9.3 产品组合定价策略/153
- ■ 本章概要/155
- ■ 基本训练/155

第10章 价格信息与价格预测/159

- ■ 学习目标/159
- 10.1 价格信息/160
- 10.2 价格预测/165
- ■ 本章概要/173
- ■ 基本训练/174

第11章 价格管理/177

- ■ 学习目标/177
- 11.1 政府对价格的管理/178
- 11.2 企业价格管理/186
- ■ 本章概要/191
- ■ 基本训练/191

综合案例/194

综合实训/201

主要参考文献/214

第1章
价格概论

▶ 学习目标
1.1 价格概述
1.2 价格机制与价格职能
▶ 本章概要
▶ 基本训练

▶ **学习目标**

通过本章的学习，你应该达到以下目标：

职业知识 学习和掌握价格的起源、本质与特性，价格的分类，价格机制与价格职能等理论与实务知识；能用其指导或规范本章认知活动和技能活动，正确解答"基本训练"中"知识训练"各题型的相关问题。

职业能力 能够运用价格机制及价格职能的原理分析经济生活中的价格现象和价格问题；通过收集、整理与综合"价格机制与价格职能"的前沿知识，撰写、讨论与交流《"价格机制与价格职能"最新文献综述》，培养"价格概论"中"自主学习"的通用能力。

职业道德 结合本章教学内容，依照行业规范或标准，分析"职业道德与企业伦理 1-1～1-2"和章后"日用消费品走高端谁埋单"案例中企业或其从业人员行为的善恶，强化企业和员工的伦理道德素养。

学习微平台

延伸阅读 1-1

引例　房价变化折射出价格的特征与职能

背景与情境：1998年，福利分房政策取消，取而代之的是居民住宅商品化、私有化。住房的全面商品化促进了我国房地产市场的发展，房地产行业也成为过去20年间拉动国民经济发展的支柱，而房价也在这20年内一路高歌猛进、不断上涨。据统计，1998年全国平均商品房价仅为2 063元/㎡，2018年初则达到8 585元/㎡，一二线城市的均价早已过万。以上海市为例，1998年上海市商品房均价为3 493元/㎡，而到了2018年初新房均价已高达43 799元/㎡。

房价的高涨，由多方面因素造成，例如：土地价格的上涨，快速城镇化带来房屋需求的增长，投机炒房行为等，也有人认为：开发企业传递政策利好、房源紧张、预期价格上涨等信息，诱导居民恐慌性购房，造成了房价的进一步上涨。对于一些在低价出手的拥有多套房的"房叔"、"房姐"，随着房价的上涨积累了家庭财富，而一些在高价入市的年轻人，成为高额房贷下的"房奴"，不得不节衣缩食、降低生活品质。高房价带来了社会财富再分配及社会的矛盾，我国正不断深化住房供给侧改革，以稳定房价，促进房地产市场健康发展。

在上述引例中，多因素促进了房价的上涨，充分反映了价格的运动性、相关性等特征；房地产开发企业通过传递房价上涨的诱导性信息，引导消费者做出购买选择，反映了价格的传递职能；房价的涨跌带来了国民财富的变化，反映了价格的分配职能。

价格是人们日常经济活动中最常见的现象之一，它直接关系到各市场主体的经济利益。价格的形成和运动是社会主义市场经济体制下人们不断进行探索的一个重要课题。为了较全面系统地掌握价格理论，并能在实际工作中正确自如地运用，我们应首先研究价格学最基本的知识——价格的起源、特性、职能和价格机制，以便为价格理论与实务的学习奠定基础。

1.1　价格概述

价格是人们常见的，甚至天天要与之打交道的一种经济现象。那么，价格是怎样产生的呢？它与货币、价值是什么关系呢？市场价格有哪些种类呢？

1.1.1　价格的表象

在世界各国各种各样的商品和劳务交易场所，人们能见到各种各样的商品和劳务价格。从表象上看，价格是一个数值，数值后面是货币单位的名称，如一块香皂3元人民币、一个玩具3英镑、一件衣服100美元、一台冰箱400俄罗斯卢布、理发一次300日元等。当然，各个国家在不同时期由于货币及其名称不同，因此价格数值后面的货币名称也会发生变化，比如中国历史上就曾用1克黄金、3两白银等形式来表示商品或劳务的价格。随着经济的发展、科技的进步，人们不仅使用纸币，而且使用各种电子货币进行商品和劳务的交易。

1.1.2　价格的起源

价格属于商品经济的范畴，但它不是与商品同时出现的，而是在商品经济漫长的发展过程中，随着价值形式的发展、货币的产生而产生的。这个过程大致经历了四个阶段，表现为四种价值形式：

1）简单价值形式

在原始社会末期，生产力的发展导致剩余产品的出现，于是部落之间出现了个别的、偶然的商品交换。这种交换是以物易物的直接交换，一种商品的价值直接以另一种商品的使用价值来表现，这种价值的表现形式叫作简单的、偶然的价值形式，如图1-1所示。

$$\boxed{1只羊} \Longrightarrow \boxed{1担稻谷}$$

图1-1　简单的、偶然的价值形式

在图1-1中，羊处于相对价值形式上，它通过和稻谷的交换，把自己的价值通过稻谷的使用价值表现出来，稻谷则成了表现羊的价值的商品，充当等价物，处于等价形式上。

2）扩大的价值形式

随着生产力的发展，用于交换的产品不断增多，交换的范围不断扩大，一种商品不再是只能换一种东西，而是可以换其他许多东西。这样，一种商品的价值不再是偶然地表现在另一种商品上，而是表现在多种商品上，这种价值形式称为扩大的价值形式，如图1-2所示。

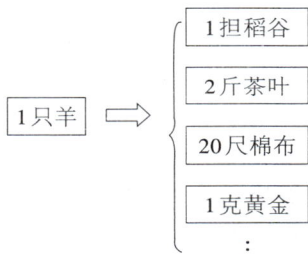

图1-2　扩大的价值形式

从图1-2中可以看出，羊的价值可以同时表现在一系列商品上，这显示了羊的价值的客观性。但这种价值形式还没有反映出大家一致公认的等价物，因而在实际交换活动中，由于交换双方需求物资的差异性，一次交换往往要经过迂回曲折的过程才能实现，这种矛盾随着商品经济的发展日益加剧。

3）一般价值形式

随着商品交换的不断扩大和发展，人们为了顺利实现换取自己所需商品的愿望，会到市场上先把自己的商品换成一种经常出现并为人们普遍接受的商品，然后用这种商品去换取自己需要的商品，这种能为人们普遍接受的商品，就成了特殊商品，它从普通商品中分离出来，充当一切商品的一般等价物，一切商品的价值就共同表现在充当一般等价物的商品上，这时扩大的价值形式就过渡到了一般价值形式，如图1-3所示。

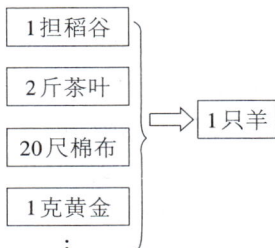

图1-3　一般价值形式

一般价值形式克服了扩大的价值形式的缺点，推动了商品经济的发展。

4）货币价值形式

历史上，充当一般等价物的商品在不同地区、不同时期是不同的，牲畜、贝壳、珍珠、布帛、铜等都曾充当过一般等价物。在商品交换不断发展的过程中，充当一般等价物的商品经过长期选择集中到了黄金、白银上，货币由此便产生了。这时，一般价值形式就过渡到了货币价值形式，如图1-4所示。

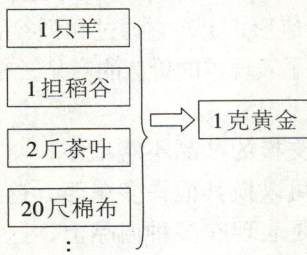

```
┌────────┐
│ 1只羊   │┐
├────────┤│
│ 1担稻谷 ││    ┌────────┐
├────────┤├──▷│ 1克黄金 │
│ 2斤茶叶 ││    └────────┘
├────────┤│
│20尺棉布 │┘
└────────┘
   ⋮
```

图1-4　货币价值形式

当一切商品的价值都用金银即以货币来表现时，就称为价格。可见，价格是商品经济发展到一定阶段的产物，是价值形式长期发展演变的结果。

1.1.3　价格的本质与特性

1）价格的本质

从价格的起源可以看出，**价格**是商品价值的货币表现，是商品与货币交换的比例。这就是价格的本质。价格的本质告诉我们：价值是价格的实体，是决定价格的内在因素；货币是度量价值的尺度，货币价值直接影响价格；价格是度量出来的标志，是价值的表现形式。尽管价格的表象在不同历史时期和不同国度有所不同，但它们反映的本质是相同的。

2）价格的特性

价格的特性是指价格本身所具有的特征和习性，它由价格的本质所决定。了解价格的特性，有利于我们全面认识价格问题，正确运用价格手段。

（1）同一性

价格的同一性也称一物一价法则，是指同一种商品的价格在同一时间、同一市场上必然趋于同一的特性。这是因为决定价格的价值在同一时间、同一市场是同一的，也就是说对于同一种商品，不论各个生产者、经营者的劳动耗费有何不同，决定价值的标准只有一个，这种价值的同一性必然表现为价格的同一性。当然，价格的同一性并不排斥企业实行差别定价策略。

（2）运动性

价格的运动性是指价格是运动和变化着的。在市场交换活动中，买卖商品的价格时涨时跌、起伏不定、不断变化的过程就是价格运动。价格之所以有运动性，是因为价格形成的基础——价值，以及影响价格形成的因素，如货币价值、供求关系、财政税收、货币政策等是不断变化的。由于众多的因素从不同的角度直接或间接地影响价格，推动着价格运动，从而使价格成为市场经济条件下一个非常灵敏、易变的经济元素，并能够综合反映整个国民经济的运行状况。

（3）相关性

价格的相关性是指各种商品价格之间相互衔接、相互联系的特性。这是因为国民经济各部门、各地区、各环节的经济活动是紧密联系的，价格作为经济活动的连接者，相互之间必然也是紧密联系的。一个部门商品价格的变动，往往会引起相关部门商品价格的变动，一个地区商品价格的变动往往会带动其他地区商品价格的变动，一个流通环节价格的变动往往会促成其他流通环节价格的变动，这正是价格的相关性带来的连锁反应。

（4）分配性

价格的分配性是指价格的变动使参与商品交换各方的经济利益此消彼长。这是因为在商品经济条件下，经济利益的分配基本上是通过货币收入的分配来实现的。在国民收入总额既定的情况下，价格的变动会使一些人在交换中少支付货币而买到较多的商品，使另一些人卖出相同数量的商品却只获得较少的货币收入。价格的变动虽然没有改变国民收入总量，却改变了国民收入在商品交换者之间的分配结构，从而使交换各方的经济利益此增彼减。

1.1.4　价格的一般分类

根据商品交易的范围和交易过程的不同特点，价格可以进行如下分类（如图1-5所示）：

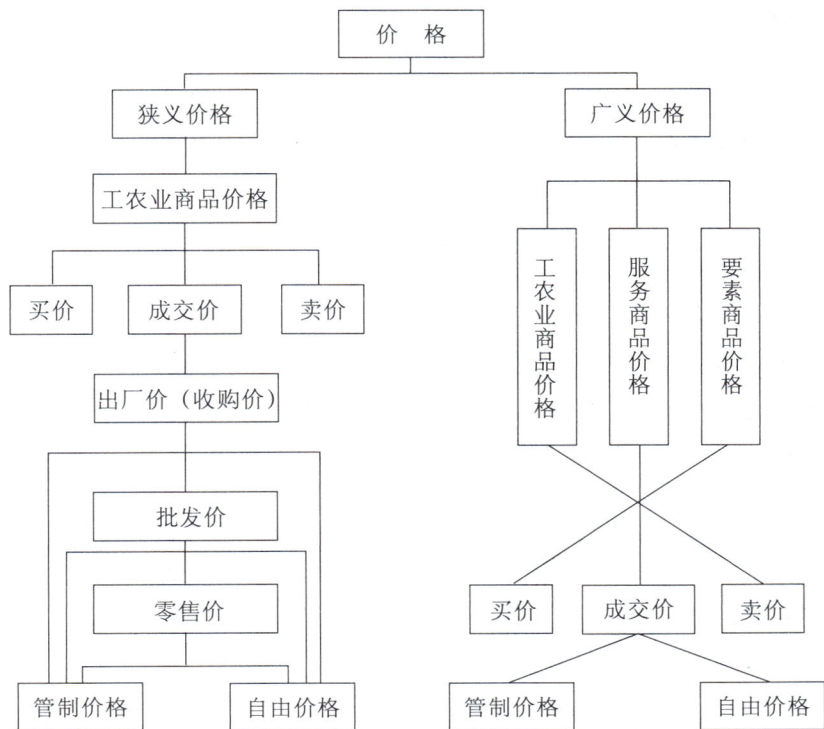

图1-5　价格分类及其关系

1）狭义价格、广义价格

商品有狭义和广义之分，因此价格也有狭义商品价格和广义商品价格之分。狭义的商品是指有形的物质商品，包括农产品、工业消费品和工农业生产资料三大类。狭

义商品价格是指包括农产品、工业消费品和工农业生产资料在内的工农业商品的价格。广义商品是指在市场上进行交换的所有商品，包括工农业商品、服务商品、要素商品三大类，与此相对应，广义商品价格就由工农业商品价格、服务商品价格和要素商品价格构成。其中，服务商品价格主要包括运输业价格、饮食业价格、服务业价格、旅游业价格、公用事业价格等；要素商品价格是指在市场上进行交换的生产要素的价格，主要包括资本价格、劳动力价格、土地价格、技术和信息价格、企业家（才能）价格等。

2）买价、卖价、成交价

买价是指购买者购买商品时愿意支付的价格，从实际购买过程来看，消费者购买商品时愿意支付的价格是一个区间，在这个区间的最高值以下，购买者都愿意支付。卖价是指销售者出售商品时愿意接受的价格，这同样是一个区间，在这个区间的最低值以上，销售者才愿意出售商品。成交价是指购买者与销售者交易达成时的价格，它既是购买者购买商品愿意支付的价格，也是销售者出售商品愿意接受的价格。

3）出厂价（收购价）、批发价、零售价

从商品流转的顺序来看，价格可分为工业品出厂价、农产品收购价、工农业商品批发价和零售价。工业品出厂价是指工业品生产企业向商业企业及其他企业单位销售工业品的价格；农产品收购价是指商业企业及其他企业向农业生产者收购农产品的价格，也就是农业生产者向商业企业等出售农产品的价格。出厂价和收购价都属于生产者价格。批发价是指商业批发企业向零售企业或其他企业单位、个人大批量出售商品的价格；零售价是指零售企业向消费者出售商品的价格。批发价和零售价都属于经营者价格。

同步业务1-1

根据商品流转的顺序，对当地生产的某种商品的价格进行分类，并调查该商品的各类价格。

业务分析：

根据商品流转的顺序，将商品价格分为生产者价格、批发价、零售价。

业务程序：

首先，确定所要调查的商品，熟悉该商品的流转环节。

其次，确定价格调查方法，如网络搜索法、咨询法、实地调查法等。

最后，开展调查，确定此种商品的各类价格，并做好统计分析。

4）管制价格、自由价格

根据价格形成方式的不同，商品价格可分为管制价格和自由价格。管制价格是指某些商品价格的形成要受到政府主管部门的管制，或者由政府主管部门直接制定，其表现形式就是政府定价和政府指导价，如某些公用事业价格、少数紧缺原材料的价格等。自由价格是指商品价格由生产经营者根据各种因素自主制定或由买卖双方协商决定，正常情况下，政府不进行直接干预，其表现形式就是市场调节价，目前我国绝大多数商品价格都属于市场调节价。

◆ **同步思考 1-1** ◆

国家定价与市场调节价是两种不同的价格形成方式，由此形成的价格之间有没有联系？为什么？

答：有联系。因为无论价格是如何形成的，都不能改变价格具有相关性这一事实。任何一个企业既是生产经营者，又是消费者，实行国家定价的商品价格必然直接或间接地影响实行市场调节价的商品价格，反之亦然。

学习微平台

延伸阅读 1-3

◆ **职业道德与企业伦理 1-1** ◆

背景与情境：某商厦为扩大销售，在国庆节期间推出了"买98元送100元（100元为消费券，且只能当天在该商厦消费）"的大型促销活动。活动期间顾客盈门，销售火爆。但有的消费者发现，其几天前就想买的某品牌的毛料女装原价是798元，活动期间的标价变成了988元。其他商品是否也有这种暗中提高标价的情况呢？这让人很不放心。也有人说商家真精明。

问题：该商厦借促销活动暗中提高标价的行为是精明之举吗？

分析提示：这种做法是一种欺诈行为，违反了诚信经营的道德要求，会伤害消费者的感情、失去消费者的信任，最终会影响将来的促销活动乃至日常经营活动的效果。

1.2　价格机制与价格职能

价格与市场的关系十分密切，价格机制是最重要的市场机制，认识价格机制和价格的职能，有利于更好地发挥价格在市场经济中的作用。

1.2.1　价格机制

1）价格机制的含义

价格机制是指价格形成及其运行的内在规律，以及人们运用其规律管理价格、调节社会经济活动的过程与形式。价格机制是市场机制的主要构成要素，它主要研究以下内容：价格形成的方式以及影响价格形成的因素；价格形式的采用和各种价格形式之间的关系；价格结构与价格总水平的运动；市场价格的制定、调整和管理，以及各种管理手段之间的联系；价格与其他经济杠杆的联系及其对社会经济活动的调节等。

2）价格机制的构成

一般而言，价格机制由价格形成机制、价格运行机制、价格约束机制和价格调控机制四个层次构成。

（1）价格形成机制

价格形成机制即价格决定机制，是指商品价格以及价格体系的形成、变化的基本原理。具体来看，价格形成机制主要是指在商品价格形成的过程中，具有直接定价权、间接定价权或价格干预权的政府、经济组织、企业、居民及司法机构的相互关系，其核心内容是价格由谁决定，即价格是由政府部门决定还是由生产经营者自主决定。在不同国家，由于实行的经济制度不同，因此价格形成机制有明显差别，即使在同一国家的不同时期，由于实行不同的经济体制，其价格形成机制也会有明显差别。一般来说，凡是实行市场经济体制的国家，其价格形成机制大都是由市场形成价格的机制，绝大部分商品的定价权掌握在生产经营者手中；凡是实行计划经济体制的国家，其价格形成机制大都是由行政形成价格的机制，商品的定价权几乎都集中在政府部门，生产经营者基本上没有定价权。

（2）价格运行机制

价格运行机制是指价格在运行过程中与其他经济要素相联系，对市场和经济运行发挥调节作用的机理。具体来看，在市场经济的运行中，价格的变动受供求关系的影响，同时价格的变动也会影响供求关系。当某种商品供不应求时，价格就会上涨，从而使该商品的生产部门和企业利润增加，吸引更多的生产要素流入，生产规模扩大，该商品的供给量由此增加，直至供过于求，价格下跌，致使生产该商品的企业利润减少，生产要素流出，生产规模缩小，该商品的供给量减少。在此基础上，新一轮供求与价格的循环又会进行，如此循环往复就是市场价格运行的基本机理。

▶ **同步思考 1-2**

价格运行机制与市场运行机制是什么关系？

答：价格运行机制是市场运行机制的重要内容，受市场运行机制的影响，并以市场体系的完善和自由竞争为前提。

（3）价格约束机制

价格约束机制是指规范价格合理形成和有序运行并发生作用的机理。其作用对象是全部商品价格及其行为主体。价格约束机制主要包括以下内容：①法律约束，即通过经济立法及其强制功能使价格行为有法可依、有章可循，从而实现良好的市场秩序和价格秩序。②经济约束，即通过运用经济手段，如财政补贴、税收政策、调节资金、物资储备及相应的经济惩罚措施等，引导、鼓励或限制相关的价格行为或价格运行方向。③行政约束，即运用行政手段和行政权力对价格行为主体的价格行为直接进行管理、监督、检查，对价格违法行为实施处罚等。

（4）价格调控机制

价格调控机制是指政府为保证价格体制的有效运转，对价格运行进行间接调控而建立的组织原则、方式、方法及相关的各种措施，其作用对象是极少数重要商品的价格和价格总水平。有效的价格调控机制可分为两个层次：一是宏观调控体系和调控机制，如运用财政政策、货币政策等手段从经济总量上对价格总水平的运行进行调控；二是调控市场价格的制度，如采取政府定价、政府指导价或提价申报等措施，对重要商品、特殊产业的市场价格进行必要的调节。

▶ **教学互动 1-1**

互动问题：我国政府历来都非常重视对房价的调控，尤其是在房价快速上涨的时期，各项调控政策密集出台。我国曾在 2010—2011 年，陆续对全国 72 个城市实施了史上最严厉的调控措施——住房限购令（即限制对房屋的购买），后来有部分城市陆续解除，截至 2017 年年底仍有 40 多个重点城市实施限购令。你赞同实施限购令调控房价吗？为什么？

要求：

1）教师不直接提供上述问题的答案，而是引导学生结合本节教学内容就这些问题进行独立思考、自由发表见解，组织课堂讨论。

2）教师应把握好讨论的节奏，对学生提出的典型见解进行点评。

1.2.2 价格的职能

价格的职能是价格内在的、固有的功能，它由价格的本质所决定，具有客观性。全面认识价格的职能，有助于我们对价格本质的理解，也有利于我们驾驭价格并发挥价格的积极作用。

1）价值表现职能

价值表现职能简称表价职能，是指价格通过货币来表现和度量商品价值量大小的功能。价格是商品价值的货币表现，是用货币这把价值尺度衡量商品价值的结果。表价职能的基本要求是使价格尽量准确地反映商品的内在价值量，因而它是价格最基本的一种职能。不过在现实经济生活中，价格常常不能准确地反映价值，有时还会高于或低于价值，但不能以此否定表价职能的存在。价格对商品价值的表现是相对的，其中包含了价格和价值量之间的量的不一致的可能性。

◆ **同步思考1-3** ◆

价格的表价职能与货币的价值尺度职能有区别吗？为什么？

答：有。货币最基本的职能是价值尺度，即为商品世界提供表现价值的材料，而价格正是借助这种材料来度量价值的大小的。价值、货币、价格之间的关系就像布、尺子和尺寸三者之间的关系。

2）效益核算职能

价格的效益核算职能是指价格被用来计量和核算经济效益的功能。在市场经济条件下，生产和经营必须讲究经济核算，经济核算通常是用实物指标和价值指标来进行的，其中价值指标更能综合反映经济的运行情况。由于价值无法直接计算，而价格又具有表价职能，因此价格必然成为经济核算的工具。企业利用价格计算成本、利润、税金，评价微观经济效益；政府也利用价格确定各种经济指标，制定经济发展规划，核算宏观经济效益。

3）经济调节职能

价格的经济调节职能是指价格对各种经济活动进行自动调节的功能。价格的这种职能是建立在表价职能的基础上，通过价格与价值的一致或偏离来实现的。当商品价格高于价值时，利润增加，就会促使生产规模扩大，导致供给增加而需求减少；反之，当商品价格下降，甚至低于价值时，利润减少，就会促使生产规模缩小，导致供给减少而需求增加。价格就是这样通过自身的涨跌来调节生产和消费，使之不断符合社会需要，并推动经济向前发展，从而引导资源配置趋于优化的。

4）信息传递职能

价格的信息传递职能是指价格作为一种信息载体，通过其高低涨落传递各种经济信息的功能。价格具有综合反映性，社会再生产过程中许多因素的变化，往往都通过价格的高低涨落表现出来。价格的信息传递职能主要表现在三个方面：一是向

生产经营企业传递供求、成本、盈利等方面的信息，为企业的经营决策提供依据；二是向政府决策机构传递社会总供给与总需求、生产结构、消费水平与消费结构等方面的信息，为政府的宏观决策提供情报；三是向消费者传递信息，引导消费者做出购买选择。

5）收入分配职能

价格的收入分配职能是指价格对国民收入再分配的功能。国民收入再分配是通过财政、税收、利率、工资、企业财务等多种形式共同进行的，而价格的分配性使得价格也成为国民收入再分配的重要形式。例如，在其他条件不变的情况下，价格上升，卖方收入增加，买方支出也相应增加，反之亦然。再如，政府提高某些农产品的收购价格，又维持销售价格不变，或者同时提高销售价格并给消费者补贴，这样就会增加生产这部分农产品的农民的收入。可见，价格的收入分配职能是在商品交换过程中，通过价格的涨落隐蔽进行的，这一功能在市场经济条件下不容忽视，运用时必须慎重。

◆ 同步案例1-1

彩电降价现象透视价格职能

背景与情境：20世纪70年代末80年代初，电视机开始进入我国家庭，一家人攒了好几年的钱能买到一台十几英寸的黑白电视机就不错了，当时的普通家庭做梦也不敢奢望能看上29英寸的大彩电。80年代后期，随着通货膨胀及消费需求的拉动，电视机的价格一涨再涨，到90年代前期涨到顶峰。例如，1993年买一台21英寸的彩电需要花3 300元左右，相当于同期农村居民人均年收入的4倍。长期过高的价格带来的高额利润使一些有资金实力的企业争相进入彩电行业，彩电的生产线不断增加。同时，"日本兵团"（索尼、松下、东芝、日立等）、"欧洲王牌"（飞利浦）及"韩流"（LG、三星）等外国品牌也纷纷进入中国市场。彩电不但一统天下，而且个儿越来越大，功能越来越多，价格越来越低，彩电业开始进入微利时代。到了2018年，一台32英寸的液晶彩电只要1 000元左右，不到同期农村居民人均年收入的1/10。许多农村家庭早已圆了看上彩电的梦，许多城市家庭的彩电不断更新换代，或是再买一台让家人"各看各的"。彩电大幅度降价使城乡居民得到了实惠，改善了生活质量，也使彩电生产企业获得了经验教训，有利于彩电行业整体素质的提高。

问题：彩电多次大幅降价反映了价格的哪些特征？体现了价格的什么职能？

分析提示：彩电多次大幅降价反映了价格的运动性、分配性等特征，体现了价格的以下职能：一是价值表现职能，即彩电降价是价格向价值的回归，彩电的价格不可能长期大大高于其价值，这是价值表现职能的基本要求。二是经济调节职能，即彩电大幅降价是彩电以前价格过高导致彩电供过于求的必然结果。同时，彩电大幅降价使彩电行业进入微利时代，必然促使彩电行业内部各企业兼并重组、优胜劣汰、优化资源配置格局，以调节彩电的供求，使之不断符合社会需要。三是收入分配职能，即彩电大幅降价能使居民特别是城乡中低收入者以相对低的价格买到渴望已久的商品，从而使他们获得相对利益，有利于提高他们的生活水平。四是信息传递职能，彩电的价格变动既是彩电生产企业进行生产经营决策的依据，也是消费者购买与否的导向。五是效益核算职能，彩电大幅降价必然使生产企业加强管理，努力降低成本。

6）价格各个职能之间的相互关系

价格的各个职能之间既是统一的、相互联系的，又是独立的、相互制约的。具体表现在以下几个方面：

（1）价格的各个职能不是并列的。其中，价值表现职能是最基本的职能，其他职能都是在这一基本职能的基础上派生的。

（2）价格的各个职能是统一的。统一的基础是同一种商品的同一种价格，即任何一种价格都同时具备上述五项职能，只是由于具体价格及外在条件的差异，各项职能的表现程度不完全一致，但不会出现这种价格有这一职能、那种价格有那一职能的情况。

（3）价格的各个职能是相互制约的。在某些时候，价格的各个职能之间是相互对立的，从而起到相互制约的作用。例如，价值表现职能和效益核算职能都要求价格尽可能符合价值，而经济调节职能往往需要价格背离价值，甚至大幅度背离价值，它们之间是对立的，但这种对立又总是受到对方的约束，从而使其尽快回归。所以，它们总是处于对立统一的运动之中。

职业道德与企业伦理 1-2

背景与情境：某商厦在感恩节这一天隆重推出"买服装鞋帽等商品满100元直减40元"的大型感恩回馈活动。参与活动的商品的价格标签都是原有的，价格当然也是活动前的水平。商厦这一天的销售额是日常销售额的4倍，利润却没有增加。众多消费者笑逐颜开，满载而归。

问题：你如何看待该商厦的"傻帽儿"做法？

分析提示：该商厦在感恩节这一天推出大型感恩回馈活动，销售额的成倍增加虽未带来利润的同步增长，但其诚实经营的良好形象赢得了消费者的信任，最终会赢得市场。

❀ 本章概要

✿ 内容提要

- 我们所接触到的价格是一个带有货币单位名称的数值，其本质是商品价值的货币表现，是商品与货币交换的比例。
- 价格是随着商品交换的发展、货币的产生而产生的，这一过程经历了四种价值形式：简单价值形式、扩大的价值形式、一般价值形式和货币价值形式。
- 价格的特性包括同一性、运动性、相关性和分配性。
- 根据商品交易的范围和交易过程中的不同特点，价格可分为狭义价格和广义价格，买价、卖价和成交价，出厂价（收购价）、批发价和零售价，管制价格和自由价格。
- 价格机制是市场机制的主体内容，是有关价格决定、运行及其调节作用的机理。它由价格形成机制、价格运行机制、价格约束机制和价格调控机制四个层次构成。
- 价格的本质决定价格具有五大内在功能：价值表现职能、效益核算职能、经济调节职能、信息传递职能、收入分配职能。在市场经济条件下，全面认识价格职能及其相互关系，有助于驾驭价格并发挥其积极作用。

☆ 主要概念和观念

▲ 主要概念

价格 价格机制 表价职能

▲ 主要观念

价格的特性 价格的职能

☆ 重点实务

价格职能的应用

基本训练

☆ 知识训练

▲ 简答题

1）什么是价格？价格有哪些特性？

2）什么是价格机制？价格约束机制与价格调控机制有何不同？

3）价格具有哪些职能？如何理解价格的表价职能与货币的价值尺度职能的关系？

4）价格的经济调节职能、信息传递职能、收入分配职能之间有什么联系？试举例说明。

▲ 选择题

1）当一切商品的价值共同表现在充当一般等价物的商品上时，此时的价值形式就是（　　）。

A.简单价值形式 　　　　　　　　　B.扩大的价值形式

C.一般价值形式 　　　　　　　　　D.货币价值形式

2）各种商品价格之间相互衔接、相互联系的特性称为价格的（　　）。

A.同一性 　　　　B.相关性 　　　　C.运动性 　　　　D.分配性

3）广义的商品价格一般包括（　　）。

A.工农业商品价格 　　　　　　　　B.无形商品价格

C.服务商品价格 　　　　　　　　　D.要素商品价格

4）工业企业向商业企业及其他企业销售工业品的价格，习惯上称为（　　）。

A.收购价格 　　　　B.出厂价格 　　　　C.批发价格 　　　　D.零售价格

▲ 判断题

1）价格是商品经济发展到一定阶段的产物，是价值形式长期发展演变的结果。（　　）

2）价格的同一性排斥企业对同一种商品实行不同的定价策略。（　　）

3）价格属于交换领域，却具有分配功能。（　　）

4）在市场经济体制下，价格的决定权掌握在生产经营者手中。（　　）

5）汽油价格上涨导致公交车票价上涨，这反映了价格的运动性。（　　）

☆ 能力训练

▲ 案例分析

实施差别化能源资源价格　推进产业供给侧改革

背景与情境：为贯彻落实《国务院关于进一步加强淘汰落后产能工作的通知》

《国务院关于化解产能严重过剩矛盾的指导意见》，近日，十六个部门联合发布《关于利用综合标准依法依规推动落后产能退出的指导意见》，并从资金扶持、技术扶持、差别价格等8个方面提出了推动和支持企业淘汰落后产能的政策举措。其中，在执行价格政策方面，对钢铁、水泥、电解铝等行业能耗、电耗达不到强制性标准及淘汰类产能，执行差别电价、阶梯电价和惩罚性电价等差别化能源资源价格。

一位来自券商研究机构的钢铁行业研究员在接受采访时表示，实施差别电价，可以提高相关企业运营成本，逼迫部分产能逐步退出市场，有利于加快淘汰落后产能，做到有保有压，疏堵并举，达到化解落后产能阶段性过剩的目的。此外，利用差别电价政策和阶梯电价政策，有利于推动钢铁、水泥等行业的供给侧结构性改革，并进一步促进行业降低能耗，使用先进技术减少落后产能，以此提高整个行业的整体装备水平和竞争力，化解目前的产能过剩问题。

资料来源　杜雨萌. 巧借市场化手段推动去产能　三行业实施差别化能源资源价格［EB/OL］.［2017-03-13］. http：//life.chinanews.com/ny/2017/03-13/8172315.shtml. 引文有删减。

问题：

1）案例中主要反映了价格的哪些职能？为什么？

2）我国还在哪些能源方面实施差别定价？

3）除了案例中所反映的价格职能外，价格还有哪些职能？请举例说明。

分析要求： 学生分析案例提出的问题，拟出"案例分析提纲"；小组讨论，形成小组"案例分析报告"；班级交流和相互点评各组的"案例分析报告"，在校园网的本课程平台上展出经过修订并附有教师点评的各组"案例分析报告"，供学生相互借鉴。

▲　自主学习

自主学习-I

【训练步骤】

1）将班级同学组成若干"自主学习"训练团队，每队确定1个负责人。

2）各团队根据训练项目的需要进行角色分工。

3）通过院资料室、校图书馆和互联网，查阅"文献综述格式、范文及书写规范要求"和近三年关于"价格机制与价格职能"的学术文献资料。

4）综合和整理"价格的职能"最新学术文献资料，依照"文献综述格式、范文及书写规范要求"，撰写《"价格机制与价格职能"最新文献综述》。

5）在班级交流各团队的《"价格机制与价格职能"最新文献综述》。

6）在校园网的本课程平台上展出经过修订并附有教师点评的各组《"价格机制与价格职能"最新文献综述》，供学生相互借鉴。

✿　善恶研判

日用消费品走高端谁埋单？

背景与情境： "泡面能卖30元，颠覆三观啊！"日前，统一方便面推出了一款标价30元的高端方便面，堪称方便面中的"奢侈品"。

不仅是方便面，矿泉水、酸奶、糖果、牙膏等超市里的熟面孔，也纷纷试水高端市场，拼起贵族范儿，大白兔奶糖换个包装就提价数倍，达到200多元一斤、云南白药牙膏65元一支、零度果坊一瓶300毫升的果汁卖到26元……这些产品的高端化引发了广大网友的热议，有人吐槽这价格涨得实在任性，难以接受；希望大白兔奶糖换了包装别丢了当年的味道……

其实，高端版的日常用品没有是非对错，只是商品形态的正常演进。当前，人们的消费理念、消费习惯已经发生了巨大的变化。所谓"萝卜白菜，各有所爱"，有人在意味道，有人看重包装，有人醉心"情怀"，大家各取所需；而商家也在卖产品之外，卖设计，卖故事，卖理念，卖生活方式。所以，日用品走起了"高大上"的路线也并非不可，但日用品"奢侈化"的同时还要让质量对得起这高端的价格。

质量不过关，产品包装再吸引人也难走得很远，比如，一直以高端形象示人的恒大冰泉，就已经黯然放弃高价路线，恒大冰泉主打产品500毫升装从此前的4元调整为2.5元；350毫升、1.25升、4升产品全国零售价也分别从此前的3.8元、6元、25元调整为2.5元、5元和12.5元。降价幅度之大，不禁让人唏嘘，让消费者更加认为，恒大之前卖的就是包装而非品质。

随着消费升级，更多人愿意为更高品质的产品埋单。就乳制品与啤酒行业来说，过去一段时间，乳制品公司就在不断推出有机健康的酸奶产品，啤酒企业也在争相推出白啤酒等高端品类，并且取得了相当不错的市场份额，正如快消品营销专家李志起所说："越是高价消费群体，对品质、服务的要求就越敏感和挑剔，产品必须做到极致，才能最终让消费者埋单。"

抢占高端市场，为企业创造更多的利润，此乃企业发展之道，并无不妥。但是要真正在高端日用品的市场里站稳脚跟，还要拿质量说话，只有让消费者觉得产品的品质配得上"奢侈"的价格，企业才会在"奢侈日用品"上拥有更大的发展空间和更好的发展前景。

资料来源　高小新. 30元一桶的方便面配得上这"奢侈"价格吗？[EB/OL].[2016-04-01]. http://jxcomment.jxnews.com.cn/system/2016/04/01/014802164.shtml. 引文经过改编。

问题：

1）"奢侈日用品"的价格虚高，说明价格不存在价值表现职能吗？为什么？

2）本案例中存在企业伦理与职业道德问题吗？试对上述问题做出你的善恶研判。

3）本案例对消费者的启示有哪些？

4）政府部门有必要通过价格约束机制限制高价日用品吗？

研判要求：学生分析案例提出的问题，拟出"善恶研判提纲"；小组讨论，形成小组"善恶研判报告"；班级交流和相互点评各组的"善恶研判报告"，在校园网的本课程平台上展出经过修订并附有教师点评的各组"善恶研判报告"，供学生相互借鉴。

第 2 章
价格形成

▶ **学习目标**

2.1　价格形成的基础

2.2　影响价格形成的因素

2.3　价格形成的主体与方式

▶ **本章概要**

▶ **基本训练**

▶ **学习目标**

通过本章的学习，你应该达到以下目标：

职业知识　学习和掌握价格形成基础的内涵及历史演变，影响价格形成的因素，价格形成的主体与方式等理论与实务知识；能用其指导或规范本章认知活动和技能活动，正确解答"基本训练"中"知识训练"各题型的相关问题。

职业能力　能够运用所学的知识分析某些物品价格的形成主体、变动原因及趋势；通过"基于消费者参与价格形成过程"的实训操作，训练学生的专业操作技能。

职业道德　综合本章教学内容，依照行业规范或标准，分析"职业道德与企业伦理 2-1"和章后"微信砍价'免费拿'，隐患多多"案例中企业或其从业人员行为的善恶，强化企业和员工的伦理道德素养。

学习微平台

延伸阅读 2-1

引例   供求影响价格   价格调节供求

背景与情境：据中国乡村之声《三农中国》报道，被称为"蒜你狠"的大蒜，今年"狠"不起来了。今年上半年，大蒜价格比近10年同期均价还要低两成以上，个别产区大蒜价格一度跌破十年来最低点，比如在河北省邯郸市大名县，今年大蒜种植面积10万亩，总产量3亿斤。虽然当地积极地想了很多办法，但仍然有一半的大蒜还没有找到买主，价格也创10年以来最低。当地蒜农介绍说，种一亩大蒜的成本至少2 000块钱。按照亩产2 500斤计算，每斤大蒜卖到8毛钱以上才能收回成本。

大蒜价格运行需要追溯历史来看。自2009年下半年开始，大蒜市场价格出现3次不同程度的周期性波动，其中价格大幅下跌的年份主要是2011年、2013年和2017年。农业农村部市场与经济信息司司长唐珂表示，今年大蒜价格的下跌走势，其实是从去年开始的。受2016年高蒜价影响，2017年、2018年全国大蒜种植面积持续增长，增幅分别为20.8%和8.0%。特别是主产区周边的一些小产区扩张较快，大蒜种植面积创新高，导致市场供大于求，进而拉低价格。

资料来源   孔明. 大蒜价格跌入十年最低谷   部分产区滞销上亿斤［EB/OL］.［2018-08-09］. http://country.cnr.cn/market/20180809/t20180809_524327548.shtml.引文经过改编）

上述案例告诉我们，部分农副产品价格的高低由市场供求状况决定。如果当年某种农副产品的需求旺盛，则价格越高，农民从中获利越多，越能激发农民来年种植的积极性，再加上农民对来年需求信息的把握不准，往往导致盲目跟风、不断扩种现象的发生，扩种的结果是来年农副产品供给过剩、滞销降价。

价格形成是指商品在生产和流通过程中的价格确定。要掌握和运用价格，必须研究把握价格形成和运行的规律。为此，我们应分析价格形成的基础、影响价格形成的因素、价格形成的主体和方式，从而对价格的形成和运行有较深入的了解和全面的把握。

2.1 价格形成的基础

价格形成的基础事关价格运动的轴心和价格运动的趋势，因而是价格形成中最关键、最重要的因素，即价格形成的基础是价值或其转化形态——生产价格。

2.1.1 价格形成基础的内涵

价格形成的基础是价值，它包括三层含义：

（1）价格形成的质的基础是凝结在商品中的一般人类劳动，这是商品价值的实体。一般来说，没有价值的物品也就没有价值的外在表现——价格。

（2）价格形成的量的基础是由生产商品的社会必要劳动时间所决定的价值量。也就是说，价格水平的高低要以价值为标准，并最大限度地反映商品的价值，以商品价值量的大小为根本依据。

（3）价格运动的轴心是商品价值或其转化形态。价格由于受到多种因素的影响，因此会产生背离价值的现象。同时，由于不同的因素对价格的作用程度不同，因此价格背离价值的幅度有高有低，但都离不开价值这一轴心。

2.1.2 价格形成基础的历史演变

在上述价格形成基础的三层含义中，第一、第二两层含义在商品经济发展的任何一个阶段都是共通的，都不会发生变化；第三层含义则会随着商品经济的发展，在不同的历史阶段有所变化，这主要是因为商品价值借以实现的经济条件不同，价值本身会发生形态的转化，所以价格运动所围绕的轴心也会随之改变。

1）在简单商品生产时期，价格运动的轴心是平均价值

在简单商品生产时期，同种商品有许多生产者，也有许多购买者，并且在同一市场进行交换，于是卖者与卖者之间、买者与买者之间、卖者与买者之间产生了比较和竞争。各个生产者的个别劳动耗费虽然有高有低，但商品价值只能取决于社会必要劳动时间——第一种含义的社会必要劳动时间。

第一种含义的社会必要劳动时间是指在社会正常生产条件下，在平均劳动熟练程度和强度下，生产商品的社会必要劳动时间。它强调在一个部门或者一个行业中，某种商品的价值取决于这个部门或行业的平均劳动耗费。如果某个生产者耗费的劳动时间低于社会必要劳动时间，该生产者就能得到额外收益；如果某个生产者耗费的劳动时间超过社会必要劳动时间，其超过部分就可能得不到补偿。例如，某种商品有三个生产企业，其产量和个别劳动耗费见表 2–1。

表 2–1　　　　　　　某种商品在三个生产企业中的产量和个别劳动耗费

生产企业	单位商品劳动耗费 （小时）	商品总量 （件）	劳动耗费总量 （小时）
甲	1	4 000	4 000
乙	1.5	6 000	9 000
丙	2	5 000	10 000

根据表 2–1 所列数据，可求出第一种含义的社会必要劳动时间：

$$\frac{4\,000 + 9\,000 + 10\,000}{4\,000 + 6\,000 + 5\,000} = 1.53\,(小时)$$

这时该种商品的价格就是以 1.53 小时决定的价值为基础而形成的，这种价值就是平均价值，它是市场价格运动的轴心。

2）在资本主义社会初期，价格运动的轴心是市场价值

在资本主义社会初期，商品经济有了进一步发展，由生产同一商品的生产者组成的专业部门已经形成。虽然各个生产部门之间的竞争还未充分展开，但生产部门内部的竞争却十分激烈，从而迫使各生产者不断扩大生产，部门内部全体生产者为提供该商品而耗费的劳动总量必须符合社会需要。这时，第二种含义的社会必要劳动时间决定的市场价值成为价格形成的基础。

第二种含义的社会必要劳动时间是指为满足社会对某种商品一定量的需要，在社会总劳动中按比例分配给该商品生产部门的必要劳动时间，即生产社会需要的某种商品所花费的总劳动时间。它是从社会需要的角度出发，强调在资源有限的条件下，即社会总劳动为一定量时，社会生产各个部门所耗费的劳动时间必须符合社会对每个生产部门的特定需求，这样各个部门所耗费的劳动时间才能够得到全部补偿，由第一种

含义的社会必要劳动时间决定的平均价值才能通过市场交换而实现；如果某种商品的生产量超过社会需求量，即该商品生产部门实际耗费的劳动时间高于第二种含义的社会必要劳动时间，那么多耗费的劳动时间形成的无效劳动就不会为社会所承认，这时该商品的市场价值只能向下移动，从而低于平均价值；如果某种商品的生产量低于社会需求量，即该商品生产部门实际耗费的劳动时间低于第二种含义的社会必要劳动时间，社会就会按照生产该商品应当使用的社会必要劳动时间予以承认，这时该商品的市场价值就会向上移动，从而高于平均价值。例如，某种商品第一种含义的社会必要劳动时间和第二种含义的社会必要劳动时间见表2-2。

表2-2　　　　　　　　　　　某种商品两种含义的社会必要劳动时间

生产量（个）	劳动耗费总量（小时）	第一种含义的社会必要劳动时间（小时）	社会需求量（个）	第二种含义的社会必要劳动时间（小时）
3 000	4 500	1.5	3 000	1.5×3 000=4 500
3 000	4 500	1.5	4 000	1.5×4 000=6 000
3 000	4 500	1.5	2 000	1.5×2 000=3 000

从表2-2所列数据可以看出，当某商品的生产量符合社会需求量时，其市场价值（4 500÷3 000=1.5（小时/个））等于其平均价值；当生产量小于社会需求量时，其市场价值（6 000÷3 000=2（小时/个））高于其平均价值；当生产量大于社会需求量时，其市场价值（3 000÷3 000=1（小时/个））低于其平均价值。这一阶段的市场价格就以市场价值为轴心运动。

3）在资本主义成熟阶段，价格运动的轴心是生产价格

随着资本主义不断趋向成熟，不但生产部门内部的竞争加剧，各个生产部门之间的竞争也充分展开。哪个部门供不应求、价格上升、利润提高，资本就会转移到哪个部门；哪个部门供过于求、价格下跌、利润减少甚至无利可图，资本就会从那个部门向其他部门转移。正是由于资本的自由转移，才使得各个部门的利润趋于平均化，这时价值就转化为生产价格。生产价格就是商品的部门平均成本加上社会平均利润。在这一阶段，生产价格是市场价格形成的基础，市场价格以生产价格为轴心运动。

2.1.3　我国现阶段价格形成的基础

1）我国工业品价格形成的基础是生产价格

工业品生产经营部门的资本有机构成和社会化大生产程度比较高，企业作为相对独立的市场主体，利润成为其追求的目标，而竞争和生产要素的流动也日益加剧，利润平均化成为客观现实或必然趋势，这就决定了我国工业品价格形成的基础必然是生产价格。

2）我国农产品价格形成的基础是市场价值

农产品生产部门的资本有机构成总体比较低，并且主要是以家庭为基层生产组织的自有劳动力型生产，因此农产品价格的形成基础必然是价值型的，而且由于农业内部各种农产品生产竞争的形成和充分展开，因此农产品价格形成的基础必然是

市场价值。

◆ 同步思考2-1 ◆

所有农产品的价格形成基础都是市场价值吗？

答：农产品的价格形成基础是市场价值，这是就一般性来看的，并不否认少数农产品的价格形成基础是平均价值，甚至是个别价值。

2.2 影响价格形成的因素

价格形成的基础是价值或其转化形态，同时价格的形成和运动还要受到除价值以外的诸多因素的影响，如货币价值、供求关系、国家政策、国际市场价格、市场结构等，这些因素影响价格背离价值的方向和程度，在一定的时期内通过相应方式作用于价格水平。

2.2.1 货币价值

1）货币价值与价格的关系

我们知道，商品价格是用货币表现出来的商品价值。从量的角度来看，价格是商品价值与货币价值的比例。用函数关系来表示，价格就是以商品价值、货币价值为自变量的二元函数，即：

$$商品价格 = \frac{商品价值}{货币价值} \tag{2.1}$$

由公式2.1可知，价格的变动一方面取决于商品价值的大小，另一方面取决于货币价值的大小。货币价值与商品价值对价格的影响见表2-3。

表2-3　　　　　　　**货币价值与商品价值对价格的影响**

商品价值	货币价值	价　格
不变	下跌	上涨
不变	上升	下跌
上升	不变	上涨
下跌	不变	下跌
上升	下跌	快速上涨
下跌	上升	快速下跌
二者同方向同比例变动		不变
商品价值跌幅>货币价值跌幅		下跌
商品价值跌幅<货币价值跌幅		上涨

2）纸币供应量对价格形成的影响

在金属货币流通的情况下，货币价值取决于金银本身内在的价值量，社会上拥有金银的数量不影响商品价格，因为金属货币具有储藏手段的职能，它可以自动调节货币流通量，只有金银的价值发生变化时，才会引起商品价格的变动。在纸币流通的情况下，由于纸币本身没有内在价值，仅仅代表金属货币执行流通手段的职能，因此纸币的供应量直接关系到纸币所代表的价值，即纸币币值的高低，进而影响到价格的形成。用公式表示为：

$$单位纸币代表的价值（或纸币的币值）= \frac{货币必要量}{纸币供应量} \tag{2.2}$$

其中，货币必要量是指为了满足商品流通和经济发展的正常进行所需要的货币数量，也称货币需要量。流通中货币需要量取决于三个因素：待销售的商品数量、单位商品价格和单位货币流通速度。将上述三个因素列成以下公式，也就是通常所说的货币流通规律公式：

$$流通中货币需要量 = \frac{待销售的商品数量×单位商品价格}{单位货币流通速度} \tag{2.3}$$

所谓货币供应量，是指银行体系供给的债务总量，包括政府部门、企事业单位和居民个人持有的现金和存款总量。银行通过贷款规模的变动来调节货币供应量，能够使货币供应量与货币需要量相适应。由于银行贷款规模的变动受社会再生产内在经济因素的制约，而非取决于银行的主观愿望，因此货币供应量与货币需要量出现不吻合也是常见的。

由公式2.2可知，在货币必要量既定的情况下，纸币币值的高低与纸币供应量成反比例关系。当纸币供应量大于货币必要量时，纸币的币值就会下跌，商品价格就呈上升趋势，特别是当纸币供应量大大超过货币必要量时，商品价格就会出现较大幅度的上升，这种现象就是通常所说的通货膨胀；当纸币供应量与货币必要量基本一致或接近时，纸币的币值就保持相对稳定，商品价格也保持相对稳定。因此，要使商品价格总水平保持相对稳定，政府必须实行恰当的货币政策，并通过中央银行和商业银行的相互联系共同操作，以调节货币供应量，使之符合商品流通和经济发展的客观需要。

3）利率变动对价格形成的影响

利率是利息与本金的比例，是资金的价格。利率变动对价格形成既有直接影响，又有间接影响。

（1）利率变动对价格形成的直接影响。企业负债经营是一种普遍现象，企业使用银行贷款要支付利息，而利息作为财务费用要计入成本，构成价格的一部分。如果调高或调低利率，企业商品成本就会提高或降低，从而引起商品价格的相应波动。

（2）利率变动对价格形成的间接影响。利率变动对价格形成的间接影响，是通过货币供应量这一因素的变化实现的。众所周知，利率是政府调节货币供应量、进行宏观调控的重要手段之一。一般来说，在货币供应量偏多甚至大大超过货币需要量，通货膨胀率较高或通货膨胀压力较大的情况下，中央银行就会提高利率，以抑制贷款需求，并促使货币回笼，从而减少货币供应量，这时商品价格的涨幅就会得到控制。相反，在货币供应量偏少、价格回落、市场低迷的情况下，中央银行就会降低利率，刺激投资和消费需求，从而增加货币供应量，这时商品价格的下跌趋势就会得到遏制。

4）汇率变动对价格形成的影响

汇率又叫汇价，是一国货币与另一国货币相兑换的比例。它是以国内外物价对比的购买力平价为基础决定的，并随着外汇市场供求状况的变动而波动。汇率与价格之间是相互影响、相互作用的关系。

在市场经济条件下，汇率变动也是影响价格涨跌的因素之一。当本国货币的汇率下浮时，即本币贬值、外币升值时，用本币表示的进口商品价格上涨，从而会带动国内同类商品的价格上涨；当本国货币的汇率上升时，即本币升值、外币贬值时，用本币表示的进口商品价格降低，从而会带动国内同类商品的价格走低。此外，汇率变动也会对出口商品价格乃至国内商品价格产生影响。例如，当本国货币的汇率下浮，即本币贬值、外币升值时，用本币表示的出口商品价格上涨，用外币表示的出口商品价格下跌，出口增加，从而带动价格水平上涨；相反，当本国货币的汇率上升，即本币升值、外币贬值时，用外币表示的出口商品价格上涨，用本币表示的出口商品价格下跌，出口减少，从而带动价格水平走低。

2.2.2　供给与需求

1）供求与价格的关系

在市场经济运行中，商品的供给方与商品的需求方以市场为纽带，以价格、货币为中介，形成供求关系。商品供求的变化与商品价格的变化互为因果，并以相反的方向循环往复运动，如图 2-1 所示。

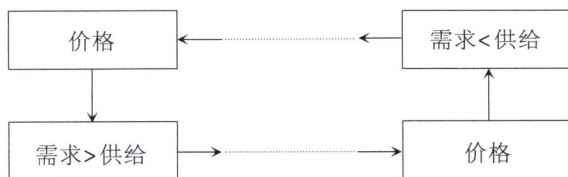

图 2-1　供求变化与价格变化的关系示意图

由图 2-1 可知，当某种商品的价格上升时，会导致其市场需求降低，同时会促使生产者扩大生产规模，导致该商品的供给增加，从而产生了供大于求的不平衡；随着时间的推进，该商品的价格会逐渐降低，这样会导致其市场需求增加，同时会促使生产者缩减生产规模，导致该商品的供给减少，从而产生了供小于求的不平衡；随着时间的推进，该商品的价格又会逐渐上升，如此不断循环往复。

2）供求对价格形成的影响

供求状况对价格形成具有两个层次的影响：

（1）供求对价格的形成基础——价值的影响。供求状况不直接决定价值，但可以通过价格的波动间接影响价值，进而影响价格的形成。这种影响大体上有以下三种情况：①在供求大体平衡的条件下，商品的市场价值是由不同生产条件下生产的商品所耗费劳动时间的加权平均数确定的社会必要劳动时间决定的，商品的市场价值与产量最大的那部分商品的个别价值接近。②在供求严重不平衡的情况下，商品的市场价值就不再由上述加权平均的劳动消耗量来确定，而由劣等或优等条件下的个别劳动消耗来确定。如果某种商品出现严重的供不应求，商品的市场价值就会由劣等条件下生产的商品的个别价值来调节；如果某种商品出现严重的供过于求，商品的市场价值就会由优等条件下生产的商品的个别价值来调节。③商品的供求关系还通过影响社会总劳动时间在各个部门的分配比例，影响价值的实现。也就是说，供求关系的变化会导致各部门生产某种商品所耗费的劳动总量发生变化，从而引起商品市场价值的变化。

（2）供求对价格的影响。供求状况除了影响价值，从而间接影响价格之外，更多的是对价格本身的直接影响，这种影响也有三种情况：①在供求基本平衡的条件下，商品的价格与其市场价值相一致；②在供不应求的条件下，商品的价格将上升，从而高于其市场价值；③在供过于求的条件下，商品的价格将下降，从而低于其市场价值。可见，供求状况直接影响着价格，使价格围绕着价值发生波动。进一步分析一下，某个时点上的市场价格和需求量、供给量都有着内在的联系，都是需求量与供给量、需求价格与供给价格均衡的结果。

A.需求量和需求价格。在其他条件不变的情况下，消费者对某种商品的需求量与该商品的价格呈反方向变化，即价格上涨需求量减少，价格下跌需求量增加。可见，需求量是指消费者在某一价格水平下愿意并且能够购买的某种商品的数量。**需求价格**是指一定时期内消费者对一定量的某种商品愿意并且能够支付的价格。需求价格与需求量的关系如图2-2所示。

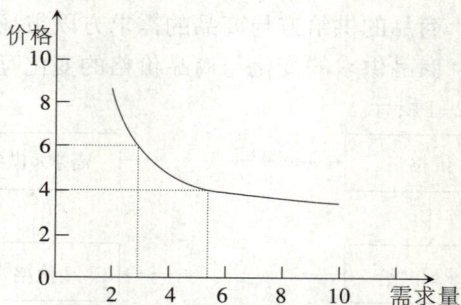

图2-2　需求价格与需求量的关系

B.供给量和供给价格。在其他条件不变的情况下，生产者对某种商品的供给量与该商品的价格呈同方向变化，即价格上升供给量增加，价格下降供给量减少。由此我们把生产者在某一价格水平下愿意并且能够提供的某种商品的数量称为供给量，而把一定时期内生产者对一定数量的某种商品愿意出售的价格称为**供给价格**。供给价格与供给量的关系如图2-3所示。

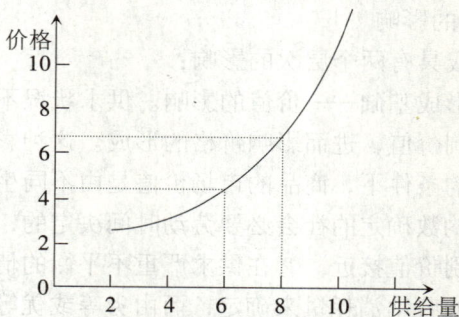

图2-3　供给价格与供给量的关系

C.供求平衡时的价格——均衡价格。由于价格与供求数量的变化正好相反，因此在竞争的情况下，卖方和买方及双方内部经过反复较量、讨价还价，会使某种商品的供求数量及其价格趋于一个双方都能接受的状态，即<u>需求量等于供给量，需求价格等于供给价格，市场处于相对稳定的均衡状态</u>，这一均衡状态下的价格叫**均衡价格**，交易量叫均衡数量，如图 2-4 所示。

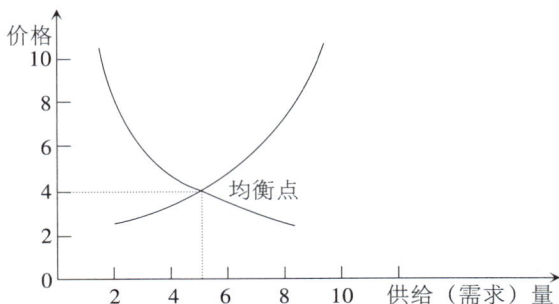

图 2-4 供求平衡时的价格（均衡点）

上述情况表明：均衡是市场价格运行的必然趋势，也是市场价格运行的正常状态，如果供求数量不相等，必然形成短缺或过剩，导致买方或卖方竞争，产生价格上升或下降的压力和趋势，并最终趋向均衡。

◆ **同步思考 2-2** ◆

期货市场价格的波动对现货交易的价格有影响吗？

答：有。

◆ **同步案例 2-1** ◆

供给紧张需求强劲　纯碱价格仍有上升空间

背景与情境： 9 月 4 日南方碱业及杭州龙山将轻碱出厂售价提升至 2 400 元/吨，重质纯碱到货价提升至 2 600 元/吨。自 6 月初纯碱价格触底回落以来，至今累计涨幅已达 22%。对此，有专家分析如下：

供给： 环保高压缩产能，原料紧缺价格涨。近期环保督查对整个化工行业冲击巨大，纯碱生产聚集地——中部地区成为此次环保督查重点区域，江苏、山东共计 1 273 吨产能，占总产能近 50%，两省受环保督查影响重大。8 月山东海化限产 30%，唐山三友检修减产；湖北宜化、湖南湘潭碱业、红四方全停，全行业供给骤缩。虽然上述部分产能会在 9 月陆续复产，但不会对行业供给产生剧烈冲击，短期内供给紧张，预期价格再涨的市场情绪较重。同时，在成本端，纯碱上游的焦炭和石灰石近期供应量紧张，四川、新疆等石灰石主要产地产能急剧收缩，成本端量缩价涨。在库存方面，目前企业库存普遍在 15 万～18 万吨的低位，可供货源亦稀缺。

需求： 玻璃工业持续发力，氧化铝行业纯碱采购量上升。占纯碱消费近 6 成的玻璃行业在其下游产业——汽车和房地产的强劲需求带动下持续发力，2017 年 1—7 月产量同比增长 4.6%，价格同比上涨 25%。同时，玻璃厂目前几近零库存；随着"金九银十"的到来，玻璃厂有较强的补库存需求，将进一步提振短期纯碱需求。氧化铝行业因纯碱替代原料烧碱，自 2016 年 5 月以来价格一路上涨，至今累计涨幅已达到 50%，价格涨幅相对较低的纯碱大量替代烧碱进入氧化铝行业，纯碱需求持续旺盛。

长期来看，纯碱此轮提价可持续，供给紧张需求强劲的时期将长期保持。

资料来源　郭宗明. 供给紧张需求强劲　纯碱价格仍有上升空间［EB/OL］.［2017-09-06］. http://stock.jrj.com.cn/hotstock/2017/09/06093223067650.shtml.引文经过改编。

问题：案例中造成纯碱价格上涨的根本原因是什么？

分析提示：纯碱产品的供求状况影响了其均衡价格。近期，纯碱供给有所减少，而需求持续旺盛，是纯碱价格上涨的根本原因。

2.2.3　国家经济政策

在社会主义市场经济条件下，既要充分发挥市场在资源配置中的基础性作用，又要克服市场机制的局限性，因此政府的干预和调节成为必然的选择。政府对经济活动的干预和调节主要是通过制定和实施一系列经济政策实现的，这些经济政策对企业价格的形成有着不可忽视的影响。

1）国家经济政策对价格形成的间接影响

国家经济政策对价格形成的间接影响，主要表现在国家某些经济政策的执行会引起商品价值（或成本）、货币价值、市场供求等因素的变动，从而引发价格的变动。

（1）工资政策对价格形成的影响

工资政策对价格形成的影响突出表现在两个方面：

①企业职工工资是生产经营成本的组成部分，是价值构成中活劳动消耗（V）的货币表现。在其他条件不变的情况下，提高企业职工工资水平、增加企业职工工资总额，必然会增加活劳动的消耗，提高商品的生产成本，从而导致价格上升。所以我国实行的企业工资与经济效益挂钩、工资增长的幅度要控制在劳动生产率增长的幅度之内等工资政策，有利于节约价值构成中的活劳动耗费，控制成本的增加，稳定商品价格。

②企业职工工资和行政事业单位职工工资，是形成社会购买力的重要来源。提高工资水平、增加工资总额，能够提高居民购买力、增加社会有效需求，在其他条件不变的情况下，会引起商品价格，特别是消费品价格的上涨。尤其是当工资增长过快，使社会购买力较大地超过商品可供量时，就会引发通货膨胀。所以国家的工资政策是工资增长的幅度不超过经济增长的幅度，使社会购买力的增长与社会商品可供量相适应，使市场价格水平保持相对稳定。

（2）科技发展政策、折旧政策对价格形成的影响

科学技术是第一生产力，大力发展科学技术是我国的一项重要政策。科技的发展及其成果的推广应用，必然促进企业不断改进生产、提高工艺，从而提高劳动生产率，降低价值中的活劳动消耗。同时，科技的发展使企业有可能采用替代品，广泛开展对废气、废料的综合利用，也可以减少物化劳动消耗和降低成本，从而为价格的降低创造条件。

与科技政策相关的折旧政策也会影响价格的形成。折旧即固定资产消耗的价值，折旧费的提高或降低同样关系到物化劳动消耗的多少、成本的高低。随着科技的进步，我国已改变了过去那种执行过低的折旧率、把老本当收益的做法，转而实行加速折旧的政策，同时通过提高设备利用率增加产量，降低单位商品成本中的折旧，从而避免了加速折旧导致的折旧费增加、成本提高、价格上涨现象的出现。

（3）财政政策对价格形成的影响

财政政策对价格形成的影响突出表现在两个方面：

①总量财政政策的影响。对经济总量发生作用，影响经济总量增减变化的财政政策即总量财政政策。它有三种类型：扩张性财政政策、紧缩性财政政策和中性财政政策。实行何种类型的财政政策，直接关系到社会总需求与总供给的平衡状态，从而影响价格的形成。例如，实行紧缩性财政政策，能有效抑制社会总需求的增长，从而遏制价格的上涨；相反，实行扩张性财政政策，能刺激社会总需求的增长，从而控制价格的下跌或促使价格回升。

②个量财政政策的影响。对有关经济个量发生作用，只影响经济个量增减变化的财政政策即个量财政政策。例如，在不改变税收负担总水平的条件下，对征税范围、税率的调整就关系到价格的形成。尤其是价内税，它作为价格构成的一个要素，其征税范围的扩大或缩小、税率的调高或调低，直接关系到价格的变动。

（4）货币政策对价格形成的影响

货币政策是国家为了实现其宏观经济目标所采取的调节和控制货币供应量的一种金融政策。它有三种类型：扩张性货币政策、紧缩性货币政策和中性货币政策。实行何种货币政策，直接关系到货币供应量的多少，从而关系到币值的升降，进而影响价格的形成。具体情况已在货币价值对价格形成的影响中述及，这里不再讨论。

2）国家经济政策对价格形成的直接影响

国家经济政策对价格形成的直接影响，主要是通过价格政策这一渠道实现的。我国历来重视价格问题，国家为此制定了一系列方针和政策，如稳定物价的方针、等价交换和缩小剪刀差的政策、按质论价政策、价格补贴政策、农产品收购保护价及粮食顺价销售政策、某些商品的差比价政策和限价政策等。这些方针和政策直接关系到某些商品价格的确定。当然，价格政策作为国家直接干预价格形成的重要手段，不是固定不变的，它随着经济发展和市场的变化以及人们对客观经济规律认识的深化而调整。

◆ **同步业务2-1** ◆

运用所学知识分析我国市场上某些商品（如手机、彩电、电脑等）的价格走势。

业务分析：

搜集商品价格走势信息，分析不同时期价格变动的原因。

业务程序：

首先，确定所要调查的商品，宜选择市场调节价的商品。

其次，通过网络查询该商品近几年的价格走势，绘制价格走势图。

最后，运用所学理论知识分析不同时期价格变动的原因，如物价贬值、供求变化、国家经济政策影响等。

2.2.4 国际市场价格

国际市场价格是在国际市场供求及关税与贸易政策等因素的影响下形成的，国内市场价格是在国内市场供求及国家经济政策等因素的制约下形成的，二者有明显的区别。但是随着改革开放的深化，我国对外经济交往的日益频繁，特别是随着我国加入

WTO，国际市场价格对国内市场价格的影响也日益增强。

1）国际市场价格对价格形成的外在影响与内在融合

由于各国生产发展的不平衡，同一种商品在不同国家的社会必要劳动时间是不同的，甚至有较大的差异。随着贸易全球化的深入发展，不同国家的价值正在不断发生"对流"与"融合"。"对流"是指一国的优势产品进入处于劣势的另一国，使另一国该产品的价格受优势产品的影响，发生高于或低于价值的变化。这是国际市场价格对国内市场价格形成的影响，这种影响将提高或压低国内商品出口的国际价格，进而间接影响到国内价格的形成，但未改变国内市场价值。"融合"是指由于国际统一市场的形成，商品价值由原来一国范围的社会必要劳动时间决定，变为由国际领域大范围的社会必要劳动时间决定。因此，国内市场价值被国际市场价值所取代，这种内在的"融合"是一种必然趋势。

2）国际市场价格水平影响价格的形成

目前，我国许多商品的价格与国际市场价格仍存在一定差距，甚至差距较大。随着我国进一步对外开放和国际贸易的发展，国内经济受国际经济波动的程度和范围也会明显加深和扩大，我国国内市场价格必然逐步向国际市场价格靠拢。因此，国际市场的供求关系变动、国际经济的周期性波动，以及由此引起的价格涨落，都会直接向国内传导，使价格形成受到影响。

◆ **同步案例2-2**

抓紧培育农业增长新动力　坚持数量质量并重

背景与情境：由国务院发展研究中心指导、国务院发展研究中心农村经济研究部和中国经济年鉴社联合主办的"2015（第三届）中国粮食与食品安全战略峰会"14—15日在北京举行。此次峰会以"农业发展方式转变与增长动力接续"为主题，集中探讨如何着眼于农业现代化，推动农业发展方式的转变和动力升级。

国务院发展研究中心主任李伟在峰会上指出，国内粮食市场受国际市场的影响日益加深是我国粮食和食品安全领域面临的第二个突出问题。近年来，国家不断提高稻谷、小麦的最低收购价和玉米的临时收储价格，有力地促进了粮食增产和农民增收，但随着内外部条件的变化，粮食价格支持政策面临新的挑战。当前，粮食市场最突出的矛盾是国内粮食价格的变化趋势与国际市场严重背离，国内外粮食价格倒挂问题日益突出。2013年以来，大宗农产品国内市场价格普遍高于进口价格，很多用粮企业转向国际市场进口更便宜的农产品或替代品，国内生产的高成本粮食由国家托市收购，导致粮食产量、进口量、库存量"三量齐增"，库存积压严重，财政负担加重。如何完善农产品价格形成机制，完善粮食收储制度，统筹国际国内两个市场、两种资源，是我国农业政策调整的重大课题。

资料来源　彭冰凝. 李伟：抓紧培育农业增长新动力　坚持数量质量并重［EB/OL］.［2015-11-16］. http://www.gov.cn/guowuyuan/2015-11/16/content_2966598.htm.

问题：国际市场对我国农产品价格及农业有哪些影响？

分析提示：一般来说，国际市场商品价格的形成与波动影响着国内市场商品价格的形成与波动。尽管目前我国政府对部分农产品采取最低收购价政策，国内粮价受国际市场影响较小，但国内外粮食价格长期倒挂导致"三量齐增"，是我国农业急需解决的难题。

2.2.5　竞争与垄断

1）竞争对价格形成的影响

在市场经济运行过程中，商品供求的均衡状态不断被打破，商品供求更多的时候处于不平衡状态。供求的不平衡使得商品只有进入市场并通过竞争，价格才能最终形成。竞争对价格形成的影响主要表现在以下三个方面：

（1）卖者与买者之间的竞争对价格形成的影响。在市场经济条件下，卖者希望自己的商品能卖个好价，而买者希望自己买的商品的价格更便宜。这样，买者与卖者之间就要讨价还价，买卖双方最后以相互认同的价格成交，价格最终形成。

（2）卖者之间的竞争对价格形成的影响。如果某种商品投放市场的数量较多，出现供过于求，就会形成买方市场，使卖方之间产生竞争。卖者竞相抛售商品，降价成了促销的一个重要手段，竞争的结果是商品价格趋于下降，商品以较低的价格成交。

（3）买者之间的竞争对价格形成的影响。如果某种商品投放市场的数量较少，出现供不应求，就会形成卖方市场，使买方之间产生竞争。买者为了得到商品愿意出高价，而卖者惜售，只愿意卖给出价高的买者。竞争的结果是商品价格趋于上涨，商品以较高的价格成交。

2）垄断对价格形成的影响

在社会主义市场经济中，某些部门、行业及其产品的销售仍然存在着不同程度的垄断。垄断对价格形成的影响主要表现在以下两个方面：

（1）完全垄断对价格形成的影响。完全垄断是指某种商品在一个市场上有许多买者，但只有一个卖者，而且卖者销售的商品没有其他商品能够替代。这时，虽然卖者高价销售商品，但买者由于缺乏讨价还价的能力，因此只能接受高价。由此可知，在完全垄断市场上，价格的形成完全由垄断者根据自身利益的需要来决定。

（2）不完全垄断对价格形成的影响。不完全垄断是介于完全竞争与完全垄断之间的一种状况，它包括垄断竞争和寡头垄断两种市场结构。垄断竞争较多地表现为竞争性：销售者数量较多，每个销售者的供应量较少，不足以形成对整个市场价格的独家控制。但是，销售者所提供的商品存在着差别，如不同的质量、包装、商标信誉和服务质量等，对一定商品存在偏爱的消费者缺乏对销售者进行选择的余地，因此销售者具有一定的价格控制能力，即卖方在价格形成中起主要作用，形成的价格对卖方有利。寡头垄断则较多地表现为垄断性：少数几家生产者供应着市场上绝大部分的商品，即销售者较少，但每个销售者的供应量都很大，因此任何一个销售者都可以通过限制供应量来控制市场价格。虽然这种控制价格的行为不是完全自由的，而是受制于竞争对手的，但是寡头销售者对价格的形成有明显影响是不言而喻的。

◆ 教学互动 2-1 ◆

互动问题：举例说明你所在的地区有哪些商品（服务）存在垄断现象。结合这些具体的商品（服务）价格，分析垄断对价格形成的影响。

要求：同"教学互动 1-1"的"要求"。

2.3　价格形成的主体与方式

在市场经济条件下，价格形成的主体是谁？价格形成的方式如何？其具体表现形式是什么？这是价格形成机制的核心内容。

2.3.1　价格形成的主体

在市场经济条件下，市场活动就是经济利益各自独立的市场主体之间的交易活动。当然，这种活动在一定程度上会受到政府的宏观调控。因此，市场主体是由市场活动的参与者和调控者组成的，市场主体就是价格形成的主体，其具体可分为：

1）价格形成的直接主体

价格形成的直接主体是指直接参与市场活动的商品生产经营者和商品需求者或消费者。其中，商品生产经营者就是商品的出售者或所有者，既包括企业，也包括个人；商品需求者或消费者就是商品的购买者，既包括企业，也包括个人，还包括行政事业单位、军队乃至政府（当政府对某些商品直接进行定价和以商品购买者的身份出现在市场活动中时，政府也是价格形成的直接主体的组成部分）。企业和个人无论是作为商品的出售者还是作为商品的购买者，都是价格形成中最具活力的主体，也是价格形成的直接主体的主要部分。

2）价格形成的间接主体

价格形成的间接主体是指市场活动的调控者——政府。为了保证市场活动的有序进行和市场体制的有效运转，政府对市场活动的宏观调控必不可少。因此，当政府作为市场活动的调控者时，政府就成为价格形成的间接主体，并影响价格的形成。

◆ 职业道德与企业伦理 2-1 ◆

学习微平台

延伸阅读 2-2

疯狂的"双十一"

背景与情境："双十一"是指每年的 11 月 11 日，又被称为"光棍节"。2009 年以前，11 月 11 日不过是一个普普通通的日子，而此后，它却成了一个标志性的节点，一个销售传奇，一个网络卖家、平台供应商、物流企业的必争之地。很多电商都通过"双十一"进行大幅度促销，以天猫商城为例：2009 年，天猫商城"双十一"销售额为 0.5 亿元；2010 年，天猫商城"双十一"销售额提高到 9.36 亿元；2011 年，天猫商城"双十一"销售额已跃升到 33.6 亿元。而到了 2018 年，天猫商城"双十一"销售额已达到 2 135 亿元。

天猫商城"双十一"销售额记录不断刷新，不仅与其强大的宣传力度相关，更与其终极武器——降价促销相关。被挤瘫的网银、"爆仓"的快递公司……无不显示了"双十一"价格大战的激烈。很多商家疯狂地打折促销，以企业利润补贴消费者，不仅违反商业规律，而且会走进"不促不销"的死胡同。

问题：试从职业道德与企业伦理的角度评析"双十一"的价格战。

分析提示：第一，商家利用"双十一"节日活动大幅度促销商品，消费者能够享受价格上的优惠；第二，如果商家陷入价格战中，而不注意提高商品的质量和服务品质，最终必然会损害消费者的合法权益；第三，如果商家一味通过降价获得销售量上的优势，

而不注意产品的革新，也会影响企业自身的发展，即使降价也难逃被淘汰的命运。

2.3.2　价格形成的方式

与价格形成的主体相对应的是价格形成的方式，即价格由谁决定。《中华人民共和国价格法》（以下简称《价格法》）中明确规定，我国有市场调节价、政府指导价和政府定价三种价格形式，这三种价格形式就是我国市场经济条件下价格形成的方式。

1）市场形成价格——市场调节价

市场形成价格，是指商品的价格直接在市场交换中由买卖双方协商决定。这是社会主义市场经济体制下价格形成的主要方式。

在市场经济体制下，社会资源的配置主要是通过市场机制尤其是价格机制来实现的，因此价格市场化成为其必然要求；同时，市场经济体制下的绝大多数商品生产经营者具有价格自主权，价格成为各商品生产经营者竞争的重要手段，因此价格不仅可以而且必须在市场交换中根据供求关系的变化形成。改革的实践证明，市场调节价较政府定价更能有效配置资源，市场调节价是我国现行价格形成的主要方式。表2-4为我国社会消费品零售中三种价格形式的比重。

表2-4　　　　　　　　**我国社会消费品零售中三种价格形式的比重**

年份	政府定价占比	政府指导价占比	市场调节价占比
1978	97.0%	0	3.0%
1988	47.0%	19.0%	34.0%
1998	4.1%	1.2%	94.7%
2008	2.4%	2.0%	95.6%

资料来源　根据国家发展和改革委员会发布的信息综合整理。

2）政府制定价格——政府定价

政府制定价格，是指某些商品的价格由政府（包括中央政府和地方政府）直接制定，商品的生产经营者只能执行，购买者只能接受，买卖双方没有协商变动的权力。

在市场经济体制下，政府定价的商品范围与计划经济体制下相比大为缩小，比重也大大降低。目前，政府定价的商品只限于少数国家垄断生产经营和关系国计民生的重要商品，如国家储备物资、食盐、重要药品、公共交通服务、电信服务，以及某些生产资料和农产品。表2-5为我国农产品收购中三种价格形式的比重。

表2-5　　　　　　　　**我国农产品收购中三种价格形式的比重**

年份	政府定价占比	政府指导价占比	市场调节价占比
1978	92.2%	2.2%	5.6%
1988	37.0%	23.0%	40.0%
1998	9.1%	7.1%	83.8%
2008	0.7%	2.2%	97.1%

资料来源　根据国家发展和改革委员会发布的信息综合整理。

3）政府与企业共同定价——政府指导价

政府与企业共同定价，是指某些商品的价格由政府和生产经营者共同确定。其主要表现是政府指导价，即政府价格主管部门对某些商品规定基准价及浮动幅度，而具体的价格水平由生产经营者在规定的最高或最低价格标准范围内自行决定。此外，政府对少数商品规定最高限价、最低限价，或者控制价差率、费率和利润率，也是政府指导价的形式。这种价格形式在我国现行价格形式中所占比重最小。表2-6为我国生产资料中三种价格形式的比重。

表2-6

我国生产资料中三种价格形式的比重

年份	政府定价占比	政府指导价占比	市场调节价占比
1978	100.0%	0	0
1988	60.0%	0	40.0%
1998	9.6%	4.4%	86.0%
2008	2.4%	1.1%	96.5%

资料来源 根据国家发展和改革委员会发布的信息综合整理。

从2008年开始，我国使用了新的方法测算价格形式的比重，新方法以产出值为主要指标，并将测算范围由原来仅覆盖第一、二产业商品领域，扩大至一、二、三产业所有商品和服务领域，根据新的测算方法，2016年我国市场调节价比重已达到97.01%。

教学互动2-2

互动问题：我国第十三个五年规划《纲要》提出，减少政府对价格形成的干预，全面放开竞争性领域商品和服务价格，放开电力、石油、天然气、交通运输、电信等领域竞争性环节价格。中央和国务院发布的《关于推进价格机制改革的若干意见》提出具体要求：2017年我国竞争性领域和环节价格基本放开，政府定价范围主要限定在重要公用事业、公益性服务、网络型自然垄断环节。请问：目前我国电力、石油、天然气、交通运输、电信这些领域属于哪种价格形成方式？如果国家将这些能源的价格放开，会有哪些利弊？对我们的生活会产生什么影响？

要求：同"教学互动1-1"的"要求"。

同步案例2-3

阶梯水价政策

背景与情境："阶梯水价"是对使用自来水实行分类计量收费和超定额累进加价制的俗称。早在2014年1月，国家发改委、住房城乡建设部出台《关于加快建立完善城镇居民用水阶梯价格制度的指导意见》，要求2015年年底前，所有设市城市原则上要全面实行居民阶梯水价制度。各地根据此意见，陆续执行了城镇居民用水的阶梯价格制度。

上述政策要求在全国范围内推行阶梯水价，其对象主要是针对居民生活用水，然而根据水价改革的相关精神，非居民用水实行"阶梯水价"也是发展趋势，目前已有部分地区开始试点。如2018年6月28日，河南省发改委、省住建厅联合印发了《关于河南省建立健全和加快推行城镇非居民用水超定额累进加价制度的实施方案的通知》（以下简称《通知》），到2020年年底前，河南省将全面建立和推行商业用水超定额累进加价制度。这意味着城镇商户将告别用水"一口价"，与居民一样实行用水"阶梯价"。根据《通知》，河南省城镇商业用水量分为三档，用水定额为第一档水量，第二档水量为超过用水定额的20%（含20%）以内部分，第三档水量为超过用水定额20%以上部分。加价原则为：第二档水量水价加价0.5倍，第三档水量水价加价1倍。这次改革后，商业用水将由"定额计划"改成"超额阶梯"。简单来说，商业用户超过定额要执行更高水价，倒逼其节约用水。

资料来源　栾姗.用水"阶梯价"来了！城镇商户以后得省着点用 [EB/OL]．[2018-06-29]．https://www.sohu.com/a/238409362_117620.引文经过改编。

问题： 自来水定价方式的改革是否符合我国经济发展的要求？

分析提示： 目前，能源紧缺和环境污染已成为制约经济社会可持续发展的主要矛盾。对使用自来水实行阶梯价格政策，是许多能源紧缺国家为应对能源价格高涨、抑制能源不合理消耗而采取的重要措施之一。资源价格改革的方向是要逐步建立由市场供求决定的价格机制。近年来，各类自来水价格改革步伐大大加快，科学合理和公开透明的政府定价制度初步建立。各级政府积极推进自来水价格改革进程，建立了有利于节约资源、引导用户合理用水的水价体系。

❋ 本章概要

✿ 内容提要

- 价格形成是指价格按照什么规律和方式加以确定。本章围绕价格形成的基础、影响价格形成的因素、价格形成的主体和方式进行了具体论述。

- 价格形成的基础包括三层含义：价格形成的质的基础、量的基础和价格运动的轴心。价格形成的质的基础是凝结在商品中的一般人类劳动；价格形成的量的基础是由生产商品的社会必要劳动时间所决定的价值量；价格运动的轴心是商品价值或其转化形态，也就是说，价格运动的轴心在商品经济发展的不同阶段的具体形态有所不同，经历了平均价值——市场价值——生产价格的发展过程。我国现阶段工业品价格形成的基础是生产价格，农产品价格形成的基础是市场价值。

- 价格的形成和运动还要受到除价值之外的多种因素的影响，主要有货币价值、供给与需求、国家经济政策、国际市场价格、竞争与垄断等。其中，货币价值是价格形成的内在因素，关系到价格的标度，在纸币流通的条件下，要特别关注纸币供应量的变化及利率、汇率的变动对价格的影响；供给与需求影响价格背离价值的方向和程度，直接关系到价格水平的高低；国家经济政策的实施，有的直接影响价格的形成，有的则通过直接影响商品价值、货币价值和市场供求而间接影响价格的形成；国际市场价格是开放经济条件下影响价格形成的一个重要因素，而且这种影响正逐步加深；竞争与垄断也是市场经济条件下影响价格形成的一个不可避免、不可忽视的因素。

● 在市场经济条件下，价格形成的主体是参与和调控市场活动的所有主体，包括企业、单位、个人和政府。其中，企业和个人是价格形成中最具活力的主体，也是价格形成的直接主体的主要部分；政府既是价格形成的直接主体的构成部分，又是价格形成的间接主体——市场活动的调控者。我国市场经济条件下价格形成的方式有三种，即市场调节价、政府定价和政府指导价，并以市场调节价为价格形成的主要方式。

✿ 主要概念和观念

▲ 主要概念

第一种含义的社会必要劳动时间　第二种含义的社会必要劳动时间　需求价格　供给价格　均衡价格

▲ 主要观念

价格形成的基础　影响价格形成的因素　价格形成的方式

✿ 重点实务

消费者参与价格形成的过程　运用价格理论分析价格的变动趋势

✿ 基本训练

✿ 知识训练

▲ 简答题

1）价格形成的基础是什么？如何理解？

2）两种含义的社会必要劳动时间有何区别与联系？

3）利率、汇率变动对价格形成有什么影响？

4）国家经济政策对价格形成有哪些影响？

5）加入 WTO 对我国国内商品价格的形成有何影响？

▲ 选择题

1）在商品价值不变的情况下，价格与货币价值的关系是（　　）。

A.成正比　　　　　　　　　　　　B.成反比

C.同比例变动　　　　　　　　　　D.不相干

2）供求与价格的关系是（　　）。

A.供求影响价格　　　　　　　　　B.价格影响供求

C.二者互为因果　　　　　　　　　D.二者互不影响

3）在垄断竞争条件下，在价格形成中起主要作用的是（　　）。

A.买方　　　　　　　　　　　　　B.卖方

C.买卖双方　　　　　　　　　　　D.寡头销售者

▲ 判断题

1）在商品价值上升、货币价值下跌的情况下，商品价格会有较大幅度的下跌。（　　）

2）在价格总水平持续上涨的情况下，应实行扩张性财政政策和扩张性货币政策。（　　）

3）我国市场经济条件下价格形成的主要方式是政府与企业共同定价。（　　）

4）商品的需求量与该商品的价格在任何条件下都呈反方向变化。（　　）

☼ 能力训练

▲ 案例分析

钢材价格上涨的原因

背景与情境： 在过去的两个半月时间里，钢材的整体价格上涨高达30%，而在期货市场中，螺纹钢、热卷材、槽钢等的价格上涨幅度更是一度超过40%。钢材价格创出了自2013年以来的新高，同时也带动了与钢铁相关行业的商品价格，如铁矿石、焦炭、焦煤等都出现明显的上涨。

钢材价格的上涨，与化解过剩产能政策的延续相关，这一轮宏观调控，将那些存在环境污染、技术落后、中小规模以及传统高耗能类的钢铁企业，进行了关停整改。即使是大型的钢铁集团，也要进行落后设备的升级改造。这一系列宏观调控政策的实施，在一定程度上遏制了中国钢铁产量的增速。据国家统计局数据，2017年1—6月，中国粗钢累计产量41 975万吨，同比增长4.6%；中国钢材累计产量55 155万吨，同比增长1.1%。粗钢产量增速大于钢材产量增速，表明取缔"地条钢"的效果非常明显（地条钢是指以废钢铁为原料，经过感应炉等熔化，不能有效地进行成分和质量控制生产的钢及以其为原料轧制的钢材）。

与此同时，各大钢铁企业和钢材贸易商，受过去几年钢材市场价格低迷的影响，去库存也比较全面和彻底，造成了整个钢铁产销链条上的实际存货量非常少。而今年春季开始的新一轮大型基础设施建设和改造，以及城市道路交通、地下管网、商品房建设开工等，造成了钢材的短期需求集中，拉升了钢材价格的大幅上涨。

另外，钢材需求企业正在开始陆续囤货。随着全球经济包括中国经济的普遍回升向好，各类固定资产投资也明显提速。国家统计局数据显示，2017年1-7月份全国固定资产投资增长8.3%。其中第一产业投资10 677亿元，同比增长14.4%；第二产业投资127 150亿元，增长3.4%；第三产业投资199 583亿元，增长11.3%。第三产业中，基础设施投资（不含电力、热力、燃气及水生产和供应业）72 058亿元，同比增长20.9%。而从施工和新开工项目情况看，施工项目计划总投资1 046 956亿元，同比增长19.4%。

建筑业和制造业的钢材需求，具有一定的规模性和长期性。当未来需求持续增加的预期获得确认之后，企业往往会提前增加对钢材的采购量，锁定生产成本，这就造成了当前市场上的钢材现期需求大幅增加，出现短期供给偏紧的局面，从而推高钢材价格。

而钢材贸易商由于受到钢材价格上涨过快，以及钢铁生产企业库存下降的影响，暂时还只是以贸易差价为主要经营活动。各大钢材贸易市场上还没有出现钢材贸易商们的大量囤货行为。这就进一步加剧了当前钢材市场上存货紧缺的局面，一定程度上也推动了需求企业增加对钢材的采购量，进一步制造了短期内的供不应求。

资料来源　三尺寒.钢材上涨的真实原因找到了［EB/OL］.［2017-08-17］. https://baijiahao.baidu.com/s?id=1575975761288461&wfr=spider&for=pc.引文经过改编。

问题：

1）钢材价格形成的主体与方式分别是什么？

2）通过上述资料，总结导致钢材价格不断上涨的因素。

分析要求：同第1章"基本训练"之本题型的"分析要求"。

▲ 实训操练

实训项目：通过自己的购买活动，体会市场经济条件下消费者（购买者）也是价格形成的主体。

实训步骤：

1）将班级学生分成若干小组，每组确定1个负责人。

2）各组学生结合操练项目，进行购买活动的分工协作安排。

3）各组学生以本章"价格形成的主体与方式"实务教学内容为业务规范，进入角色，体验本项目实训的全过程。

4）各组学生记录本次实训的情境与步骤，总结实训操练的成功经验、存在的问题及解决的办法，在此基础上撰写《基于消费者参与价格形成过程的实训报告》。

5）在班级讨论交流、相互点评与修订各组的《基于消费者参与价格形成过程的实训报告》。

6）在校园网的本课程平台上展出经过修订并附有教师点评的各组《基于消费者参与价格形成过程的实训报告》，供学生相互借鉴。

✿ 善恶研判

微信砍价"免费拿"，隐患多多

背景与情境：如今，在微信群和朋友圈中，常常可以收到一些好友发来的帮忙砍价的链接，这真的是"砍价"的信息吗？面对自己的朋友，我们是帮忙还是拒绝呢？其实，这些"帮忙砍价"的活动要么是为了推广宣传，要么就是收集个人信息，更有甚者竟然是为了骗取钱财，里面隐患多多，需小心以免上当受骗。

连云港市民杨女士前段时间在微信朋友圈里看到一条信息：某款手机做活动，原价4 999元，只要把链接发给亲朋好友，让他们"帮忙砍价"，等价格砍到0元时，便可以免费领取这款手机。李女士便把这条"砍价链接"发到了微信群里，在亲朋好友的帮助下，价格一点点砍了下来，可李女士没想到，在30位好友砍完价后，系统提示砍价人数已达上限，无法继续砍价，而价格被砍到了18元，因为没有到0元，不符合领取资格，忙活了半天的李女士很是无奈，最后只能不了了之。

业内人士分析说："其实，这种骗局的规则很简单，只要邀请好友为自己'砍价'，即点击该链接帮忙砍价，就可随机减少不等的金额，直到变为很优惠的价格，甚至可以免费得到礼品。然而，很多砍价成功的网友不但没有收到奖品，反而泄露了个人信息。"微信"帮砍价"活动起初只是用于营销，商家通过这种活动吸引市民在朋友圈转发信息吸引粉丝，以便短时间获得大量关注度，得到很好的营销效果。但是后来，这种成本低廉、操作简单且易被市民接受的活动让不法分子盯上了，于是演变成了一种新型的骗局，充斥着微信朋友圈和微信群。市民一旦参与"砍价活动"，相关的个人信息将会泄露，不光对银行账户的安全会造成威胁，各种广告骚扰也会接踵而至。"市民不要轻信这样的信息，应提高自己的隐私保护意识，避免上当受骗。"

资料来源 韩震霞. 微信群帮忙"砍价"存隐患 易泄露个人信息 [EB/OL]. [2018-04-03]. http://jsnews.jschina.com.cn/lyg/a/201804/t20180403_1500945.shtml. 引文经过改编。

问题：

1）结合案例，分析商品价格形成的主体包括哪些。

2）本案例中存在哪些职业道德问题？试对上述问题做出你的善恶研判。

3）通过网络或图书馆调研等途径搜集你做善恶研判所依据的行业道德规范。

4）本案例对消费者的启示有哪些？

研判要求：同第1章"基本训练"之本题型的"研判要求"。

第3章
价格弹性

▶ **学习目标**

3.1 需求价格弹性

3.2 供给价格弹性

3.3 其他价格弹性

▶ **本章概要**

▶ **基本训练**

▶ 学习目标

通过本章的学习，你应该达到以下目标：

职业知识 学习和把掌需求价格弹性、供给价格弹性、需求收入弹性、需求交叉价格弹性、价格预期弹性等理论与实务知识；能用其指导或规范本章认知活动和技能活动，正确解答"基本训练"中"知识训练"各题型的相关问题。

职业能力 掌握需求价格弹性、供给价格弹性及其他价格弹性的计算方法、类别及其影响因素；能够运用价格弹性理论为企业价格决策及相关决策服务；通过搜集、整理与综合"供给价格弹性"的前沿知识，撰写、讨论与交流《"供给价格弹性"最新文献综述》，培养"价格弹性"中"自主学习"的通用能力。

职业道德 结合本章教学内容，依照行业规范或标准，分析"职业道德与企业伦理3-1～3-2"和章后"定价千元的'高考房'仍供不应求"案例中企业或其从业人员行为的善恶，强化企业和员工的伦理道德素养。

学习微平台

延伸阅读3-1

引例　谷贱伤农

背景与情境： 早在 17 世纪，英国学者格雷戈里就发现了一个似乎自相矛盾的现象：农民作为一个整体，在好年成时要比在坏年成时得到较少的总收入，好年成对农民来说是一件坏事。我国流传已久的一句成语——谷贱伤农，描述的也是这样一种经济现象：在丰收年份，农民的收入却减少了。

由上述案例可知，出现这种现象的根本原因在于农产品往往是缺乏需求弹性的商品，用图 3-1 来说明。

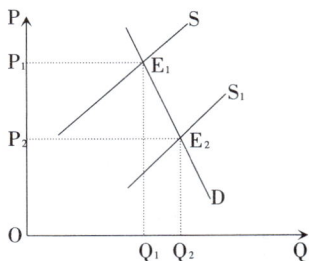

图 3-1　缺乏弹性的需求曲线

在图 3-1 中，农产品的需求曲线 D 是缺乏弹性的。农产品的丰收使供给曲线 S 向右平移至 S_1，在缺乏弹性的需求曲线的作用下，农产品的价格由 P_1 大幅度下降为 P_2，价格下降的幅度大于农产品销售量增加的幅度，最后导致农民总收入减少。总收入减少的量相当于矩形 $OP_1E_1Q_1$ 和 $OP_2E_2Q_2$ 的面积之差。

我们已经知道，商品自身的价格是影响商品供求数量及方向的最基本的因素。然而，需要进一步解决的问题是：价格变动会引起供求量多大程度的变动？对这一问题的分析构成了价格弹性理论，它是价格理论的重要内容，并具有广泛的应用价值。

3.1　需求价格弹性

商品价格的变动通常会引起商品需求量反方向的变动。那么，价格的变动究竟会引起需求量多大程度的变动呢？对这一问题的分析构成了需求价格弹性理论，它是价格弹性理论的重要组成部分。

3.1.1　价格弹性

1）弹性

弹性是物理学中的一个概念，于 19 世纪被应用于经济学中。在经济分析中，弹性是指因变量对自变量变化的反应程度或敏感程度。弹性的大小一般用弹性系数来反映，弹性系数是因变量变化的百分比同自变量变化的百分比之间的比值，用公式表示为：

$$E = \frac{\Delta y \div y}{\Delta x \div x} = \frac{\Delta y}{\Delta x} \times \frac{x}{y} \tag{3.1}$$

式中：E 为弹性系数；x 为自变量；y 为因变量。

2）价格弹性的概念

任何两个具有一定函数关系的变量都可以建立弹性概念，如果以商品供求量为因变量，以商品自身价格为自变量，那么所得出的弹性就是价格弹性。因此，**价格弹性**是指供求量对价格变动的反应程度或敏感程度。价格弹性的大小用价格弹性系数来表示，价格弹性系数是供求量变化的百分比与价格变化的百分比之间的比值，用公式表示为：

$$E_P = \frac{\Delta Q \div Q}{\Delta P \div P} = \frac{\Delta Q}{\Delta P} \times \frac{P}{Q} \tag{3.2}$$

式中：E_P 为价格弹性系数；Q 为商品供求量；P 为商品价格。

3.1.2 需求价格弹性的概念与计算

1）需求价格弹性的概念

需求价格弹性是指商品需求量对其价格变动的反应程度或敏感程度。需求价格弹性的大小用需求价格弹性系数来衡量。需求价格弹性系数是需求量变化的百分比与商品价格变化的百分比之间的比值。由于需求量与商品价格之间一般是负相关关系，因此需求价格弹性系数一般为负值。但是我们需要了解的主要是需求价格弹性系数的绝对值，所以一般将需求价格弹性系数的负号省略。

2）需求价格弹性的计算

需求价格弹性有两种计算方法，即需求价格点弹性和需求价格弧弹性。当需求量的变动率和价格的变动率不大时，用需求价格点弹性公式进行计算；当需求量的变动率和价格的变动率较大时，用需求价格弧弹性公式计算。

（1）需求价格点弹性

需求价格点弹性，简称点弹性，是指需求曲线上某一点的弹性。其计算公式为：

$$E_{P(d)} = \frac{\Delta Q \div Q}{\Delta P \div P} = \frac{\Delta Q}{\Delta P} \times \frac{P}{Q} \tag{3.3}$$

式中：$E_{P(d)}$ 为需求价格点弹性系数；Q 为需求量；P 为商品价格；ΔQ 为需求变化量；ΔP 为价格变化值。

【例 3-1】 A 商品的价格为 1 元时，平均每周销售 100 袋；当价格升到 1.10 元时，平均每周销售 95 袋。A 商品的需求价格弹性系数用点弹性公式计算为：

$$E_{P(d)} = \frac{(95-100) \div 100}{(1.10-1) \div 1} = -0.5$$

（2）需求价格弧弹性

需求价格弧弹性，简称弧弹性，是指需求曲线上任意两点之间的平均价格弹性，也就是需求曲线上任意两点之间的中点价格弹性。其计算公式为：

$$E_{P(d)} = \frac{\Delta Q \div \frac{Q_1 + Q_2}{2}}{\Delta P \div \frac{P_1 + P_2}{2}} = \frac{\Delta Q}{\Delta P} \times \frac{P_1 + P_2}{Q_1 + Q_2} \tag{3.4}$$

式中：ΔQ 为需求变化量；ΔP 为价格变化值；Q_1 为原来的需求量；Q_2 为变化了的需求量；P_1 为原来的价格；P_2 为变化了的价格。

【例 3-2】 B 商品的价格为 200 元时，每周平均销售 40 件；当价格下降到 100 元时，每周平均销售 80 件。B 商品的需求价格弹性系数用弧弹性公式计算为：

$$E_{P(d)} = \frac{80-40}{100-200} \times \frac{200+100}{40+80} = -1$$

◆ **同步业务 3-1** ◆

通过市场调查，获取某种商品的价格及销售量变动的有关资料，并据以测算该商品的需求价格弹性系数。

业务分析：

搜集资料时要确保在不同价格条件下，销售环境是一致的，并排除其他导致销量变动的因素。

业务程序：

首先，确定所要调查的商品，不宜选择长期价格不变的商品或者政府定价商品。

其次，开展调查，获取该商品的价格信息，以及价格变动后销售量的变动信息。

最后，运用公式计算该商品的需求价格弹性系数，进一步分析该商品的价格变动对企业利润的影响。

3.1.3 需求价格弹性的类型

需求价格弹性按其弹性系数绝对值的大小，可分为以下五种类型：

1）需求富有弹性（$E_{P(d)}>1$）

需求富有弹性即需求量变化的百分比大于商品价格变化的百分比。在需求富有弹性的情况下，需求曲线相对比较平坦，如图 3-2（a）所示。

2）需求缺乏弹性（$0<E_{P(d)}<1$）

需求缺乏弹性即需求量变化的百分比小于商品价格变化的百分比。在需求缺乏弹性的情况下，需求曲线相对比较陡峭，如图 3-2（b）所示。

3）需求单一弹性（$E_{P(d)}=1$）

需求单一弹性即需求量变化的百分比等于价格变化的百分比。在需求单一弹性的情况下，需求曲线表现为一条直角双曲线，如图 3-2（c）所示。

4）需求完全弹性（$E_{P(d)}=\infty$）

需求完全弹性即商品价格的任何微小变化都会导致需求量无穷大的变化。在需求完全弹性的情况下，需求曲线是一条与横轴平行的直线，如图 3-2（d）所示。

5）需求完全无弹性（$E_{P(d)}=0$）

需求完全无弹性即无论价格如何变动，需求量都保持不变。在需求完全无弹性的情况下，需求曲线是一条与纵轴平行的直线，如图 3-2（e）所示。

上述后三种类型的需求价格弹性在实际生活中比较罕见，比较常见的是前两种类型。

3.1.4 需求价格弹性与企业销售收入的关系

一种商品价格的变动对生产经营这种商品的企业的销售收入会产生多大的影响，与该商品需求价格弹性的大小密切相关。企业的销售收入等于价格乘以销售量，价格变动会从反方向影响需求量，从而影响销售量。需求价格弹性不同，价格对销售量的影响程度就不相同，从而企业销售收入的变化也会不同。下面我们就 $E_{P(d)}>1$、$0<E_{P(d)}<1$、$E_{P(d)}=1$ 三种情况对企业销售收入的影响进行说明。

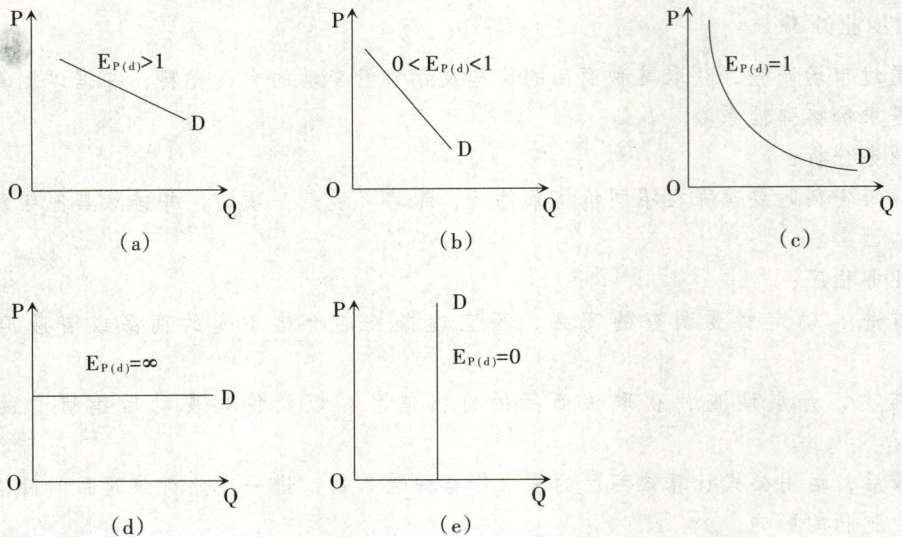

图3-2 需求价格弹性的五种类型

（1）对于 $E_{P(d)}>1$ 的富有弹性的商品，降低价格会增加企业的销售收入，提高价格会减少企业的销售收入，即商品的价格与企业的销售收入呈反方向变动。这是因为当 $E_{P(d)}>1$ 时，单位商品价格降低（或提高）会导致销售量更大幅度的增长（或下降），从而使得企业的销售收入增加（或减少）。如图3-3（a）所示，D是一条富有弹性的需求曲线。

（2）对于 $0<E_{P(d)}<1$ 的缺乏弹性的商品，降低价格会使企业销售收入减少，提高价格会使企业销售收入增加，即商品的价格与企业销售收入呈同方向变动。这是因为当 $0<E_{P(d)}<1$ 时，单位商品的价格降低（或提高）的幅度比销售量增长（或下降）的幅度大，从而使得企业的销售收入减少（或增加）。如图3-3（b）所示，D是一条缺乏弹性的需求曲线。

（3）对于 $E_{P(d)}=1$ 的单一弹性的商品，降低价格或提高价格对企业销售收入都没有影响。这是因为当 $E_{P(d)}=1$ 时，单位商品的价格降低（或提高）会导致销售量同幅度的增长（或下降），从而使得企业的销售收入不发生变化，如图3-3（c）所示。

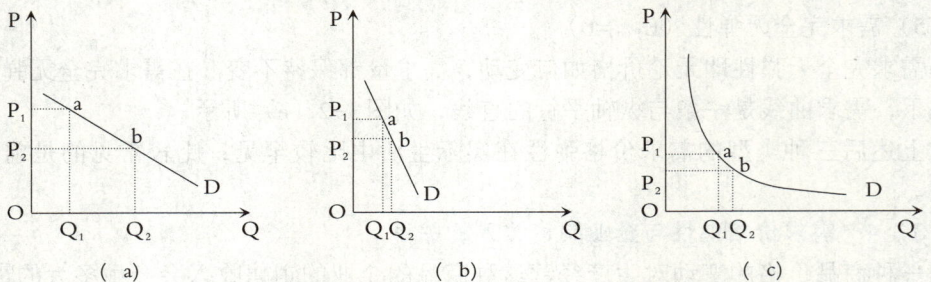

图3-3 需求价格弹性与企业销售收入的关系

以上需求价格弹性与企业销售收入的关系可归纳为表3-1。

表 3-1 　　　　　　　　　　需求价格弹性与企业销售收入的关系表

弹性类别	富有弹性	缺乏弹性	单一弹性
系数值	$E_{P(d)}>1$	$0<E_{P(d)}<1$	$E_{P(d)}=1$
提价的影响	销售收入减少	销售收入增加	销售收入不变
降价的影响	销售收入增加	销售收入减少	销售收入不变

◆ **同步思考 3-1** ◆

对于下列哪种商品，企业适宜采用"薄利多销"的策略？

A.$E_{P(d)}>1$ 的商品　　B.$0<E_{P(d)}<1$ 的商品　　C.$E_{P(d)}=1$ 的商品　　D.$E_{P(d)}=0$ 的商品

答：$E_{P(d)}>1$ 的商品适宜采用"薄利多销"的策略，因为通过降低单位商品的价格，可以刺激销售量大幅增加，从而使企业总收益增加。

3.1.5　影响需求价格弹性的因素

影响需求价格弹性的因素很多，主要有以下几个方面：

1）商品的必要性

商品可以划分为生活必需品和奢侈品。一般说来，生活必需品的需求价格弹性小。比如粮食、食盐等，都属于缺乏需求价格弹性的商品，不管价格是升是降，人们都必须消费这些商品。相反，奢侈品的需求价格弹性较大，如到国外旅行就是一种富有需求价格弹性的奢侈品，有足够的钱就去，没有钱完全可以不去。当然，什么是必需品，什么是奢侈品，在不同的国家、不同的时期都是不同的，并没有绝对的界限。

2）商品的替代程度

如果一种商品有许多替代品，而且替代程度很高，那么这种商品就富有需求价格弹性。因为当这种商品的价格上升时，消费者会购买其他商品来替代这种商品；该商品价格下降时，人们又会购买这种商品来替代其他价格未下降的商品。相反，如果一种商品的替代品很少，或替代程度不高，那么该商品就缺乏需求价格弹性。

3）商品价格占生活支出的比重

如果一种商品的价格在人们的生活支出中占较小的比重，那么它的价格变化对人们的实际收入水平没有什么影响，所以人们不会因为这种商品的价格变化而大幅度地改变自己的需求量，这种商品就缺乏需求价格弹性，如牙刷、牙签等；相反，如果一种商品的价格在人们的生活支出中占有较大的比重，那么人们对这种商品的需求量与其价格变化的相关性就大，这种商品就富有需求价格弹性，如摄像机、汽车等。

4）商品本身的用途

一般说来，一种商品的用途越广泛，其需求价格弹性越大；反之，其需求价格弹性就越小。这一点实际上与上面谈到的商品的替代程度有关系。如果用途广泛的商品价格下降，人们就会更广泛地使用它，也包括用它来替代其他商品，所以其需求量就会大增；反之，其需求量就会大减。

5）商品的耐用性

商品的需求价格弹性与其耐用性一般呈正相关关系，即一种商品的使用时间越长，耐用性越高，其需求价格弹性就越大；反之，其需求价格弹性就越小。因为对于耐用品，人们可以根据其价格变化，较灵活地选择购买时间。例如，自行车的价格如果很便宜，许多人就愿意买一辆新车来淘汰旧车，但如果自行车的价格很贵，许多人就会继续使用旧车。而非耐用品就没有选择余地，因此其需求价格弹性较小。

学习微平台
延伸阅读3-2

同步案例3-1

月饼价格节后"跳水"大部分市民购买意愿不强烈

背景与情境： 热闹的中秋节一过，几天前还在超市货架上争奇斗艳的月饼，如今已难觅踪影。昨日，记者在市内各大超市里，已经看不到月饼的踪影；在街道上的月饼销售点，各品牌的月饼都已开始降价甩卖，但过路市民的购买意愿并不强烈。

在大沙田公平街的菜市场旁，七八个月饼摊点也正在打折促销，这里甚至打出了"10元5个"的超低价格。不过与顺风街二巷相比，这里购买月饼的市民较多。摊主黄先生表示，中秋节过后的月饼其实很难卖，不过相比其他月饼销售点，挨着菜市场的摊点销售状况要好一些。此外，官塘、广西花鸟市场、明秀路月饼销售点的销售状况也差不多。

节后月饼价格大"跳水"，市民是否会买涨？市民周女士则说："月饼一般买来送人，虽然节后月饼会降价，但此时再买来送人已经没有意义了。"记者采访中，多位市民亦表示，若月饼买来送人，一般都会在节前买。若是买来自己食用的话，节后再买也未尝不可。

资料来源　覃哲. 月饼价格节后"跳水"大部分市民购买意愿不强烈 [EB/OL]. [2016-09-17]. http://gx.news.163.com/16/0917/10/C15IGB3P03571AC7.html. 引文经过改编。

问题： 用需求价格弹性分析节后月饼打折日遇冷的原因。

分析提示： 节前月饼具有食用、送礼与乐享节日气氛等用途；节后购买月饼失去了送礼及乐享节日的意义，月饼只剩下食用用途，具有较高的可替代性，因此节后月饼的需求价格弹性也较小。

3.2 供给价格弹性

3.2.1 供给价格弹性的概念与计算

供给价格弹性，简称供给弹性，是指商品供给量对其价格变动的反应程度或敏感程度。供给价格弹性的大小用供给价格弹性系数来衡量。供给价格弹性系数是供给量变化的百分比与商品价格变化的百分比之间的比值。由于供给量的变动与价格的变动通常呈正相关关系，因此供给价格弹性系数一般为正值。其计算公式是：

$$E_{P(s)} = \frac{\Delta Q \div Q}{\Delta P \div P} = \frac{\Delta Q}{\Delta P} \times \frac{P}{Q} \tag{3.5}$$

式中：$E_{P(s)}$ 为供给价格弹性系数；Q 为供给量；P 为价格。

3.2.2　供给价格弹性的类型

根据供给价格弹性系数的大小，供给价格弹性可以分为以下五种类型：

1）供给富有弹性（$E_{P(s)}>1$）

供给富有弹性即供给量变化的百分比大于商品价格变化的百分比。在供给富有弹性的情况下，供给曲线与坐标纵轴相交，如图3-4（a）所示。

2）供给缺乏弹性（$0<E_{P(s)}<1$）

供给缺乏弹性即供给量变化的百分比小于商品价格变化的百分比。在供给缺乏弹性的情况下，供给曲线与坐标横轴相交，如图3-4（b）所示。

3）供给单一弹性（$E_{P(s)}=1$）

供给单一弹性即供给量变化的百分比等于商品价格变化的百分比。在供给单一弹性的情况下，供给曲线与坐标原点相交，如图3-4（c）所示。

4）供给完全弹性（$E_{P(s)}=\infty$）

供给完全弹性即商品价格的任何微小变化都会导致供给量的极大变化。在供给完全弹性的情况下，供给曲线是一条与坐标横轴平行的直线，如图3-4（d）所示。

5）供给完全无弹性（$E_{P(s)}=0$）

供给完全无弹性即商品价格的任何变化都不会引起供给量的变化，供给量为一个常量。在供给完全无弹性的情况下，供给曲线是一条与坐标纵轴平行的直线，如图3-4（e）所示。

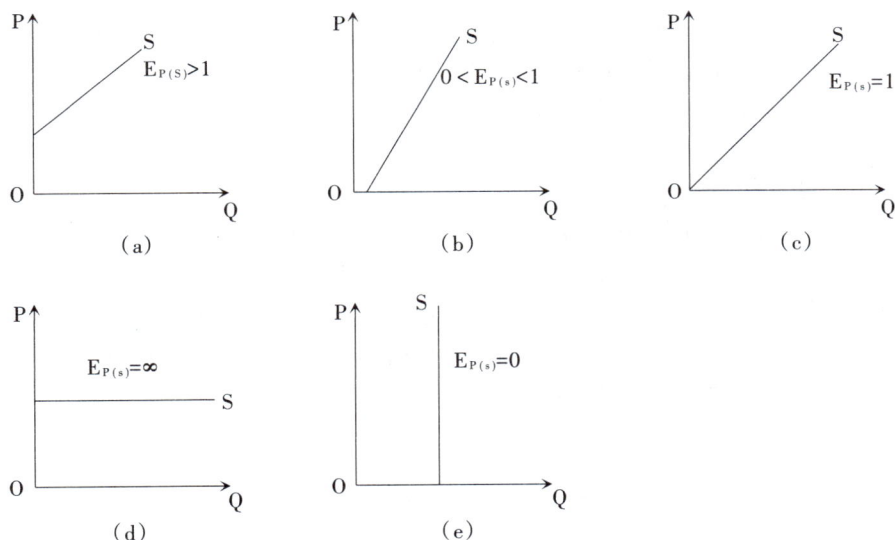

图3-4　供给价格弹性的五种类型

3.2.3　影响供给价格弹性的因素

影响供给价格弹性的因素较多，主要有以下几个方面：

1）时间的长短

当价格变化时，生产者需要通过调整产量来改变供给量，所以时间因素对商品的供给价格弹性有十分重要的影响。时间越短，供给价格弹性越小；时间越长，供给价格弹性越大。如图3-5（a）所示，在瞬间，不管价格如何变动，生产者都来不及改变生产和供给，因而其供给价格是完全无弹性的。如图3-5（b）所示，在短期内，生产者的生产能力是既定的，但他可以尽可能地利用现有生产能力来增加产量，因而具有一定的供给价格弹性，但供给价格弹性仍比较小。如图3-5（c）所示，在长期内，生产者有足够的时间改变生产规模，因而其供给价格弹性增大。

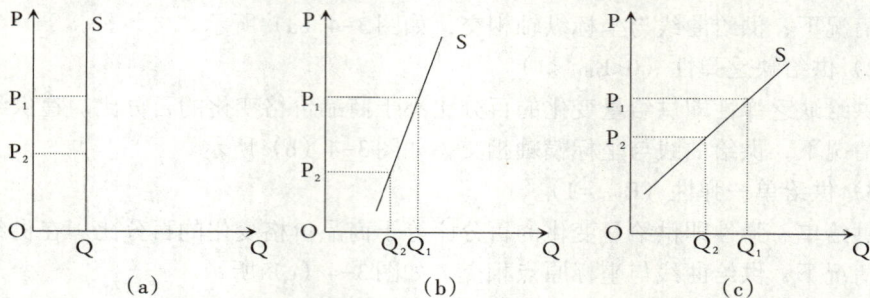

（a）   （b）   （c）

图3-5   时间因素与供给弹性

2）生产成本变动情况

不同产品的生产和同一产品在不同阶段的生产，其成本变动情况是不同的。如果扩大生产导致单位产品成本增加量大于价格上升额，生产者就不愿增产，则该商品的供给价格弹性较小；反之，如果扩大生产导致单位产品成本增加量小于价格上升额，生产者增加生产就有利可图，他们就会大幅增产，则该商品的供给价格弹性较大。

3）生产的技术装备情况

一般来说，生产商品的技术装备越简单，形成新的生产能力所费的时间越短，对价格信息做出反应的总时间就越短，供给价格弹性就越大，如劳动密集型产品；反之，技术装备复杂的资本密集型产品，由于增减供给量困难，因此供给价格弹性相对较小。

4）生产要素的替代程度

如果一种商品的生产使用的是具有高度替代性的生产要素，则该商品的供给价格弹性大。因为如果这种商品的价格上升，生产者增加生产不会遇到生产要素供给瓶颈的制约；如果这种商品的价格下降，生产者也能方便地把原来生产该商品的生产要素转移到其他产品的生产中去。同理，如果一种商品的生产使用的是具有较低替代性的生产要素，则该商品的供给价格弹性小。

◆ **教学互动3-1** ◆

互动问题：分析下列商品的供给价格弹性的影响因素：（1）牛仔裤；（2）商品房；（3）橙子；（4）电脑。

要求：同"教学互动1-1"的"要求"。

◆ **同步案例3-2** ◆

10年地价涨了近4倍   全国供地面积减少了50%

背景与情境：《华夏时报》记者细查了国家统计局发布的土地开发的三项指标——待开发土地面积、购置土地面积和土地购置费用在10年间（2008—2017年）的变化，统计数据显示，2008年待开发土地面积在近10年中是最高的，达到48 161.07万平方米，2009年开始下降，随后也有上升，但未高过2008年。而购置土地面积最高点则出现在2011年（44 327.44万平米），之后一直呈下降趋势，直到2016年（22 025.25万平米）不到最高峰时期的50%，接着2017年又开始回升至25 508万平米，但仍处于低位。

与以上两个数据形成鲜明对比的是，近10年的土地购置费用却在一直增长，2007年为4 873.25亿元，2016年上涨到18 778.68亿元，整整涨了3.85倍。不过2017年的土地购置费用下降了，达到13 644亿元。上述数据反映，地方土地供应量锐减，土地收入却有增无减，说明土地单价被提高了。

资料来源 佚名. 地价10年暴涨4倍背后供地减半开发商拿地疯狂［EB/OL］.［2018-06-16］. https://baijiahao.baidu.com/s?id=1603389572382536627&wfr=spider&for=pc.引文经过改编。

问题：根据案例回答，为什么土地单价上涨，土地供应面积却在减少？

分析提示：土地自然供给是指土地从总体数量上对人类的供给，其供给曲线是一条垂直于横轴的直线，是静态无弹性的。相对的另一种供给为经济供给，是指针对某一种用途，土地所能提供的供给，是自然供给中人类实际利用的部分，其曲线是动态有弹性的。就某一地区而言，可供购置开发的土地自然供给无弹性，经济供给缺乏弹性。

3.3 其他价格弹性

从弹性的一般公式可知，任何两个具有函数关系的经济变量之间都可以建立弹性，据此可以研究这两个经济变量之间的互动关系。因此，自马歇尔提出弹性理论以后，西方经济学者又提出了一系列有关弹性的概念，从而使弹性理论及其应用得到了拓展。

3.3.1 需求收入弹性

1）需求收入弹性的概念与计算

需求收入弹性，简称收入弹性，是指消费者对商品的需求量对消费者收入变动的反应程度或敏感程度。需求收入弹性的大小用需求收入弹性系数来衡量。需求收入弹性系数是指需求量变化的百分比与消费者收入变化的百分比之间的比值。其计算公式是：

$$E_y = \frac{\Delta Q \div Q}{\Delta y \div y} = \frac{\Delta Q}{\Delta y} \times \frac{y}{Q} \tag{3.6}$$

式中：E_y为需求收入弹性系数；Q为需求量；y为消费者收入水平。

2）需求收入弹性的类型

根据需求收入弹性系数的大小，需求收入弹性可以分为以下五种类型：

（1）需求收入富有弹性（$E_y>1$）

需求收入富有弹性即需求量变化的百分比大于消费者收入变化的百分比。在需求收入富有弹性的情况下，需求收入曲线表现为一条斜率较小的曲线，如图3-6（a）所示。

（2）需求收入缺乏弹性（$0<E_y<1$）

需求收入缺乏弹性即需求量变化的百分比小于消费者收入变化的百分比。在需

求收入缺乏弹性的情况下，需求收入曲线表现为一条斜率较大的曲线，如图 3-6
（b）所示。

（3）需求收入单一弹性（$E_y=1$）

需求收入单一弹性即需求量变化的百分比等于消费者收入变化的百分比。在需求
收入单一弹性的情况下，需求收入曲线的斜率等于1，如图 3-6（c）所示。

（4）需求收入无弹性（$E_y=0$）

需求收入无弹性即无论消费者的收入如何变化，消费者购买该商品的数量都不
变。在需求收入无弹性的情况下，需求收入曲线表现为一条与坐标纵轴平行的直线，
如图 3-6（d）所示。

（5）需求收入负弹性（$E_y<0$）

需求收入负弹性即消费者对某种商品的需求量与其收入呈反方向变动，也就是收
入较低时买得多，收入较高时买得少。在需求收入负弹性的情况下，需求收入曲线表
现为一条斜率为负值的曲线，如图 3-6（e）所示。

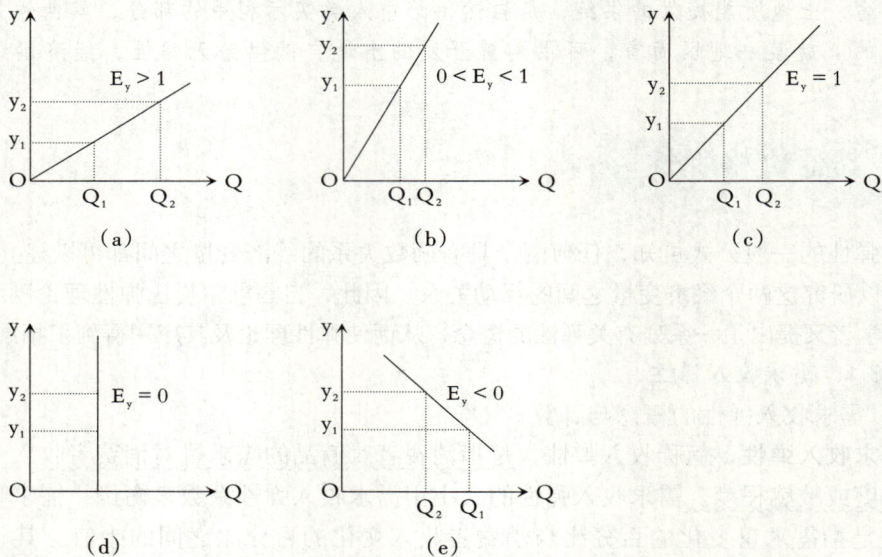

图 3-6　需求收入弹性的五种类型

一般而言，消费者对普通商品的需求随着收入的上升而增加，需求收入弹性系数
是正值；消费者对低档商品的需求随着收入的上升而下降，需求收入弹性系数是负
值；消费者对奢侈品的需求的增长往往快于收入的增长，需求弹性系数大于1。可
见，不同的商品在同样的收入条件下具有不同的收入弹性，同一种商品在不同的收入
条件下也具有不同的收入弹性。及时而准确地了解和掌握各种商品的需求收入弹性，
对政府制定经济政策、企业进行生产经营决策是非常必要的。

同步思考 3-2

西方经济学中的恩格尔定律指出："在一个家庭或一个国家中，食物支出在收入
中所占的比例随着收入的增加而降低。"试用弹性概念来表述这一定律。

答：用弹性概念来表述恩格尔定律如下：对一个家庭或一个国家来说，富裕程度

越高，食物支出的收入弹性就越小；反之，则越大。

"左旋四"事件

背景与情境： 历史上，美国的药品行业一直是全国盈利最多的行业。但是，批评家指出，这种成功是以牺牲消费者的利益为代价才取得的。一个著名的例子就是"左旋四"事件：一位伊利诺伊州的农妇发现，她服用的治疗癌症药片的有效成分左旋四和她用来给羊治病的药片的成分一模一样。人和羊同食一种药片并没有使她感到不安，真正使她感到痛恨的是，羊用的药片每片售价才几美分，而人用的药片每片售价高达 5～6 美元。为此，她以价格欺诈为由将提供此药的强生公司告上法庭。

问题："左旋四"事件涉及医药行业价格欺诈吗？

分析提示："左旋四"事件涉及医药行业价格欺诈。"左旋四"事件突出反映了部分药品的需求价格弹性较小，定价虚高。越来越多的人开始关心药品行业是否正在利用垄断地位制定高价，今后会不会产生更多的价格欺诈现象。

3.3.2　需求交叉价格弹性

一种商品的需求量受多种因素的影响，相关商品的价格就是其中一个因素。假定其他因素都不发生变化，仅仅研究一种商品的价格变化和其相关商品的需求量的变化之间的关系，就需要运用需求交叉价格弹性。

1）需求交叉价格弹性的概念和计算

需求交叉价格弹性，简称交叉弹性，是指某种商品的需求量对相关商品价格变动的反应程度或敏感程度。需求交叉价格弹性的大小用交叉弹性系数来衡量。交叉弹性系数是指某种商品需求量变化的百分比同相关商品价格变化的百分比之间的比值。其计算公式是：

$$E_{P(x,y)} = \frac{\Delta Q_x \div Q_x}{\Delta P_y \div P_y} = \frac{\Delta Q_x}{\Delta P_y} \times \frac{P_y}{Q_x} \tag{3.7}$$

式中：$E_{P(x,y)}$ 为交叉弹性系数；Q_x 为商品 x 的需求量；P_y 为相关商品 y 的价格。

2）需求交叉价格弹性的类型

根据交叉弹性系数的大小，需求交叉价格弹性可以分为以下三种类型：

（1）交叉正弹性（$E_{P(x,y)} > 0$）

交叉正弹性即商品 x 的需求量与相关商品 y 的价格呈同方向变动。这表明 x、y 两种商品之间是替代关系，替代品的互减性使得商品 x 的需求量变动与商品 y 的价格变动呈同一方向，如图 3-7（a）所示。

（2）交叉负弹性（$E_{P(x,y)} < 0$）

交叉负弹性即商品 x 的需求量与相关商品 y 的价格呈反方向变动。这表明 x、y 两种商品之间是互补关系，互补品的同增性使得商品 x 的需求量变动与商品 y 的价格变动呈反方向，如图 3-7（b）所示。

（3）交叉无弹性（$E_{P(x,y)} = 0$）

交叉无弹性即商品 x 的需求量不随商品 y 的价格变动而变动，也就是无论 y 商品的价格如何变动，x 商品的需求量都不受其影响。这表明 x、y 两种商品无相关关系，如图 3-7（c）

所示。

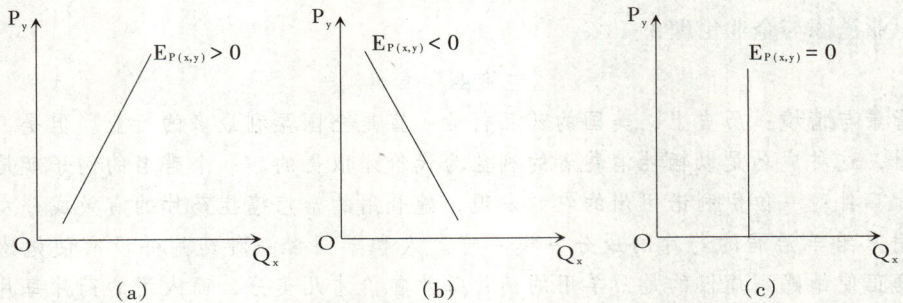

图 3-7　需求交叉价格弹性的三种类型

同步思考 3-3

　　商品 A 与商品 B 的需求交叉价格弹性系数是正值，那么商品 A 与商品 B 是什么关系？

　　答：商品 A 与商品 B 是替代关系。

3.3.3　价格预期弹性

　　无论生产经营者还是消费者，都会根据当前市场行情的变动，预测未来的价格变动，从而调整即期购销决策，这就需要运用价格预期弹性的概念。

　　1）价格预期弹性的概念与计算

　　价格预期弹性是指预期的未来价格对当前价格变化的反应程度或敏感程度。价格预期弹性的大小用价格预期弹性系数来衡量。价格预期弹性系数是预期的未来价格变化的百分比与当前价格变化的百分比之间的比值。其计算公式是：

$$E_{P(t)} = \frac{\Delta P_t \div P_t}{\Delta P \div P} = \frac{\Delta P_t}{\Delta P} \times \frac{P}{P_t} \tag{3.8}$$

式中：$E_{P(t)}$ 为价格预期弹性系数；P_t 为预期未来价格；P 为当前价格。

　　2）价格预期弹性的类型

　　根据价格预期弹性系数的大小，价格预期弹性可以划分为以下五种类型：

　　（1）价格预期富有弹性（$E_{P(t)} > 1$）

　　价格预期富有弹性即高预期弹性，表明消费者或生产者预期未来价格变动的百分比大于当前价格变动的百分比。这会导致消费者随着当前价格的上升而增加购买量，随着当前价格的下降而减少购买量，出现"买涨不买跌"的情况；生产者会随着当前价格的上升而减少供给量——"惜售"，以待价而沽，并随着当前价格的下降而增加供给量，出现"卖跌不卖涨"的情况。

　　（2）价格预期缺乏弹性（$0 < E_{P(t)} < 1$）

　　价格预期缺乏弹性即低预期弹性，表明消费者或生产者预期未来价格变动的百分比小于当前价格变动的百分比。这种情况会使消费者随着当前价格的上升而减少购买量，并随着当前价格的下降而增加购买量；生产者则会随着当前价格的上升而增加供给量，并随着当前价格的下降而减少供给量。

　　（3）价格预期单一弹性（$E_{P(t)} = 1$）

　　价格预期单一弹性即单一预期弹性，表明消费者或生产者预期未来价格变动的百分比等于当前价格变动的百分比。这种状态既不会引起消费者提前或推迟购买，也不会导致生产者惜售或抛售，即消费者和生产者都不会对这一预期做出特别的反应。

（4）价格预期无弹性（$E_{P(t)}=0$）

价格预期无弹性即零预期弹性，表明消费者或生产者预期当前价格的变动对未来价格的变动没有影响。这种情况不会引起当前需求和供给的大幅度变动。

（5）价格预期负弹性（$E_{P(t)}<0$）

价格预期负弹性即负预期弹性，表明消费者或生产者预期未来价格的变动与当前价格的变动呈反方向，也就是预期当前价格上升会导致未来价格下跌，当前价格下跌会导致未来价格上涨。这种情况会导致消费者的行为与当前价格呈显著的反方向变化，生产者的行为则与当前价格呈显著的同方向变化。

价格预期弹性的存在会使供需曲线发生位移，如图3-8所示。$E_{P(t)}>1$，会使需求曲线 D 右移，使供给曲线 S 左移；$E_{P(t)}<1$，会使需求曲线 D 左移，使供给曲线 S 右移；$E_{P(t)}=1$，需求曲线 D 和供给曲线 S 不移动。

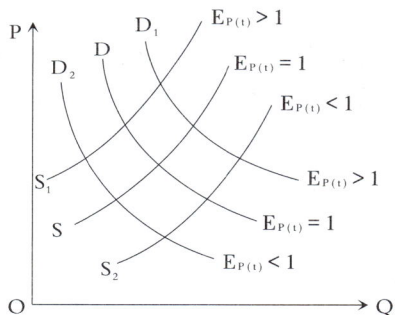

图3-8　价格预期弹性的变化

当然，人们的价格预期除了受当前价格变动的影响外，.还受多种因素的影响，如消费者的偏好、商品的耐用性与耐贮藏性、流行舆论、过去价格变动的经验等。

◆ **同步业务 3-2** ◆

运用价格弹性理论（主要是需求价格弹性理论）帮助某个企业（或个体经营者）进行价格决策。

业务分析：

该题主要是在商品利润最大化的前提下，确定商品的价格、产量。需要搜集的资料有需求价格弹性系数（确定销售量与价格的关系）、商品的成本信息。

业务程序：

首先，确定企业及其商品，不宜选择长期价格不变的商品或者政府定价商品。

其次，开展调查，获取商品的价格信息、价格变动后销售量的变动信息，以及商品的成本信息（固定成本及单位成本）。

再次，拟出商品的利润公式（公式中包括价格因子、销售量因子），计算出需求价格弹性系数，以价格因子替换销售量因子，确定利润最大时的价格。

最后，根据所确定的价格和需求价格弹性系数，计算该企业的销售量，以销定产，确定该企业的产量。

因时而变　畅通无限

背景与情境：德国韦德蒙德城的奥斯登零售公司，经销任何商品都很成功。例如，奥斯登零售公司刚推出的内衣外穿时装的价格超过普通内衣价格的4.5～6.2倍，但照样销售很旺。这是因为这种时装一反过去内外有别的穿着特色，顾客感到新鲜，所以有极强的吸引力。当德国各大城市相继大批推出这种时装时，奥斯登零售公司却将价格骤降到只略高于普通内衣的水平，同样，这种时装一销而光。这样，又过了8个月，当内衣外穿时装已经不那么吸引人时，奥斯登零售公司又以成本价出售，每套时装的价格还不到普通内衣价格的60%，这种过时的时装在奥斯登零售公司仍然十分畅销。

问题：奥斯登零售公司的定价行为说明什么？

分析提示：企业运用了价格弹性理论，在进行产品定价时预测了供求的变化。

互动问题：举例说明某商品的需求交叉价格弹性或价格预期弹性。

例如：回家的火车票和汽车票是替代关系，火车票的需求量与汽车票的价格呈同方向变动，即具有交叉正弹性。

要求：同"教学互动1-1"的"要求"。

✿ 本章概要

✿ 内容提要

• 价格弹性原理是经济学分析中的常用方法，它是指供求量对价格变动的反应程度或敏感程度。价格弹性主要包括需求价格弹性、供给价格弹性、需求收入弹性、需求交叉弹性和价格预期弹性。

• 需求价格弹性是指商品需求量对其价格变动的反应程度或敏感程度。需求价格弹性的大小用需求价格弹性系数来衡量。需求价格弹性按其弹性系数绝对值的大小可分为五种类型，即需求富有弹性、需求缺乏弹性、需求单一弹性、需求完全弹性和需求完全无弹性。需求价格弹性与企业销售收入的关系十分密切，是企业进行价格决策的重要依据。

• 供给价格弹性是指商品供给量对其价格变动的反应程度或敏感程度。供给价格弹性的大小用供给价格弹性系数来衡量，并据以分为五种类型，即供给富有弹性、供给缺乏弹性、供给单一弹性、供给完全弹性和供给完全无弹性。供给价格弹性的大小受时间的长短、生产成本变动情况、生产的技术装备情况、生产要素的替代程度等多种因素的影响。

• 需求收入弹性是指消费者对商品的需求量对消费者收入变动的反应程度或敏感程度。需求收入弹性的大小用需求收入弹性系数来衡量，并据以分为五种类型，即需求收入富有弹性、需求收入缺乏弹性、需求收入单一弹性、需求收入无弹性和需求收入负弹性。及时而准确地了解需求收入弹性具有重要的现实意义。

• 需求交叉价格弹性是指某种商品的需求量对相关商品价格变动的反应程度或敏感程度。需求交叉价格弹性的大小用交叉弹性系数来衡量，并据以分为三种类型，即交叉正弹性、交叉负弹性和交叉无弹性，由此可揭示商品及其价格的相关关系。

• 价格预期弹性是指预期的未来价格对当前价格变化的反应程度或敏感程度。价格预期弹性的大小用价格预期弹性系数来衡量，并据以分为五种类型，即价格预期富有弹性、价格预期缺乏弹性、价格预期单一弹性、价格预期无弹性和价格预期负弹性，从而对消费者和生产者的当前购销决策产生不同的影响。

☼ 主要概念和观念

▲ 主要概念

价格弹性　需求价格弹性　供给价格弹性　需求收入弹性　需求交叉价格弹性
价格预期弹性

▲ 主要观念

需求价格弹性与企业定价行为的关系　农产品的供给价格弹性

☼ 重点实务

运用价格弹性分析经济现象

✿ **基本训练**

☼ 知识训练

▲ 简答题

1）需求收入弹性的应用有何现实意义？

2）简述需求价格弹性与企业销售收入的关系。

3）需求价格弹性系数大于1的商品都可以实行薄利多销吗？

4）影响供给价格弹性的因素有哪些？

5）简述价格预期弹性的类型及其对消费者（或生产者）行为的影响。

▲ 选择题

1）当需求量和价格的变动幅度较大时，计算需求价格弹性系数一般用（　　）。

A.点弹性计算公式　　　　　　　　B.弧弹性计算公式

C.单一弹性计算公式　　　　　　　D.富有弹性计算公式

2）当消费者的收入增长20%时，某种商品的需求量增长10%，则该商品的需求收入弹性属于（　　）。

A.富有弹性　　　　　　　　　　　B.缺乏弹性

C.单一弹性　　　　　　　　　　　D.负弹性

E.无弹性

3）以下属于影响需求价格弹性的因素有（　　）。

A.商品的必要性　　　　　　　　　B.商品的耐用性

C.商品本身的用途　　　　　　　　D.生产成本变动情况

E.价格占支出的比重

▲ 判断题

1）需求价格弹性系数一般为负值。　　　　　　　　　　　　　　　　　　（　　）

2）当商品的需求量和价格的变动幅度不大时，可用点弹性公式计算需求价格弹性系数。　　　　　　　　　　　　　　　　　　　　　　　　　　　（　　）

3）对于缺乏弹性的商品，降低价格一般会减少企业的销售收入。（　　）

4）在其他条件不变的情况下，某种商品的替代程度越高，其需求就越富有弹性。　　　　　　　　　　　　　　　　　　　　　　　　　　　　（　　）

5）供给价格弹性系数一般为正值。　　　　　　　　　　　　　　（　　）

6）一般而言，低档商品的需求收入弹性系数是负值。　　　　　（　　）

▲　计算题

当 y 商品的价格为 0.5 元时，每月销售 x 商品 100 个；当 y 商品的价格降到 0.4 元时，每月销售 x 商品 130 个。计算 x 商品的交叉弹性系数。x、y 两种商品之间是什么关系？

☆　能力训练

▲　案例分析

饼屋降价销售的启示

背景与情境：某青年在某居民小区内开设了一家饼屋，有十几个经营品种，食品的价格与设在闹市区的装饰豪华的饼屋的销售价格一样。除了节假日，饼屋平时生意较清淡。该青年了解到，饼屋的食品主要是孩子们的零食，不能成为人们餐桌上的茶点，原因并不是人们不喜欢吃，也不是糕点质量不好，而是价格偏高。为了扩大生意多赚钱，这位青年决定大幅度降低销售价格，如老婆饼从每块 1 元降到两块 1.5 元，千层酥从每块 1.2 元降到 1 元等。这一做法受到居民的欢迎，饼屋的各种糕点销量大增，赚的钱比以前更多了。

问题：该饼屋为什么降低价格以后更赚钱？试用价格弹性原理进行分析。

分析要求：同第 1 章"基本训练"之本题型的"分析要求"。

▲　自主学习

自主学习-Ⅱ

【训练步骤】

1）将班级同学组成若干"自主学习"训练团队，每队确定 1 个负责人。

2）各团队根据训练项目的需要进行角色分工。

3）通过院资料室、校图书馆和互联网，查阅"文献综述格式、范文及书写规范要求"和近三年关于"供给价格弹性"的学术文献资料。

4）综合和整理"供给价格弹性"最新学术文献资料，依照"文献综述格式、范文及书写规范要求"，撰写《"供给价格弹性"最新文献综述》。

5）在班级交流各团队的《"供给价格弹性"最新文献综述》。

6）在校园网的本课程平台上展出经过修订并附有教师点评的各组《"供给价格弹性"最新文献综述》，供学生相互借鉴。

☆　善恶研判

定价千元的"高考房"仍供不应求

背景与情境：一间平时只要百元左右的小旅馆，在高考期间，定价 1 200 元一晚还供不应求，高考火了考点周边宾馆，却让家长很郁闷。

考生小文今年在合肥市一六八中学考试，考点距离自己家开车平时需要40分钟，考虑到市区交通堵塞等情况，小文父母决定为小文在考点附近宾馆租一间客房，让孩子考完了好好休息，不用在路上折腾。小文父母为小文订的宾馆离考点只需要两三分钟的步行时间，但条件相对简陋，用小文妈妈的话说，就是"小得可怜，卫生环境差"。

记者用手机查询宾馆预订软件，平时这间宾馆的客房价格70元起，最高的也不超过108元。就是这样一间房，在高考那两天，要1 200元一晚，两天就是2 400元。

小文还算幸运的，因为5月底就预订，才订到了这间"高考房"。小文母亲告诉记者，小文班上有48名同学，其中接近20人有住宿需求，其中一部分没有订到宾馆，只能选择稍远的宾馆，或者回家居住，中午找个地方休息。

家住隆岗的小艺就是这种情况，由于考点在滨湖四十六中，开车要半小时，中午就选择在亲戚家休息，晚上回家住，早上再早点出发赶到考点。

随着合肥城市的扩张，考点离家远的情况越来越多，这就催生了所谓的"高考房"。记者走访时发现，不只是一六八学校考点附近的宾馆火爆，其他考点附近宾馆基本上都是满房，价格也是水涨船高。

记者询问一家位于八中附近的较高档酒店，这间酒店只剩两间房，一间大床房，858元，平时大概400多元；另一间套房包括两个小房间，原价700元，高考两天翻了一倍，要1 400多元。前台客服人员告诉记者，因为套房方便父母陪考的同时，不打扰孩子休息，所以高考期间尤其受欢迎，相应的价格也高些。

资料来源　彭旖旎. 小旅馆定价千元仍供不应求　高考火了"高考房"［EB/OL］.［2018-06-08］. http：//ah.sina.com.cn/news/2018-06-08/detail-ihcscwxa1433769.shtml.引文经过改编。

问题：

1）结合案例，分析"高考房"的需求价格弹性与供给价格弹性。

2）本案例中存在哪些职业道德问题？试对上述问题做出你的善恶研判。

3）通过网络或图书馆调研等途径搜集你做善恶研判所依据的行业道德规范。

4）本案例对消费者的启示有哪些？

研判要求：同第1章"基本训练"之本题型的"研判要求"。

第4章
价格构成

▶ **学习目标**

4.1 价格构成概述

4.2 价格构成中的成本

4.3 价格构成中的税金和利润

▶ **本章概要**

▶ **基本训练**

▶ **学习目标**

通过本章的学习，你应该达到以下目标：

职业知识 学习和掌握价格构成的各个要素及其在各环节价格中的组成状况，价格构成与价值构成的关系等理论与实务知识；能用其指导或规范本章认知活动和技能活动，正确解答"基本训练"中"知识训练"各题型的相关问题。

职业技能 掌握企业生产成本、流通费用、税金、利润的构成及计算方法；能够从价格构成的角度为企业价格决策提供依据；通过"调查当地某商品的价格构成情况"实训操作，训练学生的专业操作技能。

职业道德 结合本章教学内容，依照行业规范或标准，分析"职业道德与企业伦理4-1～4-3"和章后"为降低成本牺牲质量 疫苗造假底线何在"案例中企业或其从业人员行为的善恶，强化企业和员工的伦理道德素养。

学习微平台

延伸阅读4-1

引例　不做赔钱的买卖

背景与情境：一向守法经营的小型百货商店店主张老板，以28.20元/盏的价格购进市场热销的调光台灯20盏。经营中的各项费用约占销售额的6%，考虑到还要缴纳3%的税金，张老板决定将销售价格定为40元/盏。第二天早上，有顾客光顾该店，想买台灯，问价后说："老板，便宜点儿，30元我买一盏。"张老板说："你诚心买，35元拿一盏。"顾客说："还是贵了，再让点儿，32元一盏怎么样？"张老板算了算，说："总不能做赔钱的买卖吧？30元我真赔钱，32元我也不赚钱，一大早图个吉利，卖给你吧！"

在上述案例中，张老板说卖30元/盏赔钱、卖32元/盏不赚钱，是实话吗？

这就要从价格构成的角度加以分析。若按30元/盏出售，张老板确实亏损几毛钱；若按32元/盏出售，还有1元多的微利。张老板说的基本上是实话。

了解价格构成中各个要素的地位，掌握各要素的核算方法与形成原理，是合理确定价格、进行科学的价格决策的前提。

4.1　价格构成概述

价格构成是指构成价格的各个要素及其在价格中的组成状况。

4.1.1　价格构成的基本形态

在现实生活中，商品的种类繁多、规格万千，再加上一种商品从生产领域到消费领域往往要经过几道环节，从而产生几道环节的价格。因此，价格的种类之多可想而知。对于不同的价格，其具体的构成虽不完全一致，但一般由四个要素构成，即生产成本、流通费用、税金和利润。价格构成的基本形态或表现形式如下：

1）商品在生产环节上的价格构成（生产者价格的构成）

（1）农产品收购价格由农产品生产成本、农业税（对农林特产征收农业特产税）和农业纯收益构成。

（2）工业品出厂价格的构成有三种情况：①一般工业品出厂价格由生产成本和工业利润构成；②如果工业企业生产的是应税消费品，则出厂价格由生产成本、利润和消费税三个因素构成；③如果是开采矿产品或制盐的生产企业，则出厂价格由生产成本、利润和资源税三个因素构成。出厂价格加上工业生产环节的增值税销项税额，即为含税出厂价格。

2）商品在流通环节上的价格构成（经营者价格的构成）

（1）商品产地批发价格由出厂价格（或收购价格）加产地批发企业的流通费用和利润构成，再加上该环节的增值税销项税额，则为含税产地批发价格。

（2）商品销地批发价格由产地批发价格加销地批发企业的流通费用和利润构成，再加上该环节的增值税销项税额，则为含税销地批发价格。

（3）商品零售价格由批发价格加零售环节的流通费用和利润构成，再加上该环节的增值税销项税额，则为含税零售价格。日常所讲的零售价格通常是含税零售价格。

各种商品在各环节上的价格构成见表4-1。

表4-1 商品价格构成表

生产环节			流通环节				增值税	含增值税价格
生产成本	工业利润、农业纯收益	消费税、资源税、农业税	产地批发环节	销地批发环节		零售环节		生产环节的增值税	含税出厂价格
			流通费用 / 批发利润	流通费用 / 批发利润		流通费用 / 零售利润			
生产者价格			进销差价				批发环节的增值税	含税批发价格
产地批发价格				地区差价				
销地批发价格						批零差价	零售环节的增值税	含税零售价格
零售价格								

注：①应税消费品生产者价格的构成中有消费税；②矿产品和盐的生产者价格的构成中有资源税；③农产品生产者价格的构成中不含增值税；④"含税价格"中的"税"是指增值税。

4.1.2 价格构成与价值构成的关系

价格是价值的货币表现，价格构成也是价值构成的货币表现。所谓价值构成，是指构成商品价值的各个组成部分及其在商品价值中的组合状况。商品价值是由凝结在商品中的社会必要劳动时间决定的，这种价值量在生产领域形成，又在流通领域中得到追加。在生产领域，劳动者与生产资料相结合，把生产资料的价值转移到新产品中去，同时创造新的价值。其中，转移到新产品中去的生产资料价值，是前人劳动的凝结，称为物化劳动价值，通常用字母"c"表示。新的价值是指生产过程中新投入的活劳动消耗的凝结，它又分为两部分：一部分是劳动者为自己劳动创造的价值，通常用字母"v"表示；另一部分是劳动者为社会劳动创造的价值，通常用字母"m"表示。当商品离开生产领域进入流通领域后，为了促使商品流通的顺利进行，同样要投入一定的生产资料和劳动力，耗费物化劳动和活劳动，从而形成流通领域追加的价值：生产资料转移价值c、劳动者为自己劳动创造的价值v和为社会劳动创造的价值m。

由此可见，商品价值包括c、v、m三个组成部分，它们用货币表现出来就转化为价格构成。如果将在生产领域创造的价值用c_1、v_1、m_1表示，在流通领域创造的价值用c_2、v_2、m_2表示，则商品的价格及其四个要素与商品价值及其三个组成部分的关系如图4-1所示。

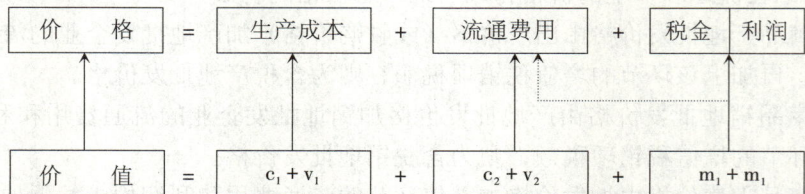

价　　格	=	生产成本	+	流通费用	+	税金	利润
价　　值	=	$c_1 + v_1$	+	$c_2 + v_2$	+	$m_1 + m_1$	

注：虚线表示流通费用包括了生产领域让渡的那部分价值的转化形态。

图4-1 价格构成与价值构成的关系

4.2　价格构成中的成本

成本是商品价格构成中一项最基本、最重要的因素，是价格构成的主体，成本的变化会对商品价格产生直接影响。因此，只有准确核算成本，才能为正确制定价格提供可靠的、重要的依据。按照企业的性质或商品所处环节的不同，成本又分为生产成本和经营成本两大类。

4.2.1　生产成本

1）生产成本的含义和构成

生产成本是指工业企业或农民生产一定数量的某种商品所耗费的物质资料和支出的劳动报酬的总和，是商品价值中物化劳动和劳动者自己的劳动所创造的价值的货币表现。由于工农业生产的不同特点和财务核算的不同要求，工业品生产成本和农产品生产成本的具体构成是不同的。

（1）工业品生产成本的构成。工业品生产成本由制造成本和期间费用构成。其中，制造成本是指与企业直接生产过程有关的物质消耗和工资支出，具体包括：①直接材料，即企业生产过程中实际消耗的原材料、辅助材料、设备配件、外购半成品、燃料动力、包装物、低值易耗品等；②直接工资，即企业直接从事商品生产的人员的工资、奖金、津贴、福利费等；③制造费用，即企业各个生产单位如分厂、车间为组织和管理生产所发生的生产单位管理人员的工资、职工福利费、生产单位房屋、建筑、机器设备等的折旧费，以及修理费、机物料消耗、低值易耗品摊销、取暖费、水电费、办公费、差旅费、运输费、保险费、设计制图费、试验检验费、劳动保护费、修理期间的停工损失以及其他制造费用。期间费用是指与直接生产过程无关但又与生产活动有关的费用，具体包括：①管理费用，即企业行政管理部门为管理和组织经营活动所发生的各项费用；②财务费用，即企业为筹集资金而发生的各项费用；③销售费用，即企业在销售产品、自制半成品和提供劳务的过程中所发生的各项费用及专设销售机构的各项经费。工业品生产成本的构成如图4-2所示。

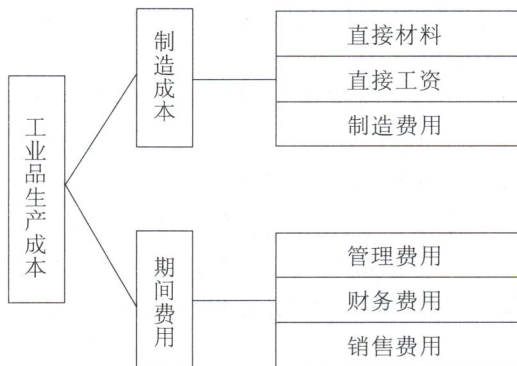

图4-2　工业品生产成本的构成

（2）农产品生产成本的构成。农产品生产成本由农产品直接生产过程中消耗的物质费用、劳动费用和期间费用构成，见表4-2。

表4-2 农产品生产成本的构成

农产品 生产成本	物质费用	种子、化肥、农药、机械作业、排灌、折旧、修理等费用
	劳动费用	直接生产过程中消耗的各种劳动的现金支出或折价支出，即人工费用
	期间费用	土地承包费用、管理费用、销售费用和财务费用

同步业务4-1

搜集某工业品或农产品的生产成本信息资料，并据以计算该产品的生产成本。

业务分析：

对生产成本的构成项进行细化，逐一搜集信息，汇总确定。

业务程序：

首先，确定所要调查的产品，对生产成本的构成分项细化。

其次，确定调查方案，搜集相关信息资料。

最后，将搜集到的信息资料进行汇总，根据教学内容计算该产品的生产成本。

2）定价成本与财务成本的关系

定价成本是指计入商品价格中的成本费用。财务成本是企业财务核算中的成本，是考核、衡量企业经营成果的重要指标。从实际定价过程来看，计入价格中的各种成本费用是在财务成本的基础上分析、调整得来的，财务成本是核算定价成本的基础，但两者在核算的重点、范围和方法上仍存在差别，主要表现在以下几个方面：

（1）财务成本一般是不分具体品种和规格的综合成本，定价成本必须是某种产品（有具体品种和规格）的平均成本。因此，在产品定价过程中，企业要对财务成本按照具体品种、规格进行分摊，从而形成某个产品的定价成本。

（2）财务成本是实际已经发生的成本，定价成本不能仅仅依据已经发生的实际成本，还要根据生产情况的变化和再生产周期出现的各种因素加以适当调整。例如，新产品试制成本一般比较高，其作为一种支出必然会反映在企业财务成本上。新产品定价成本则必须考虑到正式投产后成本可能大幅度地下降，因此新产品定价成本一般以正式投产后的正常成本为依据。

（3）财务成本是对企业一段时期内发生的各种费用支出进行的记载，但是，企业生产有正常生产和不正常生产之分。在不正常生产条件下，企业财务成本会偏高，产品定价成本不能像企业财务成本那样仅强调成本开支范围的合法性，还要考虑成本开支的合理性，并要以企业正常生产条件下的合理开支为依据。即使对一些合法开支项目，如果其是由不正常原因产生的，从市场竞争的角度考虑，也要予以剔除；反之，对一些属于必要的耗费而财务制度上不计入成本的费用，也可以调整为定价成本。

4.2.2 经营成本

1）经营成本的含义与构成

经营成本是指商品流通企业在商品经营活动中用以支付购买商品的货款和各项费

用之和，是商品流通企业在商品购进、销售中所垫付的资金量。经营成本由商品进价成本和流通费用两部分构成（具体见表 4-3）。其中，商品进价成本可分为国内购进商品进价成本和国外购进商品进价成本两部分。国内购进商品进价成本是指国内购进商品的原始进货价格；国外购进商品进价成本是指进口商品到达目的港时所发生的各种支出，包括到岸价（CIF）和进口环节税金（关税、增值税、应税消费品的消费税）。流通费用是指在购进、运输、储存和销售过程中花费的各项支出，包括企业在整个经营环节发生的经营费用、企业管理部门为组织商品流通活动而发生的管理费用和企业为筹集资金而发生的财务费用。

表 4-3　　　　　　　　　　　　　　**经营成本的构成**

经营成本	商品进价成本		国内购进商品进价成本	原始进货价格	进货成本	计息成本	计耗后成本	经营成本
			国外购进商品进价成本	到岸价				
				进口环节税金				
	流通费用	经营费用	运杂费	直接费用				
			包装费					
			保管费					
			商品损耗等	间接费用				
		财务费用	利息等			损耗		
		管理费用	企业管理人员的工资等			其他费用		

2）流通费用的构成与核算

（1）经营费用

经营费用是指企业在整个经营环节所发生的各种费用，包括由企业负担的运输费、装卸费、整理费、包装费、保险费、展览费、保管费、检验费、中转费、劳务手续费、广告费、商品损耗、差旅费、进出口商品累计佣金、经营人员的工资及福利费等。计入价格中的经营费用与企业经营费用既有联系，又有区别。企业经营费用是核算价格中的经营费用的基础，是企业实际支付的费用，而计入价格中的经营费用则要按单位商品计算，以正常经营情况下的中等合理水平为标准。因此，在计价过程中，企业要把各种项目的经营费用按商品的品种和数量进行分摊，对一些主要的、金额较大的费用项目还要分别进行核算。主要项目的费用核算方法如下：

①运杂费（运输费、装卸费、杂费）

运输费是指商品流通企业在购入商品的过程中，使用各种运输工具所支付的运费和运输过程中所发生的搬运费以及同运输有关的各种杂费。装卸费是指在车站、码头、仓库、货场所发生的付给装卸单位的费用。杂费是指调车费、站台码头租用费、港口建设费等。

计算运输费首先要合理选定计费起点，即以商品合理流向进货市场为起点，凡发生属于迂回、倒流的运输费用都不能计入商品价格。其次要根据不同商品选择和确定恰当的运输工具。最后在充分利用车辆吨位、合理装卸的基础上，按照运输部门规定的货物运价等级、运价率、运输距离、货物换算重量、各种杂费收取的标准，准确地计算出商品合理的运输费、装卸费和杂费。

有些商品在整车运输时会有自然亏吨的现象，如体积大的轻泡商品，即使堆码合理也不能装够吨位，这种现象称为"加泡"。亏吨的费用也应该计入商品价格之中，加泡费用计入价格的方法如下：

$$加泡率 = \frac{车辆标定载重量 - 实际载重量}{实际载重量} \times 100\% \tag{4.1}$$

$$某轻泡商品应负担的运费 = 某商品按实际重量计算的运费 \times (1 + 加泡率) \tag{4.2}$$

②包装费

包装费是指对商品进行包装或改装时需要支付的费用，包括包装或改装时支付的包装用品费，包装物折损与修理费，包装物挑选、整理、洗刷、修补费，以及包装物的租用费等。

在核算包装费的过程中，凡是能分清用在哪种商品上的包装费，并能单独计算的，都要单独计算并计入价格。如果规定了定额，则应将包装费按定额计入该商品价格。对于不随商品出售的包装材料，在核算过程中要减去其残值。另外，对于只能使用一次的包装物，应一次计入商品价格；对于能多次使用的包装物，可分摊计入商品价格。包装费计入价格的方法如下：

$$每次应摊包装费 = \frac{包装物原值 - 残值}{使用次数} + 辅助材料 + 包装人工费 \tag{4.3}$$

$$单位商品包装费 = 每次应摊包装费 \div 商品数量 \tag{4.4}$$

③保管费

保管费是指在商品储存过程中需要支付的一切费用，包括倒库、晾晒、冷藏、保暖、挑选、整理、消防、委托保管、库房租赁、畜禽的饲料、商品养护、商品检验等费用。保管费计入商品价格的方法是：凡是可以直接计入价格中的保管费，如畜禽的饲料费，就直接计入。综合仓库保管费则按不同商品分摊计入，分摊方法有：从量计算，即按商品数量或占用仓库面积分摊；从时计算，即按商品储存时间分摊；从值计算，即按商品价值分摊。

④商品损耗

商品损耗是指在商品的运输、保管、销售过程中发生的损耗。计入商品价格中的损耗，是指由合理的自然原因引起的损耗，不包括意外事故或责任事故造成的损失。损耗计入商品价格的方法是：有规定定额的，按规定定额计入价格；没有规定定额的，应根据实际情况先计算损耗率，然后计入价格。计算公式为：

$$损耗率 = \frac{损耗量（或金额）}{损耗前总量（或金额）} \times 100\% \tag{4.5}$$

$$损耗金额 = 计耗后成本 \times 损耗率 \tag{4.6}$$

$$计耗后成本 = \frac{进货成本 + 利息金额}{1 - 损耗率} \tag{4.7}$$

$$进货成本 = 进价成本 + 直接费用 \tag{4.8}$$

$$直接费用 = 运杂费 + 包装费 + 保管费 \tag{4.9}$$

（2）管理费用

管理费用是指商业企业的行政管理部门为了进行商品流通管理和组织商品经营活动而发生的各项费用，包括由企业统一负担的管理人员工资、业务招待费、技术开发费、董事会费、工会经费、职工教育经费、管理人员福利费、劳动保险费、涉外费、租赁费、咨询费、诉讼费、商标注册费、技术转让费、低值易耗品摊销、折旧费、无形资产摊销、开办费摊销、上缴上级管理费、职工待业保险费、修理费、土地使用税、房产税、车船税、印花税、审计费、坏账准备金等。

管理费用是不能直接计入某种商品价格而需要进行分摊的费用，其分摊的方法如下：

$$某商品应摊的管理费=某商品售价×平均管理费率 \tag{4.10}$$

商品售价可参照市场上其他企业同类产品的销售价，也可进行假定估算。平均管理费率的计算方法如下：

$$平均管理费率=\frac{管理费用总额}{商品销售总额}×100\% \tag{4.11}$$

如果企业经营的商品品种繁多，各种商品的管理费用按统一标准计算不能准确反映客观情况，那么商业企业可采用周转次数分摊法。这种方法是先算出平均管理费率，然后算出平均周转次数和各类或各种商品周转次数，最后用平均周转次数与各类或各种商品周转次数之比进行分摊。计算公式如下：

$$某种商品的管理费率=平均管理费率×\frac{平均周转次数}{某类或某种商品周转次数} \tag{4.12}$$

（3）财务费用

财务费用是指企业为筹集资金而发生的各项费用，包括企业为经营某种商品发生的利息净支出、外汇调剂手续费、支付金融机构的手续费等。企业的财务费用是企业在一段期间内为筹集资金而发生的各项费用的总和，在计价过程中，应按不同的品种、不同的商品分别进行核算，从而形成价格构成中的财务费用。

由于利息在财务费用中占很大比重，因此在商品计价过程中，通常对利息进行专门计算，其计算公式如下：

$$利息=进货成本×周转天数×日利息率 \tag{4.13}$$

$$其中：周转天数=\frac{计算期天数}{计算期商品周转次数} \tag{4.14}$$

$$计算期商品周转次数=\frac{计算期商品销售额}{计算期商品平均库存额} \tag{4.15}$$

$$计算期商品平均库存额=\frac{\frac{期初库存}{2}+第一个月月末库存+\cdots+\frac{期末库存}{2}}{分子项数-1} \tag{4.16}$$

◆ 同步思考 4-1 ◆

流通费用中的直接费用就是经营费用吗？

答： 直接费用不能等同于经营费用。直接费用是运杂费、包装费和保管费的总称，它属于经营费用；经营费用不仅包括直接费用，还包括在运输、保管、销售过程中发生的损耗，经营人员的工资及福利费、差旅费、广告费等。

◆ 同步案例 4-1 ◆

探索票价优化　促进公交优先

背景与情境： 2018年全国两会期间，有人大代表提交了《关于适度提高公交票价、促进城市公交优先的建议》，提出公交低票价在一定程度阻碍了城市公交的发展。公交票价如何走好优化之路，正引发城市公共交通领域的深刻探讨。

4月1日，湖北省十堰市主城区34条公交线路票价由1.5元调整为2元；4月17日，甘肃省兰州市座谈讨论优化改进轨道交通与公交票价……城市公交票价优化再次进入公众视野；4月28日，福建省福州市举行公交票价调整听证会；自5月1日起，广东省惠州市惠城区将起步价为1.5元的公交线路调为2元。

为何要对公交票价进行优化？现行票制票价存在哪些问题？

"我国公交票价普遍采用长时间一贯制，无法很好地反映成本变化，不符合一般的经济规律与价值规律。许多城市票价单一且基本为每人次1元，而实际运营成本超过2元。"湖北省道路运输管理局城市公共客运管理处副处长蔡少渠解释。公交票价收入与运营成本严重倒挂，背后则是以沉重的财政负担为代价。

在刚刚执行新票价的十堰市，城区公交"1元时代"曾经持续了近23年。根据十堰市城市公交集团公布的数据，在公交长期低价位运行且保持不变的情况下，同期企业人工、燃油、车辆等经营成本逐年上涨，2016年十堰公交政策性亏损超过1亿元，2017年甚至超过1.4亿元。

资料来源　杨美霞. 探索票价优化　促进公交优先［EB/OL］.［2018-05-09］. http://www.zgjtb.com/2018-05/09/content_145438.htm.引文经过改编。

问题： 公交经营成本包括哪些方面？你认为公交票价该不该调整？

分析提示： 我国部分城市的公交经营成本由政府补贴，因此票价不高。近年来，随着物价的上涨，公交公司经营成本不断增加，在票价不变的情况下，无疑加重了公交公司及政府的财政负担。公交经营成本构成可以结合案例及教材内容回答，提高公交票价的利弊可从提升公交服务质量、减轻财政负担、增加个人交通出行成本与对城市交通的影响等方面进行综合分析。

◆ 职业道德与企业伦理 4-1 ◆

中国空调价格战

背景与情境： 中国的空调行业经过近20年的发展，从无到有，由弱变强，走过了一条引进、消化、提高、国产化、再开发的道路，其整体规模与发达国家的水平接近，进入了稳定成长的时期。从所处行业生命周期阶段的角度分析，空调行业的一个明显特征就是严重的生产过剩。生产过剩将导致竞争的白热化，继而使空调行业利润水平整体下降。现阶段的生产过剩是低水平的生产过剩，不是需求不足，而是供给过多。各大空调厂家为了提高销售量纷纷降价，于是产生了一轮又一轮的价格战、服务战、品牌战，使市场上出现了新一轮的抢购热潮。

问题： 中国空调价格战是否应该立刻叫停？

分析提示： 中国空调市场是富有弹性的，价格的变动会对需求造成很大影响。低技术空调的过度生产，会造成行业竞争加剧。所以，企业要提高技术水平，降低成

学习微平台

延伸阅读 4-2

本，在此基础上提高品牌形象和服务质量。

　　互动问题：学生 2 人为一组，选择某一商品为对象，由小组中的 A 同学根据日常认识说出该商品发生的成本，B 同学结合生产成本与经营成本的学习内容将其正确归类。

　　要求：同"教学互动 1-1"的"要求"。

4.3　价格构成中的税金和利润

　　税金和利润总称盈利，是劳动者在商品生产和流通过程中所创造的价值的货币表现，是商品价格超过生产成本和流通费用的余额。盈利的多少、盈利率的高低是衡量生产经营者经济效益高低的重要指标。

4.3.1　价格构成中的税金

　　税金是国家凭借政治权力，按法定标准对企业和个人创造的一部分社会产品强制、无偿征收的财政收入。税收按照征税对象的不同，可以分为流转课税、所得课税、资源课税、财产课税、行为课税五大类。有些税如财产课税、行为课税中的房产税、车船税、印花税等以及资源课税中的城镇土地使用税等是作为企业管理费用计入价格的；有些税如企业所得税等是依照企业实现的利润来征收的；作为独立要素计入价格的税金即价格构成中的税金，主要是流转课税中的各种税及资源税。其中，**流转课税**是以商品销售额和非商品营业额为征税对象的各种税的总称。我国现行流转税主要包括消费税、增值税、关税和资源税等几个税种。

　　1）消费税

　　消费税是对在我国境内生产、委托加工和进口《中华人民共和国消费税暂行条例》规定的应税消费品的单位和个人，就其应税消费品的销售额或销售量征收的一种税。现行应税消费品有 15 类税目，这 15 类应税消费品分别是：烟、酒、化妆品、贵重首饰及珠宝玉石、鞭炮焰火、成品油、摩托车、小汽车、高尔夫球及球具、高档手表、游艇、木制一次性筷子、实木地板、电池、涂料。消费税属于价内税，其税额是应税消费品价格的构成要素。消费税税额的计算方法有以下三种：

　　（1）从价定率计税方法，适用于实行比例税率的应税消费品。具体计算公式如下：

　　①生产应税消费品的，其单位商品价格中：

$$消费税税额 = 销售价格（出厂价格）\times 消费税税率 \tag{4.17}$$

或

$$= \frac{生产成本 \times （1+成本利润率）}{1-消费税税率} \times 消费税税率 \tag{4.18}$$

　　②进口应税消费品的，其单位商品价格中：

$$消费税税额 = \frac{关税完税价格 \times （1+关税税率）}{1-消费税税率} \times 消费税税率 \tag{4.19}$$

　　③委托加工应税消费品的，其单位商品价格中：

$$消费税税额 = \frac{材料成本 + 加工费}{1 - 消费税税率} \times 消费税税率 \qquad (4.20)$$

（2）从量定额计税方法，适用于啤酒、黄酒、汽油、柴油等应税消费品。具体计算公式如下：

$$消费税税额 = 销售数量 \times 规定的单位税额 \qquad (4.21)$$

单位商品价格中应计的消费税就是规定的单位税额，如1升汽油的消费税税额是1.52元，1吨黄酒的消费税税额是240元。

（3）从量定额和从价定率相结合的计税方法，适用于卷烟和白酒两种应税消费品。具体计算公式如下：

$$消费税税额 = 销售数量 \times 规定的单位税额 + 销售价格 \times 消费税税率 \qquad (4.22)$$

同步思考4-2

根据财税〔2016〕129号文件规定，自2016年12月1日起，对超豪华小汽车（零售价格130万元（不含增值税）及以上），在生产（进口）环节按现行税率征收消费税基础上，在零售环节加征消费税，税率为10%。请问对超豪华小汽车加征消费税有何目的？

答：限制超豪华的大排量汽车消费，引导合理消费，促进节能减排。

2）增值税

增值税是对在我国境内销售货物或者提供加工、修理修配劳务以及进口货物的单位和个人，就其增值额征收的一种税。与消费税不同的是，增值税属于价外税，其税额不是价格的构成要素，而是附在价格之外向买方收取的，这就是价税合并价格，即人们习惯上讲的含税价格。其计算方法如下：

（1）增值税一般纳税人应纳税额的计算

$$应纳增值税税额 = 当期销项税额 - 当期进项税额 \qquad (4.23)$$
$$各环节的销项税额 = 各对应环节的不含税销售额 \times 增值税税率 \qquad (4.24)$$
$$单位商品的销项税额 = 不含税销售价格 \times 增值税税率 \qquad (4.25)$$
$$各环节含税销售价格 = 各对应环节的不含税销售价格 + 各对应环节单位商品的销项税额 \qquad (4.26)$$

增值税税率一般为16%，此外还有10%、6%、0%几档低税率。

（2）增值税小规模纳税人应纳税额的计算

$$应纳增值税税额 = 不含税销售额 \times 增值税征收率 \qquad (4.27)$$
$$单位商品价格含有的应纳增值税税额 = 不含税销售价格 \times 增值税征收率 \qquad (4.28)$$
$$各环节含税销售价格 = 各对应环节的不含税销售价格 + 各对应环节单位商品的增值税税额 \qquad (4.29)$$

对小规模纳税人采用简易办法征收增值税，一般情况下适用3%的征收率。

3）关税

关税是一个国家对进出国境或关境的货物和物品征收的一种税。关税分为进口关税和出口关税，其中，进口关税是关税的主体，是进口商品国内市场价格的组成部分。其计算方法如下：

$$进口货物关税税额 = 进口货物完税价格 \times 关税税率 \qquad (4.30)$$

4）资源税

资源税是对在我国境内开采矿产品或生产盐的单位和个人，就其销售数量或销售额征收的一种税。资源税的征税范围包括矿产品（原油、天然气、煤炭、其他非金属矿原矿、有色金属矿原矿、黑色金属矿原矿）和盐（固体盐和液体盐）。资源税属于价内税，其税额是矿产品或盐的出厂价格的构成要素。其计算方法如下：

$$资源税税额=销售数量×定额税率 \tag{4.31}$$

$$或 \qquad\qquad\quad =销售额×比例税率$$

◆ **同步案例4-2**

抗癌药降税不降价？

背景与情境： 一部热映影片《我不是药神》，引起大家对进口抗癌药价格的广泛关注。国务院关税税则委员会决定，从2018年5月1日起，以暂定税率方式将包括抗癌药在内的所有普通药品、具有抗癌作用的生物碱类药品以及有实际进口的中成药进口关税降为零，并降低增值税。但是两个月之后，仍然有不少患者反映，他们使用的药品价格并没有降低。

降税两个月，为何患者仍感受不到实惠？中国药科大学国家药物政策与医药产业经济研究中心项目研究员颜建周介绍，这种情况存在多方面原因。关税政策、增值税政策的落地需要时间，会有一定的滞后性。此外，2018年5月1日降税政策施行之前，国内市场中已经库存了一定量的进口抗癌药品，这些药品的成本中已经包含缴纳过的税款，因此价格会跟之前保持一致。颜建周还表示，药品的定价受多种因素影响，除了税款之外，还包括供求关系、研发成本等。通过关税的调整，到终端价格调整这样的价格传导机制，最终会使价格下降，但不是意味着如果前端降10%，终端就一定会降10%。

颜建周建议，除了降低药品价格，也可以考虑通过社会保险和商业保险，以及专门的慈善救助计划等多方共付的方式，减轻患者的经济负担。类似的情况不是个案，各地的医院都证实存在相关情况，但是不愿意出面接受采访，表示药品并不是由医院定价，药监局也表示，药品降价不是它们的管理范围。

资料来源 白杰戈. 部分抗癌药降税两个月仍未降价，为何出现滞后？[EB/OL]. [2018-07-07]. https://baijiahao.baidu.com/s?id=1605327624000826825&wfr=spider&for=pc.引文经过改编。

问题： 我国进口关税下调，为何抗癌药价格降价效应不是很明显？

分析提示：（）税费是价格的重要构成项，但不是影响售价的唯一因素。进口抗癌药的最终价格由该药物的市场供需情况决定；（2）库存抗癌药含有税费，短期内难以降价；（3）抗癌药虽然关税减免，但通过价格传导机制，零售价格的降价幅度可能有限。

◆ **职业道德与企业伦理4-2**

金价的故事

背景与情境： 20世纪80年代，我国香港的赫老板在深圳沙头角中英街上开了一家首饰店，首饰店内亮出了一个很醒目的招牌：金价65元/克。内地的张先生到沙头角观光，看到首饰店的价码，感到有便宜可赚，这一价码比深圳当地金店85元/克的金价便宜了20元，与内地的金价相比就更便宜了，于是张先生决定为妻子买一条金项链。赫老板热情相待，出具了质量证明等材料，然后向张先生收取定金，并给张先生看样，张先生对首饰的制作工艺和质量都很满意。这时，赫老板口中念念有词地算起了账：原金65元，税金5元，加工费5元，劳务费等10元，一共85元/克。张先生这才觉察到其中的奥秘，原来所谓的"金价"是指非成品金价，首饰价并不便宜。但考虑到已交定金，加之质量上乘，张先生还是二话没说就买下了项链。

问题： 这个故事让你有何认识？

分析提示： 一方面，首饰价格的构成包括成本（原金价格加上加工费）、税金和利润（劳务费），并且成本尤其是原材料成本是构成金首饰价格的主要部分。另一方面，推销商品要有"高招"，这种将价格构成分项推出的逐步加价法对顾客很有吸引力。但运用这种方法要避免欺诈之嫌，即经营者不得在标价之外加价出售商品，不得收取任何未予标明的费用。

4.3.2　价格构成中的利润

利润是价格构成中的一个要素，是商品价格超过生产成本、流通费用和税金的余额，是生产经营者的纯收入。商品价格中的利润按其所在环节的不同可分为生产利润和商业利润。生产利润又可分为工业利润、农产品纯收益；商业利润按照商品流通过程的不同又可分为批发利润、零售利润等。

1）工业利润

工业利润是工业品生产者价格即出厂价格的组成部分，计入出厂价格中的利润通常通过利润率来计算，具体指标有：

（1）资金利润率

$$资金利润率 = \frac{工业利润}{投资总额} \times 100\% \tag{4.32}$$

$$单位工业品利润额 = \frac{投资总额 \times 资金利润率}{产量} \tag{4.33}$$

（2）销售利润率

$$销售利润率 = \frac{工业利润}{利润总额} \times 100\% \tag{4.34}$$

$$单位工业品利润额 = 销售价格 \times 销售利润率 \tag{4.35}$$

（3）成本利润率

$$成本利润率 = \frac{工业利润}{生产成本总额} \times 100\% \tag{4.36}$$

$$单位工业品利润额 = 生产成本 \times 成本利润率 \tag{4.37}$$

或　　　　　　　　　　=出厂价格（不含增值税）-生产成本-税金（消费税或资源税）

目前，人们在制定工业品出厂价格时一般用成本利润率来计算。

2）农产品纯收益

农产品纯收益是农产品生产者价格的组成部分，是农产品生产者价格减去生产成本后的余额。其计算公式是：

$$单位农产品纯收益 = 单位农产品收购价格 - 单位农产品生产成本 \tag{4.38}$$

3）商业利润

商业利润是商品经营者价格的组成部分，是商品经营者价格减去经营成本后的余额。商业利润一般通过确定销售利润率来计算，其计算公式是：

$$销售利润率 = \frac{商业利润}{销售总额} \times 100\% \tag{4.39}$$

$$单位商品利润额 = 单位商品销售价格 \times 销售利润率 \tag{4.40}$$

或　　　　　　　　　$= 不含税销售价格 - 经营成本$

在商品流通过程中，每个经营环节的利润以该环节的销售价格和该环节的经营成本为依据计算。

教学互动 4-2

互动问题：基于中国企业-劳动力匹配调查（CEES）数据的研究发现，2015—2016 年中国制造业企业的平均税后利润率为 3.3%，其中民营企业的利润率为 3.9%，高于国有企业的 2.2% 和外资企业的 2.1%。请举例回答，你日常使用的某一制造业商品价格范围及行业利润率是多少？影响制造业企业利润的主要因素有哪些？

要求：同"教学互动 1-1"的"要求"。

同步思考 4-3

提高价格是增加企业利润的最佳途径吗？

答：结论是否定的。在其他条件不变的情况下，利润的大小与价格的高低成正比，即价格越高，利润越大。但一般情况下，企业并不能通过任意提高价格来获取高额利润，因为价格的提高可能会导致销售量的减少，进而降低利润总额，或导致市场份额的减少，使企业失去长期获利的机会。因此，在其他条件不变的情况下，企业通过降低商品的生产成本或经营成本来增加利润总额才是最佳的、最持久的途径。

职业道德与企业伦理 4-3

税金的作用

背景与情境：从亨利·福特时代到 20 世纪 50 年代初，美国始终处于世界汽车市场霸主的地位。随着欧洲、日本经济的快速发展，美国逐渐成为汽车进口大国。20 世纪 80 年代，美国进口汽车总量约占本国市场份额的 25%。面对如此状况，遭受生产能力过剩和失业双重打击的美国汽车公司和工会，提出了设置汽车进口关税的解决方案，即对每辆进口汽车征收 2 000 美元的关税。

问题：企业纳税会影响商品的供求，进而影响企业的利润，企业能因此拒绝纳税吗？

分析提示：不能，企业应依法纳税，依法纳税是企业应尽的社会责任。

❋ 本章概要

✿ 内容提要

● 价格一般由四个要素构成，即生产成本、流通费用、税金和利润。不同的商品在不同的生产经营环节，其价格的具体构成并不完全一致。价格构成是价值构成的货币表现。

● 生产成本是商品生产者价格的重要组成部分，它由为生产商品所购买的各种生产要素的费用构成。正确核算定价成本是生产企业进行科学的价格决策的前提。

● 经营成本是商品经营者价格的主要构成要素，它由商品进价成本和流通费用构成。流通费用是指在购进、运输、储存和销售过程中花费的各项支出，包括经营费用、管理费用和财务费用。其中，计入价格中的运杂费、包装费、保管费、利息、损耗、管理费用等应以企业财务核算资料为基础，分项目、分品种逐一核算，并力求准确。

● 税金与价格的关系十分密切，价内税如消费税、营业税、关税、资源税、农业税等是价格构成的要素，税额的多少直接关系到价格的高低；价外税如增值税不是价格构成的要素，税额的多少只关系到含税价格的高低。

● 利润是生产经营者通过生产经营活动获得的成果，单位商品的利润是价格减去生产经营成本和税金后的余额。计入价格中的利润通常是通过利润率来计算的。

✿ 主要概念和观念

▲ 主要概念

价格构成　生产成本　经营成本　流转课税

▲ 主要观念

成本在价格构成中的地位　定价成本与财务成本的关系

✿ 重点实务

分析商品的价格构成　计算各价格构成项

✹ **基本训练**

✿ 知识训练

▲ 简答题

1）怎样理解成本是制定价格的最低经济界限？

2）什么是价值构成？价格构成与价值构成的关系如何？

3）定价成本与企业财务成本有哪些区别？

4）什么是价内税？价内税与价外税有何不同？

5）简述商业企业进货成本的构成。

▲ 选择题

1）工业品生产成本由（　　　）和（　　　）构成。

A.制造成本　　　　　　　　　　　B.管理费用

C.期间费用　　　　　　　　　　　D.财务费用

2）计入商品价格中的成本费用称为（　　　）。

A.生产成本　　　　　　　　　　　B.经营成本

C.定价成本　　　　　　　　　　　D.财务成本

3）工业品生产成本中的期间费用包括（　　　）。

A.制造费用　　　　　　　　　　　B.管理费用

C.财务费用　　　　　　　　　　　D.销售费用

4）流通费用是企业在经营管理过程中发生的各项费用，一般包括（　　　）。

A.运杂费　　　　　　　　　　　　B.经营费用

C.商品损耗　　　　　　　　　　　D.管理费用

E.财务费用　　　　　　　　　　　F.包装费用

▲　判断题

1）计入价格中的经营费用包括企业在经营过程中实际发生的各种费用。（　　　）

2）非人为的意外事故导致的商品损失属于正常的商品损耗，应计入价格。

（　　　）

3）商品流通企业的进货成本由进货价格和流通费用构成。（　　　）

4）商业企业商品销售价格中的利润一般通过确定成本利润率计算。（　　　）

▲　计算题

1）某公司购进红枣 80 000 千克，单价为 5.80 元/千克，支付运杂费 850 元，包装费 320 元，保管费 430 元，经营期 50 天，日利率为 0.018%，经营中损失 1 600 千克，计算每千克红枣的进货成本、计息成本和计耗后成本。

2）假设扬子石化和安庆石化的气源（液化气）挂牌价格分别是 5 500 元/吨、5 420 元/吨，安徽芜湖市到两地购进液化气的运费分别是 100 元/吨、200 元/吨。以每瓶气 15 千克计算，从芜湖市到南京和安庆两地购进液化气每瓶的进货成本分别是多少？如果以每瓶 85 元的价格出售会亏损吗？

☆　能力训练

▲　案例分析

iPhone XS Max 成本价格出炉，你会购买吗？

背景与情境：半个月前，苹果公司发布了 2018 年新款苹果手机，令人意想不到的是，新款苹果手机价格再创新高，其中 iPhone XS Max 256G 版本价格更是高达 1 249 美元。那么这样一部价格 1 249 美元的手机成本价格是多少呢？近日 TechInsights 对 iPhone XS Max 进行分析，出炉了 iPhone XS Max 256G 版本手机的物料成本价格。

根据 TechInsights 给出的报告，iPhone XS Max 256G 版本的物料成本价约为 443 美元，仅占 1 249 美元售价的 35%！资料显示，iPhone XS Max 中最昂贵的元器件当属手机屏幕，这款苹果手机全新的 OLED 显示屏主要使用了柔性 COP 封装工艺、超视网膜高清显示技术以及众多感应组件，成本价为 80.50 美元，约合人民币 550 元。正因为这块显示屏成本价格昂贵，其维修价格也令人瞠目咋舌，苹果官方网站显示，这块显示屏的保外维修价格高达人民币 2 628 元！

除了显示屏之外，紧跟其后的就是 A12 芯片以及基带和射频模组等核心配置，由于 A12 芯片采用新的 7nm 工艺价格略贵，整个核心配置成本价约为 72 美元。接着是闪存芯片以及摄像模块，其价格分别是 64 美元和 44 美元，其他机械组件的成本价大约是 53 美元。加上外观框架等零配件，整部 iPhone XS Max 的物料成本价约为 443 美元，折合人民币约为 3 000 元。

既然 iPhone XS Max 256G 版本的物料成本价占售价的 35%，那么是不是其纯利润就是 65% 呢？其实，443 美元只是所有零配件的成本价，除了物料成本价之外，还有研发、营销等各方面的费用，在这其中又以研发成本最难以估算。

资料来源　佚名．iPhone XS Max 成本价格出炉，原来苹果手机的利润这么高［EB/OL］．［2018-09-27］．https://baijiahao.baidu.com/s?id=1612775524085714240&wfr=spider&for=pc．引文经过改编。

问题：

1）分析商品的物料成本与总成本的区别。

2）为何苹果手机能卖出高价？

分析要求：同第 1 章"基本训练"之本题型的"分析要求"。

▲　**实训操练**

实训项目：调查当地某商品的价格构成情况。

实训步骤：

1）将班级学生分成若干小组，每组确定 1 个负责人。

2）各组学生结合操练项目，进行相应分工。分工安排可以根据价格构成因素开展，如根据生产成本、经营成本、税金、利润分别安排人员调查。

3）各组学生以本章各节实务教学内容为业务规范，进入角色，体验本项目模拟实训的全过程。

4）各组学生记录本次模拟实训的情境与步骤，总结实训操练的成功经验、存在的问题及解决的办法，在此基础上撰写《××价格构成情况的实训报告》。

5）在班级讨论交流、相互点评与修订各组的《××价格构成情况的实训报告》。

6）在校园网的本课程平台上展出经过修订并附有教师点评的各组《××价格构成情况的实训报告》，供学生相互借鉴。

☆　**善恶研判**

为降低成本牺牲质量　疫苗造假底线何在

背景与情境：近些年，国内出现多起狂犬病疫苗造假事件，2018 年 7 月发生在长春长生生物科技有限责任公司（以下简称"长春长生"）的这一次事件，所引起的"疫苗风暴"尤为猛烈。业内人士分析，狂犬病疫苗企业造假，"降低生产成本"或是主要目的。

长春长生此次涉事的冻干人用狂犬病疫苗（Vero 细胞），是目前世界卫生组织推荐使用的疫苗，它纯度高、稳定性和安全性好，更适合工业化大规模生产。这样一支狂犬病疫苗的生产，需要经历以 Vero 细胞为培养基质接种狂犬病毒毒株、病毒灭活、浓缩、纯化、精制这几道工艺。在美国从事疫苗研发工作的崔翔介绍说："越往上游，生产的成本越高。"在崔翔看来，生产商通过扩大企业规模而努力降低成本的方向是对的，但国内这次发生的疫苗事件，最大的问题出现在质量管理上。

《中国新闻周刊》曾在 2010 年调查当时的狂犬疫苗价格时了解到，原材料成本约占总生产成本的 41.49%，几乎近半。当时，原国家卫生部对于疫苗企业的规定是，加价不能超过 20%，因此控制原材料成本，是疫苗生产企业抢占市场和利润的重要方式。曾在 2008 年，河北福尔和江苏延申两家疫苗生产企业生产的 7 个批次的问题狂犬病疫苗，集中表现为效价测定低于国家标准，其原因为偷工减料。同年，大连金港安迪公司非法添加核酸物质作为佐剂，也是为了降低成本。

资料来源 庄兼程. 你知道造假的疫苗有多"赚钱"吗？［EB/OL］.［2018-07-25］. https：// baijiahao.baidu.com/s?id=1606962580106329510&wfr=spider&for=pc.引文经过改编。

问题：

1）根据上述案例，回答生产成本的构成有哪些？企业降低生产成本做法妥当吗？降低成本的前提是什么？

2）本案例中存在哪些职业道德问题？试对上述问题做出你的善恶研判。

3）通过网络或图书馆调研等途径搜集你做善恶研判所依据的行业道德规范。

4）本案例对消费者的启示有哪些？

研判要求：同第1章"基本训练"之本题型的"研判要求"。

第5章
价格体系

▶ **学习目标**

5.1 价格体系的内容

5.2 商品比价

5.3 商品差价

5.4 价格总水平

▶ **本章概要**

▶ **基本训练**

▶ **学习目标**

通过本章的学习，你应该达到以下目标：

职业知识 学习和掌握价格体系的含义和内容，商品比价、商品差价的种类，价格总水平的含义及计量指标，通货膨胀与通货紧缩的表现、成因及对经济的影响等理论与实务知识；能用其指导或规范本章认知活动和技能活动，正确解答"基本训练"中"知识训练"各题型的相关问题。

职业能力 掌握各种商品比价、差价的计算方法；能够运用商品比价、差价原理计算工农业商品价格和服务商品价格；通过搜集、整理与综合"商品差价"的前沿知识，撰写、讨论与交流《"商品差价"最新文献综述》，培养"价格体系"中"自主学习"的通用能力。

职业道德 结合本章教学内容，依照行业规范或标准，分析"职业道德与企业伦理5-1～5-2"和章后"400元止血纱布的高价之谜"案例中企业或其从业人员行为的善恶，强化企业和员工的伦理道德素养。

学习微平台

延伸阅读 5-1

引例 国家发展改革委发文完善煤电价格联动机制

背景与情境：为公开透明实施煤电价格联动，促进煤电行业协调发展，经国务院批准，国家发展改革委印发了《关于完善煤电价格联动机制有关事项的通知》（以下简称《通知》），完善后的煤电价格联动机制自2016年1月1日起开始实施。

《通知》规定，2014年平均电煤价格为基准煤价，原则上以与2014年电煤价格对应的上网电价为基准电价。今后，每次实施煤电价格联动，电煤价格和上网电价分别与基准煤价、基准电价相比较计算。煤电价格实行区间联动，周期内电煤价格与基准煤价相比波动每吨30元为启动点，每吨150元为熔断点。当煤价波动不超过每吨30元时，成本变化由发电企业自行消纳，不启动联动机制；煤价波动在每吨30元至150元之间的部分，实施分档累退联动，即煤炭价格波动幅度越大，联动的比例系数越小。

资料来源 国家发改委新闻中心.国家发展改革委发文完善煤电价格联动机制［EB/OL］.［2015-12-31］. http://xwzx.ndrc.gov.cn/xwfb/201512/t20151231_770460.html.

由引例可知，相关商品的价格之间客观上存在着比价关系。煤电价格联动机制的建立和完善，对理顺产品价格、稳定煤炭价格起到了重要作用，确保了电力企业的生产经营有序进行。

社会主义市场体系既包括商品市场，又包括生产要素市场，有市场就有交易，有交易就有价格。因此，社会主义市场体系同样也存在包括商品劳务价格和生产要素价格在内的庞大的价格体系。在这个体系中，各种商品价格之间的关系如何？各种商品价格运动的综合结果反映了什么？对我们的经济生活有哪些影响？这些问题就是本章要讨论和研究的内容。

5.1 价格体系的内容

价格体系是社会主义市场体系中极为重要的组成部分。那么，什么是价格体系？什么样的价格才算是合理价格？这些都是经济工作者和市场营销人员应该弄清楚的基本问题。

5.1.1 价格体系的概念

价格体系是指各种商品价格及其构成之间相互联系、相互制约的有机整体。社会主义市场体系是一个靠商品交换维系在一起的有机整体，在交换过程中产生了各种价格，既有日用消费品价格，又有工农业生产资料价格，还有服务商品和生产要素价格。由于各种商品的种类、品种、规格、型号、质量、经营地区、经营环节、经营季节不同，因此其价格也多种多样、纷繁复杂。但这些价格并不是彼此孤立、无序的，而是相互联系、相互制约的，是一个有机整体。各种千差万别的价格之所以能形成一个有机整体，是由国民经济各部门的有机联系和社会再生产过程的内在统一性所决定的。

5.1.2 价格体系的具体内容

价格体系可以从不同的角度划分为若干个分支体系。从市场体系来考察，首先可以分为两大体系，即生产要素商品价格体系与工农业商品和服务商品价格体系，如图5-1所示。

价格体系

生产要素商品价格体系　　工农业商品和服务商品价格体系

比价体系　　差价体系

资本价格　劳动力价格　土地价格　技术商品价格　信息商品价格　企业家才能价格

农产品比价　工业品比价　工农业品比价

购销差价　地区差价　批零差价　季节差价　质量差价

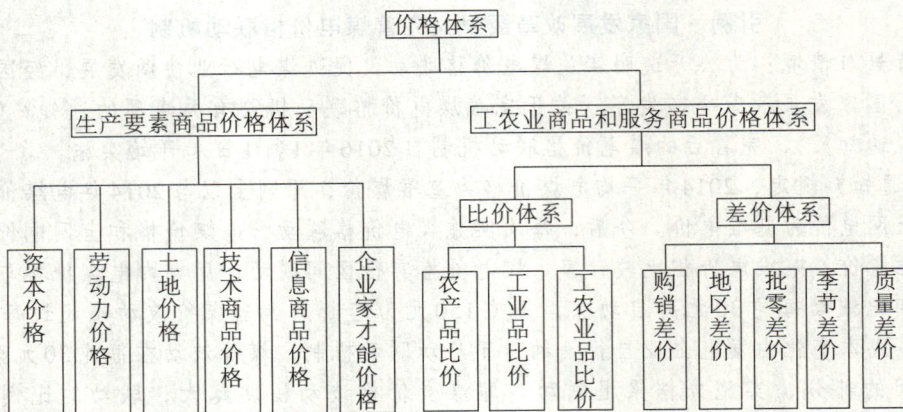

图 5-1　价格体系的内容

1）生产要素商品价格体系

生产要素是实现物质生产过程必备的基本因素，主要包括资本、劳动力、土地、技术商品、信息商品、企业家才能等。在市场经济条件下，这些要素都已商品化，由此就形成了生产要素商品价格体系，简称要素商品价格体系。

2）工农业商品和服务商品价格体系

工农业商品和服务商品价格体系，即商品服务价格体系，它是整个价格体系的主体部分。商品服务价格体系中的各种商品价格存在着纵、横两个方面的联系。从横向看，主要是国民经济各部门的价格及其比例关系形成的不同商品价格之间的比价体系；从纵向看，主要是同种商品在不同环节、不同地区、不同质量、不同季节的价格及其形成的差价体系。

5.2　商品比价

商品比价是指在同一市场、同一时期内的不同商品价格之间的比例关系。商品比价体现了商品价格的横向联系，反映了生产不同商品的国民经济各部门、各行业之间的经济关系。商品比价的实质是不同商品价值量之间的比例关系，因此，研究商品比价，不能脱离对不同商品价值量之间比例的研究，一个比较现实的办法是联系成本和盈利进行分析。保持各类商品之间合理的比价关系，对调整产业结构、优化资源配置、促进国民经济各部门协调发展具有重要意义。

各种商品价格之间广泛存在着比价关系，从而形成了比价体系。其中，对经济活动影响较大的比价关系主要包括农产品比价、工业品比价和工农业商品比价。

5.2.1　农产品比价

1）农产品比价的概念和种类

农产品比价是指在同一市场、同一时期内，不同农产品价格之间的比例关系。农产品比价主要研究农产品生产者价格之间的比例关系，特别是国家从农业生产者那里收购的农产品收购价格之间的比例关系。

农产品比价的种类主要有：

（1）粮食品种之间的比价。粮食品种之间的比价即粮食作物内部各种具体品种之间的比价，如稻、麦、玉米等之间的比价以及它们内部不同品种之间的比价，如水稻中的早籼稻与杂交稻、粳稻等之间的比价。粮食品种之间的比价实质上是不同种类粮食的生产收益高低的对比关系，它涉及种植不同种类粮食的生产者的经济利益，对粮食品种的构成有重要影响。研究粮食品种之间的比价的目的一是要使粮食生产者在正常情况下，生产各种粮食都能得到一定的收益；二是要促使粮食生产者按照社会的需要调整粮食种植结构，发展优质高产粮食品种的生产。

（2）粮食与经济作物之间的比价。粮食作物与重要经济作物占耕地面积的绝大部分，它们既是关系国计民生的重要物资，又是互相争地、争肥、争劳力的作物。研究这种比价关系，可以利用比价政策使各种农作物的生产得以协调发展，从而尽可能满足社会对粮食和经济作物的需要。这种比价关系主要有粮棉比价、粮油比价、粮糖比价、粮烟比价、粮茶比价等。一般来说，在粮食集中产区，粮食收购价格应使粮食生产收益高于其他经济作物生产收益，以保证粮食生产正常进行。在适宜发展经济作物生产的地区，价格政策应向经济作物倾斜，使种植经济作物的生产者获得较多的收益。总之，政府比价政策应使生产者真正能够因地制宜，扬长避短，发挥各自优势，从而使农业生产布局合理、适当集中，以逐步实现区域化、专业化和集约经营，加速农业的现代化进程。

（3）其他农产品之间的比价。其他农产品之间的比价主要有：①粮食与畜产品之间的比价，如粮猪比价、粮蛋比价等；②粮食与水产品之间的比价，如粮鱼比价、粮虾比价等；③粮食与土特产品之间的比价，如粮枣比价等；④粮食以外的其他农产品内部之间的比价，如畜产品内部、水产品内部、土特产品内部及它们相互之间的比价。随着我国人民生活水平的提高，人们对畜产品、水产品、土特产品的需要量不断增加，对品种、花色的要求也越来越高，因此在安排上述农产品比价时，既要以粮食价格为中心，确保粮食生产的发展，又要激发农业生产者按社会需要进行多种经营的积极性，提高人民群众的生活质量。

2）农产品比价的计算方法

农产品比价的计算方法分为单项比价和综合比价两种。

（1）农产品单项比价。农产品单项比价是指一种农产品的收购价格同另一种农产品的收购价格的比例关系。其计算公式是：

$$农产品单项比价 = \frac{交换品收购价格}{被交换品收购价格} \tag{5.1}$$

其中，交换品是指要研究的农产品，被交换品是指用来与所要研究的农产品进行比较的农产品。例如，要研究棉花与小麦的比价，则棉花是交换品，小麦就是被交换品。计算的结果是两种农产品的实物量之比，如1斤棉花可以换多少斤小麦等。但要判断这一比价关系是否合理，还应结合这两种农产品的成本、净产值等指标进行比较。

同步案例 5-1

猪粮比价跌入蓝色预警区域

背景与情境：据国家发改委监测，截至 2018 年 3 月 28 日，全国平均生猪出场价格为每千克 10.89 元，比春节前高点累计下跌 29.0%，比上年同期累计下跌 33.2%，一些地方生猪出场价格跌破每千克10元。同期，玉米价格有所上涨，衡量生猪养殖盈亏状况的猪粮比价（生猪出场价格与玉米批发价格之比）指标大幅回落。截至3月28日，全国平均猪粮比价约为5.45：1，进入国家《缓解生猪市场价格周期性波动调控预案》（下称《预案》）设定的蓝色预警区域（5：1~5.5：1），显示生猪生产出现过剩苗头。

根据《预案》的规定，将猪粮比价5.5：1和8.5：1作为预警点，低于5.5：1进入防止价格过度下跌调控区域，高于8.5：1进入防止价格过度上涨调控区域。具体划分为以下五种情况：①绿色区域（价格正常），猪粮比价在5.5：1~8.5：1之间；②蓝色区域（价格轻度上涨或轻度下跌），猪粮比价在8.5：1~9：1或5.5：1~5：1之间；③黄色区域（价格中度上涨或中度下跌），猪粮比价在9：1~9.5：1或5：1~4.5：1之间；④红色区域（价格重度上涨或重度下跌），猪粮比价高于9.5：1或低于4.5：1；⑤其他情况，生猪价格异常上涨或下跌的其他情况。

资料来源　发改委．猪粮比价跌入蓝色预警区域　生猪生产出现过剩苗头［EB/OL］．［2018-04-03］．http：//finance.jrj.com.cn/2018/04/03195524346720.shtml.引文经过改编。

问题：设置猪粮比价的预警区域有何作用？

分析提示：猪以粮食作为饲料，粮价的高低直接影响猪的生产成本和收益。设置猪粮比价预警区域的目的是引导养殖户合理安排生产，以健全生猪市场调控机制，缓解生猪生产和市场价格的周期性波动，促进生猪生产平稳健康发展。

（2）农产品综合比价。农产品综合比价是指某一类农产品价格同另一类农产品价格之间或若干种农产品价格之间的比例关系。例如，经济作物类价格同粮食类价格之间的比例，畜产品类价格与粮食类价格之间的比例等。农产品综合比价可用来观察各类农产品价格变动的趋势。计算农产品综合比价，不能简单地采用各个品种的价格直接比较，而应采用各类农产品价格指数来比较。其计算公式是：

$$农产品综合比价 = \frac{交换品价格指数}{被交换品价格指数} \times 100 \qquad (5.2)$$

◆ 同步思考 5-1

某地以1950年为基期，2015年畜产品类收购价格指数为306.7，同期经济作物类收购价格指数为458.5，则该地区畜产品类与经济作物类的综合比价是多少？其结果说明什么？

答：畜产品类与经济作物类的综合比价 $= \dfrac{306.7}{458.5} \times 100 = 66.9$

这一综合比价结果表明，在1950—2015年这段时间内，该地区畜产品收购价格提高的幅度比经济作物收购价格提高的幅度要小。

5.2.2　工业品比价

1）工业品比价的概念与种类

工业品比价是指在同一市场、同一时期内的不同工业品价格之间的比例关系。在实际工作中，所谓不同工业品，主要是指在生产或消费上有关联的产品。研究工业品比价的主要目的是处理好工业品内部各部门之间的经济利益，利用各种经济政策来协调工业品内部的比例关系，促进专业化分工和协作，建立合理的工业生产结构，优化资源配置，以最大限度地满足人民日益增长的物质和文化需要。现阶段研究的工业品比价主要有以下几种：

（1）原材料、燃料、动力与加工工业品之间的比价。研究原材料、燃料、动力与加工工业品之间的比价的目的是既要有利于原材料、燃料、动力工业的发展，提高经济效益，又要使加工工业企业加强经济核算，采取有效措施，努力消化原材料、燃料、动力价格上涨的不利因素，以保证生产顺利进行。

（2）零部件与整机、主机与配件、半成品与成品之间的比价。随着社会化大生产的进一步发展，出现了很多专业化协作生产企业。为了促进各种生产要素在协作企业之间的合理配置，使整个工业生产配套协调发展，应在零部件与整机、主机与配件、半成品与成品之间形成一个合理的比价关系，从而使各协作生产企业能够获得大体平均的利润。

（3）代用品之间的比价。代用品之间的比价主要是指在使用上可以相互替代但又存在一定差异的工业品之间的比价，如铝制品与不锈钢制品、棉织品与毛织品等之间的比价。研究这些代用品之间的比价的目的是促使企业多开发和生产资源丰富、成本较低、优质高效、利于环保的代用品，同时鼓励消费者较多地购买此类工业品。

（4）新老产品之间的比价。在科学技术日新月异的今天，新产品不断涌现。研究新老产品之间的比价的目的是促使企业不断创新，以适应市场、开拓市场，从而增强企业的竞争力。为此，新老产品之间的比价应有利于新产品的发展。

（5）一般消费品与高级消费品之间的比价。研究这类比价的目的在于既要保障居民基本生活的需要，又要满足居民不断提高生活水平的需要。一般而言，高级消费品的经营者可以在市场有销路的前提下，使高级消费品的价格较大幅度地高于一般消费品的价格。

（6）进口商品与国产商品之间的比价。进口商品与国产商品之间的比价是指进口商品零售价格与国产同类商品零售价格之间的比例关系。对于这类商品比价的安排，政府一方面要通过征收关税等措施，使进口商品价格高于国产同类商品价格，以有利于国产商品的销售，保护民族工业；另一方面要使国内企业有压力感，促使它们通过深化改革及强化管理，增强自身产品的国际竞争力，以适应我国加入 WTO 后的市场环境。

2）工业品比价的计算

工业品比价一般只计算单项比价，其计算公式如下：

$$\text{工业品比价} = \frac{\text{交换品价格}}{\text{被交换品价格}} \tag{5.3}$$

5.2.3　工农业商品比价

1）工农业商品比价的含义

工农业商品比价是指在同一市场、同一时期内的工业品的零售价格同农产品收购价格之间的比例关系。它反映了农民用一定数量的农产品所能换回的工业品的数量，以及一定数量的工业品所能交换的农产品的数量，所以也称为工农业商品交换率。

研究工农业商品比价，要依据价值规律，贯彻等价交换的原则，使工农业商品的价格比例与价值比例相适应。这对于正确处理政府与农民、工业与农业之间的关系，促进工农业生产协调发展，扩大城乡物资交流具有重要的意义。

2）工农业商品比价的种类及其计算

工农业商品比价可以分为单项比价和综合比价两种。

（1）工农业商品的单项比价

工农业商品的单项比价，是指在同一时期、同一市场中的某种农产品收购价格同某种工业品零售价格的比例，它有以下两种计算方法：

①以农产品为交换品、工业品为被交换品，其计算公式如下：

$$农产品换工业品单项比价 = \frac{某种农产品的收购价格}{某种工业品的零售价格} \tag{5.4}$$

计算结果表明，农民用一定数量的某种农产品可换到多少数量的某种工业品。

②以工业品为交换品、农产品为被交换品，其计算公式如下：

$$工业品换农产品单项比价 = \frac{某种工业品的零售价格}{某种农产品的收购价格} \tag{5.5}$$

计算结果表明，用一定数量的某种工业品能换到多少数量的某种农产品。

在工农业商品单项比价中，政府较重视、农民较关心的主要有以下三种：

①农业生产资料与主要农产品的比价，如化肥、农药、农机、农膜与粮、棉、蔬菜的比价等。

②农民必需的日用工业品与农产品的比价，如棉布、食盐、肥皂、洗衣粉等与粮食、鸡蛋、蔬菜等农产品的比价。

③工业制成品与农产品原料的比价，如棉布与棉花、卷烟与烟叶、白酒与粮食等之间的比价。

（2）工农业商品的综合比价

工农业商品的综合比价是指农村工业品的零售价格指数与农产品收购价格指数之间的比例关系。其结果反映了工农业商品交换变化的情况。工农业商品综合比价的计算方法有以下两种：

①农产品换工业品的综合比价指数，通常称其为正指标。其计算公式如下：

$$农产品换工业品的综合比价指数 = \frac{农产品收购价格总指数}{农村工业品零售价格总指数} \times 100 \tag{5.6}$$

正指标反映了农产品对工业品交换率的变化情况，说明报告期同基期相比，农业生产者用同等数量的农产品可换到的工业品数量的增减情况。

②工业品换农产品的综合比价指数，通常称其为逆指标。其计算公式如下：

$$工业品换农产品的综合比价指数 = \frac{农村工业品零售价格总指数}{农产品收购价格总指数} \times 100 \tag{5.7}$$

逆指标反映了工业品对农产品交换率的变化情况，说明报告期同基期相比，等量工业品交换到的农产品数量的增减情况。

通过对正指标和逆指标的观察，人们可以从总体上看出工农业商品交换变化的情况。如果正指标越来越高，表明农产品的价格相对提高，等量农产品换到的工业品数量增加；如果逆指标越来越高，表明工业品价格相对提高，等量工业品换到的农产品数量增加。中华人民共和国成立以来，我国工农业商品的综合比价发生了较大变化，见表5-1。

表5-1　　　　　　　　　我国工农业商品综合比价指数表

年份	农产品收购价格总指数	农村工业品零售价格总指数	工农业商品综合比价指数	
			农产品换工业品综合比价指数	工业品换农产品综合比价指数
1950	100.0	100.0	100.0	100.0
1952	121.6	109.7	110.8	90.2
1957	146.2	112.1	130.4	76.7
1962	200.1	126.6	158.1	63.3
1970	195.1	111.9	174.4	57.4
1981	301.2	111.9	269.2	37.2
1985	362.9	122.2	270.0	33.7
1990	595.8	189.1	315.1	31.7
1995	1 148.5	301.8	380.6	26.3
1996	1 196.7	320.5	373.3	26.8
1997	1 142.8	324.0	352.7	28.4
1998	1 051.4	316.9	331.8	30.1
1999	923.1	308.3	299.4	33.4
2000	889.9	304.6	292.2	34.2

注：以1950年的价格指数为100；2000年之后国家统计部门已不统计农产品收购价格总指数与农村工业品零售价格总指数的数据信息。

资料来源　中华人民共和国国家统计局.2001年中国统计年鉴［M］.北京：中国统计出版社，2001.

由表5-1可知，以1950年为基期，到2000年，农产品收购价格总指数为889.9，提高了789.9%；农村工业品零售价格总指数为304.6，提高了204.6%；农产品换工业品综合比价指数为292.2，即2000年与1950年相比，同等数量的农产品换到的工业品增加了192.2%；工业品换农产品综合比价指数为34.2，即2000年与1950年相比，同等数量的工业品换到的农产品减少了65.8%。

5.3　商品差价

商品差价是指同一种商品在流通过程中，由于购销环节、购销地区、购销季节和商品质量的不同而形成的价格差额。商品差价是价格体系的重要组成部分，体现了价格运动的纵向联系，其种类主要有六种，即购销差价、地区差价、批零差价、季节差价、批量差价、质量差价。其中，典型的差价及其相互关系如图5-2所示。

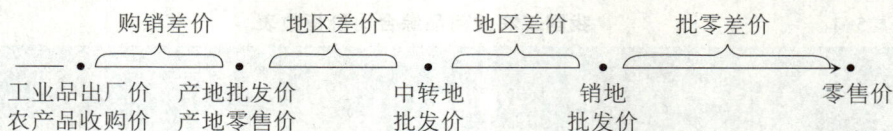

图 5-2   商品流通环节的差价

商品在流通过程中，以上各环节的差价都可能同时存在批零差价、质量差价和季节差价。

5.3.1   购销差价

购销差价是指同一种商品在同一时期、同一产地市场的商品生产者价格与销售价格之间的差额。购销差价是商品从生产领域进入流通领域的第一道环节的差价，包括工业品购销差价和农产品购销差价。

1）工业品购销差价

工业品购销差价一般称为进销差价，是指同一种工业品在同一产地、同一时期内的商业批发价格与工业品出厂价格之间的差额。其大小由两个因素决定：一是产地批发企业流通费用的大小；二是产地批发企业利润水平的高低。进销差价一般由政府有关部门（政府定价的极少数商品）和经营单位，根据以往情况事先测定一个进销差率计入价格。进销差率的计算公式有以下两种：

$$进销差率 = \frac{产地批发价格 - 出厂价格}{出厂价格} \times 100\% \tag{5.8}$$

$$销进差率 = \frac{产地批发价格 - 出厂价格}{产地批发价格} \times 100\% \tag{5.9}$$

$$产地批发价格 = 出厂价格 \times (1 + 进销差率) \tag{5.10}$$

或 $$= 出厂价格 \div (1 - 销进差率)$$

【例 5-1】某服装企业生产毛料西装，当地的批发价格为 680 元/套，经销企业的销进差率为 15%，则该西装的出厂价格应为多少？

该西装的出厂价格 = 680 × (1 - 15%) = 578 （元/套）

含税出厂价格 = 578 × (1 + 17%) = 676.26 （元/套）

2）农产品购销差价

农产品购销差价是指同一种农产品在同一时期内的收购价格与销售价格之间的差额。由于农产品的产销特点和形式不同，因此购销差价可分为以下两种情况：

（1）当地生产、当地销售的农产品购销差价。其具体形式有三种：①购零差价，即收购的某些农产品（如蔬菜、水果、鸡蛋等）未经加工就在当地销售的零售价格与收购价格之间的差额；②购批差价，即收购的某些农产品（如竹、木、家禽等）卖给当地加工企业的批发价格与收购价格之间的差额；③原成差价，即收购的某些农产品在当地经过简单加工后的成品零售价与原材料收购价之间的差额等。

（2）当地收购后调往外地销售的农产品购销差价。这种购销差价即购调差价，也称调拨差价，是指产地调出价格与收购价格之间的差额。由于农产品大部分要调往城市销售或加工，因此这种差价形式十分普遍。

5.3.2   地区差价

地区差价是指同一种商品在同一时期、不同地区的相应环节的价格之间的差额。

地区差价主要有以下两种类型：

（1）不同地区生产者价格之间的差额。例如，不同地区的农产品收购价格之间的差额、不同地区的工业品出厂价格之间的差额等。形成这种地区差价的主要原因是不同地区的生产条件、劳动生产率不同，尤其是农产品、矿产品受自然条件和资源分布的影响较大，使得地区社会成本之间存在差异，从而造成不同地区收购价格之间的差异。

（2）不同地区销售价格之间的差额。这主要是指不同地区的工农业商品批发价格之间的差额或零售价格之间的差额。形成这种地区差价的主要原因是商业企业把商品从产地运往销地而产生的对流通费用的补偿、一定利润的取得都要从销售价格中得到解决，从而形成了不同销售价格之间的差异。这种地区差价的计算方法主要是：

地区差价=销地批发价−产地（或进货地）批发价　　　　　　　　　　　　（5.11）

$$地区差率 = \frac{地区差价}{产地（或进货地）批发价} \times 100\%$$　　　　　　　　　　　　（5.12）

销地批发价=产地（或进货地）批发价×（1+地区差率）　　　　　　　　（5.13）

5.3.3　批零差价

批零差价是指同一种商品在同一市场、同一时期内的批发价格与零售价格之间的差额。批零差价是商业零售企业补偿组织商品经营过程中产生的流通费用并取得利润的来源，它的高低既关系到零售企业的正常经营，又关系到市场物价和人民生活，因此应妥善安排。

批零差价的计算公式如下：

批零差价=零售价格−批发价格　　　　　　　　　　　　　　　　　　　（5.14）

$$批零差率 = \frac{批零差价}{批发价格} \times 100\%$$　　　　　　　　　　　　　　　　（5.15）

零售价格=批发价格×（1+批零差率）　　　　　　　　　　　　　　　　（5.16）

由于零售环节的价格是价、税合并在一起的，因此与消费者接触的实际零售价格是含有增值税的。具体计算公式如下：

含税零售价格=不含税零售价格×（1+增值税税率）　　　　　　　　　　（5.17）

或　　　　　　　　=含税批发价格×（1+批零差率）

【例 5-2】A 医药公司从当地制药厂购进一批药品，其中布洛芬胶囊（300 毫克 520 粒）的出厂价格为 13.30 元/盒，按照有关部门的规定，该药品的进销差率为 19%，批零差率为 15%，则该药品的含税产地零售价格是多少？

产地批发价格=13.30×（1+19%）=15.83（元/盒）

含税产地批发价格=15.83×（1+17%）=18.52（元/盒）

含税产地零售价格=18.52×（1+15%）=21.30（元/盒）

◆ **同步案例 5-2** ◆

博士眼镜 IPO 阳光　照出暴利的投影

背景与情境：在眼镜行业里有一句顺口溜："成本 20 元的镜架，200 元卖给你是讲人情；300 元卖给你是讲交情；400 元卖给你是讲行情。"由于行业的专业性和特殊性，中国眼镜业的暴利广为人知，甚至被列入"中国十大暴利行业"之一，眼镜零售的利润率能超过200%，甚至达到1 000%。

随着博士眼镜登陆"创业板"，其公之于众的营收状况，也让人们能有依有据地解构眼镜行业的暴利秘密。博士眼镜的招股书显示，从产品类别来看，其镜片的毛利率最高，镜架的毛利率次之，隐形眼镜及隐形护理液的毛利率相对低。

据眼镜零售从业者介绍，眼镜连锁企业销售的眼镜从眼镜出厂到摆上货架，至少要经过贸易商、品牌商、代理商等3~6道环节，每个环节都会让眼镜价格产生翻倍增长。

不过，虽然毛利率高，但博士眼镜的净利率不算高。以2016年上半年为例，博士眼镜营业收入为2.02亿元，销售费用就吞掉大约一半，高达1.07亿元，导致净利润为1 677万，净利率8.35%。以2016年为例，博士眼镜租金、物业、水电费支出金额为1.1亿元，占据整个销售费用的50.67%，工资社保支出金额为9 006.29万元，占据总销售费用的40.19%，两项费用在整个销售费用的占比高达90%。

资料来源　Lesly. 博士眼镜IPO　阳光照出暴利的投影［EB/OL］.［2017-03-10］. http：// www.tmtpost.com/2579472.html. 引文经过改编。

问题：根据案例内容，回答眼镜"暴利"产生的原因包括哪些。

分析提示：眼镜"暴利"主要是指眼镜零售价格相对出厂成本差额较大，但零售端净利润率并不高。其主要原因包括：一是中间商过多，层层加价；二是眼镜店运营成本较高，会导致眼镜从出厂到零售价格不断增长。因此，眼镜店应整合供应链，创新渠道模式。

◆◆◆ **同步业务5-1**

试用所学基本知识测算当地某家企业主要经营品种的进销差价、地区差价和批零差价。

业务分析：

本问题需要测算某商品在两个不同地区的出厂价、批发价和零售价。

业务程序：

首先，确定所要调查的企业及其商品，熟悉该商品的流转环节。

其次，确定商品价格调查方案，如网络搜索法、咨询法、实地调查法等。

最后，确定该商品在两个不同地区的各种价格，根据所学知识测算该商品的进销差价、地区差价和批零差价。

5.3.4　季节差价

季节差价是指同一种商品在同一市场、不同季节的收购价格之间或销售价格之间的差额。季节差价按其形成原因的不同，可分为以下两种：

（1）淡旺季节差价。这主要是指由于同种农产品在不同季节生产所耗费的生产成本不同而形成的季节差价。例如，冬季大棚蔬菜的生产成本大大高于夏天露地生产的成本，即使是露地生产的蔬菜，为了提早上市也得采取技术措施（如地膜覆盖）而增加成本支出，从而使反季节蔬菜和早春蔬菜的价格高于旺季的价格，形成季节差价。

（2）储存季节差价。这主要是指季节生产常年消费或常年生产季节消费的商品，企业在储存和保管这些商品的过程中产生的仓储费、利息、损耗、管理费等费用要得到补偿并获得一定利润，从而形成的季节差价。

工业品与农产品的季节差价有何不同？

答： ①工业品的季节差价属于储存季节差价，而农产品的季节差价有的属于储存季节差价，有的属于淡旺季节差价；②工业品与农产品季节差价的表现不同，季节消费的工业品一般是旺季价格高、淡季价格低，而农产品一般是旺季价格低、淡季价格高。

5.3.5　批量差价

批量差价是指同一种商品在同一市场、同一时期内，由于成交的批量大小不同而形成的价格差额。批量差价是在批量作价中形成的一种差价形式，主要反映商品经营者之间的利润分配关系。这种作价方法不分进货对象的性质、地域，只按购买的数量确定供货价格，即量大价低、量小价高，由此形成批量差价。在实际工作中，批量价格的计算方法有"折扣"法和"顺加"法两种。

1）"折扣"法

这种方法是根据进货数量和市场供求情况等因素确定不同的批量折扣率，在供货企业正常销售价格的基础上打一个折扣，从而形成不同的批量价格。其计算公式如下：

$$批量价格=正常销售价格×（1-批量折扣率）\tag{5.18}$$

2）"顺加"法

这种方法是根据进货数量和市场供求情况等因素确定不同的批量加价率，在供货企业进货价格的基础上顺加加价率，从而形成不同的批量价格。其计算公式如下：

$$批量价格=进货价格×（1+批量加价率）\tag{5.19}$$

【例5-3】 上海市某家电批发部从本市先锋电器有限公司购进一批先锋牌反射型取暖器，每台取暖器的出厂价格为60元。该批发部按实际经营管理费用和应取得的合理利润，以及市场供求和批量等情况制定了加价率。其中：大批量500台及以上加价率6%；中批量200～499台加价率9%；小批量200台以下加价率12%。该取暖器不同批量的供应价分别是多少？

大批量供应价=60×（1+6%）=63.6（元/台）

中批量供应价=60×（1+9%）=65.4（元/台）

小批量供应价=60×（1+12%）=67.2（元/台）

背景与情境： 美国布莱克与德克尔公司设计了一种蛇形灯，几乎能吸附在任何东西上，从而能让工人在黑暗的下水道里修理漏水接头时腾出手来。该产品还能像眼镜蛇一样直立起来，照亮作业人员的工作区。该公司将其定价为30美元，而其平均成本只有6美元，可消费者仍然愿意购买。

问题： 对蛇形灯制定高价的行为是否"忽悠"了消费者？

分析提示： 由于此种蛇形灯具备独特的性能，能在很大程度上满足消费者的需求，因此其获得了很高的认知价值，消费者愿意花高价购买。

5.3.6　质量差价

质量差价是指同一种商品在同一市场、同一时期内，由于质量不同而形成的价格差额。商品质量是指商品的性能及其能够满足人们需要的程度，一般表现为商品的适用、耐用程度，效用的大小，性能的好坏，知名度的高低，造型花色是否美观等。同种商品的质量差别，首先是由于生产过程中使用的原材料、劳动者的熟练程度、生产设备和工艺以及自然条件等不同造成的；其次，流通过程中运输、保管、包装、宣传、售后服务等工作的好坏也会影响商品的质量。当然，消费者的消费习惯、社会心理等因素也会对不同质量的同种商品的供求产生影响，因而也会影响质量差价。

按照具体内容的不同，质量差价可以分为：

（1）品质差价，是指同种商品的不同品质之间的价格差额。商品品质的优劣在很大程度上取决于商品所含的主要成分或有效成分的多少。例如，化肥、西药等一般按有效成分的高低来制定不同的价格。

（2）品种差价，是指同种商品的不同品种之间的价格差额。例如，苹果有红蕉、青蕉、国光、金帅、红富士等品种，由于品种不同而有不同的价格，从而形成品种差价。

（3）等级差价，是指同种商品按其质量的好坏分为若干等级，不同等级之间有不同的价格。例如，某些日用工业品分为正品、次品，某些农产品分为特等、一等、二等、三等，从而形成等级差价。

（4）规格差价，是指同种商品不同规格之间的价格差额。不同规格，一般是指同种商品的大小、长短、轻重、厚薄、粗细、宽窄等方面的差别。例如，压力锅有18厘米、20厘米、22厘米、24厘米等不同规格，电视机有18英寸、21英寸、25英寸、29英寸、34英寸等不同规格。这些不同规格商品之间的价格差额就是规格差价。

（5）花色式样差价，是指同一品质、规格的商品，因其花色、式样不同而形成的价格差额。例如，玻璃有无色玻璃、彩色玻璃，彩色玻璃又可分为茶玻、蓝玻、绿玻等。这些不同花色、式样的同种商品，价格也不同，从而形成花色式样差价。

（6）牌誉差价，是指同种或同类商品，因品牌不同而形成的价格差额。例如，卷烟中的中华牌与其他品牌，白酒中的茅台、五粮液与其他品牌，运动服中的李宁牌与其他品牌等。由于名牌产品知名度高、质量优、信誉好，因而价格也比较高，从而形成与其他品牌之间的牌誉差价。

质量差价除上述类型之外，还有包装差价、新旧差价、死活差价等类型。

质量差别是客观存在的，质量差价应合理安排。合理安排质量差价的基本原则是坚持按质论价，即同类或同种商品按照其质量的差别分别定价，实行优质优价、劣质低价、同质同价，从而促进商品质量不断提高。

学习微平台

延伸阅读5-3

◆ **教学互动5-1** ◆

互动问题：除蔬菜、水果外，举例说明还有哪些商品具有明显的季节差价，并讨论该商品季节差价形成的原因和对经营者的影响。

要求：同"教学互动1-1"的"要求"。

5.4　价格总水平

价格总水平是各种商品价格运动的综合结果。价格总水平属于宏观经济范畴,它一方面综合地反映了国民经济的状况,是政府宏观经济决策的重要依据;另一方面能动地反作用于个人消费、企业成本与收益、财政信贷等经济活动,是实现经济政策的重要工具。保持价格总水平的基本稳定,对促进经济持续发展、安定人民生活有重要作用。

5.4.1　价格总水平的含义及其指标

1)价格总水平的含义

价格总水平是指一定时期内全社会所有商品价格的平均水平。它表明了全部社会商品价格在一定时期内、一定条件下的运动变化情况,即价格的动态反映。价格总水平通常用价格总指数来表现,如果价格总指数大于100%,表明价格总水平上升了;如果价格总指数小于100%,表明价格总水平下降了。可见,价格总水平有三层含义:其一,价格总水平包括的商品范围是全部社会商品,即社会总商品;其二,价格总水平是全部社会商品价格的综合平均动态;其三,价格总水平是以各类商品价格指数加权平均的总指数表现出来的。

2)价格总水平的指标

价格总水平是通过价格总指数来表现的,在测算或统计价格总水平时,应把所有商品的价格变化包含在内,但由于资料搜集和统计方面的原因,一般国家不编制价格总指数,而是以某一方面的价格总指数为代表反映价格总水平的变化情况。例如,许多国家测量价格总水平的指标是以下几种:

(1)消费品价格指数,也称零售物价指数。这一指数只计算商品而不包括劳务项目,而且是按零售商业经营的全部商品的销售额计算,反映的是不同时期内的商品零售价格水平的变化趋势和程度。

(2)消费者价格指数,又称生活费用指数。这一指数的计算范围包括所有消费商品和服务项目,反映的是直接影响居民生活的价格水平的变化情况。

(3)批发物价指数。这一指数是根据制成品和原料的批发价格编制而成的。

(4)国民生产总值平减指数,即以按当年价格计算的国民生产总值与按固定价格计算的国民生产总值之比来表现价格总水平的变化。这一指数的计算范围不仅包括消费商品和服务项目,还包括生产资料与资本财产、进出口商品与劳务等价格在内。

在上述四种衡量价格总水平的指标中,消费者价格指数和国民生产总值平减指数的运用较为普遍。

我国编制和使用的测量价格总水平的指标主要有商品零售价格指数和居民消费价格指数两种。长期以来,我国价格统计指数的公布和使用都以商品零售价格指数为主,但从2000年起,改为以居民消费价格指数为主。这样做主要是出于以下三个方面的考虑:

(1)商品零售价格指数主要反映居民消费品零售价格的变动情况,而居民消费价格指数不仅反映居民消费品零售价格的变动情况,还反映居住和服务项目价格的变动情况。以2016年为例，我国居民消费价格指数见表5-2。

表5-2　　　　　　　　　　　　2016年我国居民消费价格指数

项目	全国	农村	城市
居民消费价格总指数（上年=100）	102.0	101.9	102.1
一、食品烟酒	103.8	104.0	103.7
二、衣着	101.4	101.3	101.5
三、居住	101.6	100.6	101.9
四、生活用品及服务	100.5	100.2	100.5
五、交通和通信	98.7	98.9	98.6
六、教育文化和娱乐	101.6	101.9	101.5
七、医疗保健	103.8	102.5	104.4
八、其他用品和服务	102.8	102.2	102.9

资料来源　中华人民共和国国家统计局. 2017年中国统计年鉴［M］. 北京：中国统计出版社，2017.

（2）目前，世界上大多数国家都采用居民消费价格指数来测量价格总水平的变动情况，我国也以居民消费价格指数为主测量价格总水平，主要是为了与国际惯例接轨，这样有利于我国与世界大多数国家进行比较和分析。

（3）居民消费价格指数能够比较全面、真实地反映市场价格的实际变动情况，有利于调控价格总水平。

同步思考5-3

PPI、CPI是什么意思？

答：PPI按国际惯例是指生产者价格指数，在我国主要是指工业品出厂价格指数；CPI即居民消费价格指数。

5.4.2　通货膨胀与通货紧缩

价格作为商品价值的货币表现，既受到商品价值的影响，又受到货币价值、市场供求等多种因素的影响，从而使价格处于不断变化之中。个别商品的价格如此，价格总水平亦然。通货膨胀与通货紧缩则是市场价格运动中的两种不正常现象，如何科学地定义通货膨胀与通货紧缩，分析其产生的原因并有效地防范，已成为现代经济学研究的重要课题。

1）通货膨胀

（1）通货膨胀的含义。**通货膨胀**是指在纸币流通条件下，由于纸币供应量大大超过流通需要的货币量，从而导致价格总水平持续明显上涨的现象。对于这一定义，必须注意以下四个方面的内容：

①通货膨胀不是指单个商品价格的上涨，而是指价格总水平的上涨，表现为社会商品（不包括股票、债券等金融资产）价格普遍、全面上涨。

②通货膨胀不是指一次性或短期的价格总水平的上升，而是一个持续的过程，当价格持续上涨成为不可逆转的趋势时，才可称为通货膨胀。

③通货膨胀是公众已经感觉到的价格上涨，轻微的、公众未觉察到的价格上涨，不能轻易称为通货膨胀。

④并非所有的通货膨胀都表现为物价上涨。如果政府对商品价格和货币工资进行严格控制，通货膨胀就具有隐蔽性，如黑市、凭票证供应、有价无货，或者一些商品价格不变但质量下降等。这种隐蔽性的通货膨胀表面上并不发生普遍的、持续的、明显的价格上涨，但居民的实际消费水平却下降了。

（2）通货膨胀的成因。关于通货膨胀的成因，中西方经济学界有多种观点，其中影响较大、具有代表性的是以下三种：

①需求拉动的通货膨胀，即由于社会总需求超过社会总供给而导致的价格总水平上涨。这种通货膨胀有一种通俗的说法是"过多的货币追求过少的商品"。

②成本推进的通货膨胀，即在社会需求不变的情况下，由于生产成本提高而引起的价格总水平的上涨。也就是供给方引起的生产要素价格的提高，如劳动力、资金、原材料、进口半成品等价格上涨，造成生产成本提高而产生的通货膨胀。

③结构性的通货膨胀，即在社会总需求不变的情况下，由于经济结构因素发生变化而导致的价格总水平的上涨。

在我国，人民币是一种纸币，因此也存在产生通货膨胀的可能，而且实际上我国已发生过多次通货膨胀。其中，改革开放前主要表现为隐蔽性的通货膨胀，改革开放后发生了三次较严重的通货膨胀，即1985—1989年的通货膨胀、1993—1996年的通货膨胀和2007—2008年的通货膨胀，见表5-3。

表5-3　　1985—1989年、1993—1996年和2007—2008年的价格总水平

年份	商品零售价格指数	居民消费价格指数	年份	商品零售价格指数	居民消费价格指数
1985	108.8	111.9	1994	121.7	124.1
1986	106.0	107.0	1995	114.8	114.8
1987	107.3	108.0	1996	106.1	108.3
1988	118.2	120.7	2007	103.8	104.8
1989	117.8	116.3	2008	105.9	105.9
1993	113.0	114.7			

注：以上年同期价格为100。

我国产生通货膨胀的原因十分复杂，既有体制性因素，也有政策性因素；既有需求因素，也有成本、结构因素；既有上一年价格上涨的惯性作用，也有居民价格上涨的心理预期因素。

（3）通货膨胀的危害性。从根本上说，长期、严重的通货膨胀对经济只有危害，没有任何正效应。其危害性主要表现在以下几个方面：①使市场价格信号失真，对社会资源的配置起误导作用；②扰乱正常的社会经济秩序，使既定的经济计划、合同难以实现；③破坏正常的债权债务关系，使债权人蒙受损失；④造成个人收入分配不公

平，使不同地区、不同收入方式的人员收入差距拉大。

可见，要实现经济持续、健康地增长，必须积极预防和有效治理通货膨胀，保持价格总水平的基本稳定。

2）通货紧缩

通货紧缩是与通货膨胀相对立的一种经济现象。一般定义为：通货紧缩是价格总水平不断下跌、货币不断升值的现象。

通货紧缩表现为价格的持续下跌，但又不能简单地以价格下跌来判断经济领域发生了通货紧缩。目前，对于如何判断通货紧缩，国内外学者的争论颇多，学者们比较认同的观点是，如果经济领域同时存在下列情况，就可以认为发生了通货紧缩：

（1）价格持续回落。这种价格的回落具有普遍性、持续性、明显性，且不是由劳动生产率的提高、价值的降低引起的。

（2）货币供应量减少，银行信贷紧缩。

（3）国民生产总值下降（或增长速度减慢）。

（4）失业增加，收入下降，有效需求不足。

1996—2000年，我国出现了经济增长速度减缓、市场有效需求不足、价格总水平持续下跌的现象（见表5-4），即所谓的通货紧缩。究其原因是很复杂的，有国际因素，也有国内因素。其中，产业结构失衡、生产能力相对过剩、亚洲金融危机使我国出口需求减弱，住房、养老、医疗、教育制度改革使居民的心理预期发生变化而造成内需不旺等，是不容忽视的原因。

表5-4　　　　　　　1996—2000年我国价格总水平指标

项目＼年份	1996	1997	1998	1999	2000
商品零售价格指数	106.1	100.8	97.4	97.0	98.5
居民消费价格指数	108.3	103.1	99.4	98.6	100.4

注：以上年同期价格为100。

过度的通货膨胀有危害，长期的通货紧缩也有危害，这主要表现在以下方面：

（1）不利于资源的优化配置。通货紧缩导致价格预期前景不佳，因而很难依靠价格预期优化资源配置。

（2）打击投资者的信心，导致生产萎缩。由于价格持续下跌，增大了企业的生产性投资风险和经营风险，企业不愿扩大投资，就业机会减少；失业率上升，居民收入减少，又导致居民消费水平下降，企业产品的销路更加不畅，生产难以继续。

（3）不利于国际收支平衡。通货紧缩，本币升值，使本国产品在国际市场中的竞争力下降，从而导致出口减少，外汇收支顺差减少或逆差扩大，不利于国际收支平衡。

（4）造成财政收支状况恶化。通货紧缩发生后，由于内外部需求减少，政府为了拉动经济，被迫采取一些扩大财政支出的措施，这很易导致财政赤字扩大、政府债务大幅度增加。

（5）拉大贫富差距。通货紧缩使高收入阶层的财富升值，低收入阶层则往往面临收入下降、失业的威胁，从而进一步拉大贫富差距。

可见，要实现经济健康、持续地增长，保持社会稳定，积极预防和有效治理通货紧缩也很重要。

◆◆ 职业道德与企业伦理5-2 ◆◆

"蔬菜疯狂"背后的秘密

背景与情境： 2016年春天，全国菜价大幅上涨，"姜你军""向前葱"时隔6年再度卷土重来。国家统计局11日发布的3月份数据显示，食品价格上涨7.6%，其中，鲜菜价格上涨35.8%、畜肉类价格上涨16.5%。而在不少地方，蔬菜价格涨幅比统计均值更高。去超市买菜，不是论斤称，而是论"个"买，已不是新鲜事。那么为何会出现"疯狂的蔬菜"这种现象呢？

一、菜篮子供应紧张，寒潮又成高价推手

蔬菜价格"疯狂"，部分折射出经济运行周期的影子。2015年CPI保持在"1"时代时，全国基础蔬菜出现大面积滞销现象，菜贱伤农，农户种植积极性严重受挫，夏季、秋季大葱种植面积大幅缩减，致使2016年菜篮子供应出现阶段性紧张，价格开始飙升。此外，为应对经济下行压力而逐步增加的货币发行量，也导致人工成本上升，蔬菜市场价格得以重估。而2016年春季全国超大范围的寒潮不期而至，再度增加了供应成本，成为蔬菜价格疯涨的又一推手。

二、资本炒作使菜篮子不堪重负

在周期性、政策性和天气因素外，"疯狂的蔬菜"更多折射出的是资本炒作的身影。最先启动的大葱价格，2015年就飙升了10倍，大蒜价格在短短4个月时间里已涨了一倍。这种价格走势显然已与供需关系脱节，而更多的是资本操纵的结果。2015年以来，在大蒜等蔬菜的种植基地、集散中心，集合各种游资的各种"炒蒜人"就在溢价收购、包销要炒作的蔬菜，囤积居奇，在交易所对赌，以各种方式谋求利益最大化。这与6年前如出一辙。

资料来源　佚名."蔬菜疯狂"背后的秘密［EB/OL］.［2016-04-15］. http://news.wugu.com.cn/article/750811.html.引文经过改编。

问题： 囤积居奇有哪些危害？违背了哪些职业道德？

分析提示： 囤积居奇是指大量抢购储存紧俏商品，伺机垄断经营、高价出售，从中牟利的经济行为。该行为扩大了物品的供求矛盾，致使价格上涨，扰乱了市场秩序。囤积居奇涉嫌违背公平竞争、合义取利等商业道德。

◆◆ 教学互动5-2 ◆◆

互动问题： 在网上或图书馆搜集相关信息，比较中美两国同种商品价格水平的高低，并探讨形成的原因。

要求： 同"教学互动1-1"的"要求"。

✿ 本章概要

❀ 内容提要

● 价格体系是指各种商品价格及其构成之间相互联系、相互制约的有机整体。

它既包括各种生产要素的价格及其相互关系，又包括人们熟知的价格体系的主体部分——商品比价体系和商品差价体系。

- 商品比价是指在同一市场、同一时期内的不同商品价格之间的比例关系，主要包括农产品比价、工业品比价和工农业商品比价。各种比价在形式上是价格之间的比例关系，而实质上则是价值量之间的比例关系，事关各产业、各部门、各生产者的经济利益。合理的比价关系有利于资源的优化配置，有利于各产业、各部门、各企业、各品种商品的正常生产、协调发展。

- 商品差价是指同一种商品在流通过程中，由于购销环节、购销地区、购销季节和商品质量的不同而形成的价格差额，主要有购销差价、地区差价、批零差价、季节差价和质量差价。

- 一定时期内全社会所有商品价格的平均水平称为价格总水平，其指标主要有商品零售价格指数和居民消费价格指数等，我国目前以居民消费价格指数为主测量价格总水平。如果由于货币供应量过多而导致商品零售价格和居民消费价格持续明显上涨，则表明出现了通货膨胀；相反，如果价格总水平在较长时间内持续下降、货币不断升值，则表明发生了通货紧缩。通货膨胀和通货紧缩对经济的健康、持续增长都有危害，政府应积极预防和有效治理。

✿ 主要概念和观念

▲ 主要概念

价格体系　工农业商品的综合比价　商品差价　价格总水平　通货膨胀

▲ 主要观念

价格体系的组成　商品比价效应

✿ 重点实务

能够计算各种商品比价、差价　能够运用商品差价、比价原理计算商品价格

✸ 基本训练

✿ 知识训练

▲ 简答题

1) 什么是价格体系？它由哪些分支体系组成？

2) 农产品比价为什么主要研究农产品收购价格之间的比例关系？

3) 我国工农业商品价格"剪刀差"存在的主要原因、现状和趋势如何？

4) 按质论价与按值论价、按量论价是什么关系？

5) 目前我国价格统计指数的公布和使用为什么以居民消费价格指数为主？

6) 通货膨胀对生产经营者有哪些影响？

▲ 选择题

1) 农产品比价主要研究农产品（　　）之间的比例关系。

A.收购价格　　　　B.批发价格　　　　　C.调拨价格　　　　　D.零售价格

2) 工农业商品综合比价指数的正指标反映了（　　）。

A.农产品对工业品交换率的变化　　　B.主要农产品与农业生产资料的比价

C.工业品对农产品交换率的变化　　　D.工业制成品与农产品原料的比价

3）工业消费品产地批发价格与出厂价格之间的差额称为（　　　）。

A.批零差价　　　　　B.进销差价　　　　　C.批量差价　　　　　D.地区差价

▲ 判断题

1）商品差价是指不同商品在同一时期、同一市场上的价格差额。　　　（　　）

2）冬季的黄瓜价格大大高于夏季，这种差价属于储存季节差价。　　　（　　）

3）一般来说，价值大的商品批零差率大一些，而价值小的商品批零差率小一些。　　　　　　　　　　　　　　　　　　　　　　　　　　　　　　（　　）

▲ 计算题

1）某工业品的出厂价格是26.50元，产地批发价格是29.15元，销地批发价格是32.06元，产地零售价格是33.50元。计算该工业品的进销差率、地区差率、批零差率。

2）国家有关部门对瑞士产的某种西药片剂制定的含税销售价格如下：口岸价格为20.17元/盒，批发价格为24.00元/盒，零售价格为27.60元/盒。计算国家对该进口药品确定的进销差率和批零差率。

✿ 能力训练

▲ 案例分析

为什么效果不一样

背景与情境： 某百货商场于夏初时从外地购进一批男式凉鞋出售。其中，从青岛皮鞋厂购进一批男式人造革凉鞋，样式新颖，质量较好。这批鞋的销售价格一律定为50元/双（从39码到45码），结果大码鞋和小码鞋的销售情况都很好。该商场还有一批从上海皮鞋厂购进的男式牛皮凉鞋，这批鞋的销售价格一律定为195元/双（从39码到45码），而人们多购买大码鞋，小码鞋的问津者很少。

与该百货商场相隔不远的一家鞋店，也卖同样的上海产男式牛皮凉鞋，39码标价为188元、40码标价为190元、41码标价为193元、42码标价为195元、43码标价为196元、44码标价为198元、45码标价为199元，结果大码鞋和小码鞋的销售情况都比较好。

问题： 该百货商场对其销售的人造革凉鞋和皮凉鞋采取同样的定价方法却产生了不同的结果，同样的皮凉鞋两个商家采取不同的定价方法结果也不相同，这是为什么？

分析要求： 同第1章"基本训练"之本题型的"分析要求"。

▲ 自主学习

自主学习-Ⅲ

【训练步骤】

1）将班级同学组成若干"自主学习"训练团队，每队确定1个负责人。

2）各团队根据训练项目的需要进行角色分工。

3）通过院资料室、校图书馆和互联网，查阅"文献综述格式、范文及书写规范要求"和近三年关于"通货膨胀与通货紧缩"的学术文献资料。

4）综合和整理"商品差价"最新学术文献资料，依照"文献综述格式、范文及书写规范要求"，撰写《"商品差价"最新文献综述》。

5）在班级交流各团队的《"商品差价"最新文献综述》。

6）在校园网的本课程平台上展出经过修订并附有教师点评的各组《"商品差价"最新文献综述》，供学生相互借鉴。

☆ 善恶研判

400元止血纱布的高价之谜

背景与情境： 本月初，孔女士在中国中医科学院望京医院做了一项微创手术，术后缴纳费用总计604元。令孔女士不解的是，清单中的医用即溶止血材料（德纳泰）价格为473元。孔女士称，她所做的这项微创手术价格在100元左右，但一块纱布比手术费还贵，让她怀疑纱布价格虚高。

记者就此事致电中国中医科学院望京医院方面了解相关情况，医院工作人员表示，不清楚产品价格和进货渠道。记者从一名德华生物德纳泰销售人员那里得知，由云南德华生物药业有限公司研发的德纳泰在北京医院的覆盖率超过92%。"我们给医院的建议售价在河北是550元/片，石家庄一些医院会卖到600元/片，北京限额定价在500元以内。如果从我这里拿货，价格肯定要便宜很多。"上述销售人员表示，价格可以低到每片100元，详细价格需要面谈。一位资深行业人士透露，这种即溶止血纱布出厂价格比较低，可能只有几元钱，但经过各个环节层层加价，最终到患者手里将变成几百元。"从厂家到患者中间需要经过批发公司、销售代理、医院各科室等多个环节，需要花费大量打理费。厂家的利润实际较少，但可薄利多销。产品低价出售给批发公司后，由批发公司加价给代理人员，代理人员需要花些心思打通关系，这个过程加的价有时甚至能达到70%~80%。"上述人士解释道。

资料来源 佚名. 400多元止血纱布出厂价或仅几元钱 [EB/OL]. [2016-08-31]. http://finance.ifeng.com/a/20160831/14839739_0.shtml. 引文经过改编。

问题：

1）根据上述案例，回答商品的差价包括哪些类型。止血纱布暴利产生的原因是什么？

2）本案例中存在哪些职业道德问题？试对上述问题做出你的善恶研判。

3）通过网络或图书馆调研等途径搜集你做善恶研判所依据的行业道德规范。

4）本案例对消费者的启示有哪些？

研判要求： 同第1章"基本训练"之本题型的"研判要求"。

第6章
定价程序

▶ **学习目标**

6.1　搜集定价资料

6.2　进行定价分析

6.3　确定定价目标

6.4　选择定价方法

6.5　运用定价策略

▶ **本章概要**

▶ **基本训练**

▶ **学习目标**

通过本章的学习，你应该达到以下目标：

职业知识　学习和掌握定价的基本程序，每一程序中的基本要点及各个程序之间的相互关系等理论与实务知识；能用其指导或规范本章认知活动和技能活动，正确解答"基本训练"中"知识训练"各题型的相关问题。

职业能力　熟悉常见的定价目标及为了实现定价目标必须采取的工作步骤，掌握搜集定价资料的基本思路和方法；能够运用本章学习的知识和技能为确定定价方法和运用定价策略提供依据；通过"帮助企业制定一份定价目标书"的实训操作，训练学生的专业操作技能。

职业道德　结合本章教学内容，依照行业规范或标准，分析"职业道德与企业伦理6-1～6-2"和章后"网约车补贴大战卷土重来"案例中企业或其从业人员行为的善恶，强化企业和员工的伦理道德素养。

学习微平台

延伸阅读6-1

引例　华为手机或低价"强攻"印度市场

背景与情境：华为作为中国"智造"企业的代表，近年来不断扩张海外市场。不过印度市场已经成为华为的一块心病，多年的布局却迟迟不见起色，尤其在智能手机业务方面，华为目前占比较低，这和其全球实力排名不符。通过市场调研发现，印度目前是全球增长最快的智能手机市场。当前印度人口有13亿，2017年智能手机的年销量1.24亿，智能手机平均售价为132美元（约是中国的一半），而中国2017年智能手机销量为4.4亿，可以看出，印度市场是当前与未来人口红利最大的市场。从具体排名来看，印度市场排名前五的厂商依次为：小米、三星、vivo，OPPO和Transsion，华为被排到其他类别。

有分析认为，印度市场最大的竞争者——小米赢得印度市场最大的策略就是"低价"抢市场，这一招目前非常有效。华为总结原因，认为此前在印度华为手机定价偏高，这影响到了其销量，所以将采取"低价"抢市场的策略。新上任的华为印度消费者事业部副总裁Sanjeev表示，"印度市场是华为增量的关键，要拿下该市场，就必须占领售价在万元卢比以下的手机市场，因为这个市场占印度智能手机用户一半以上的比例。我们的首要目标是在印度实现10%的市场份额"。为了配合低价抢市场的策略，华为已经与伟创力合作在清奈建立工厂，它可以应对2018年2月印度政府调高印刷电路版关税的影响，另外也能帮助华为扩大在印度的产能。

资料来源　佚名. 华为印度高层调整！为"低价"强攻印度市场做准备［EB/OL］.［2018-06-13］. https：//item.btime.com/m_93afba5a285a2fa10.引文经过改编。

上述案例是一个企业定价的基本思路。他们首先进行市场调查，搜集信息资料，然后进行成本、顾客、竞争等方面的定价分析，继而确定定价目标，选择定价方法，运用定价策略，拟订定价方案，以实现企业的经营目标。

定价是一项复杂的工作，不能单纯靠经验判断，更不能跟着感觉走，必须掌握科学的定价程序，才能适应市场，取胜于市场。一般来说，定价程序包括搜集定价资料，进行成本、顾客、竞争等方面的定价分析，确定定价目标，选择定价方法，运用定价策略，拟订定价方案等步骤。其中，搜集定价资料、进行定价分析、确定定价目标、选择定价方法、运用定价策略是重要的环节（如图6-1所示）。本章着重介绍搜集定价资料和确定定价目标两项内容，其他内容将在后面相关章节中详细介绍。

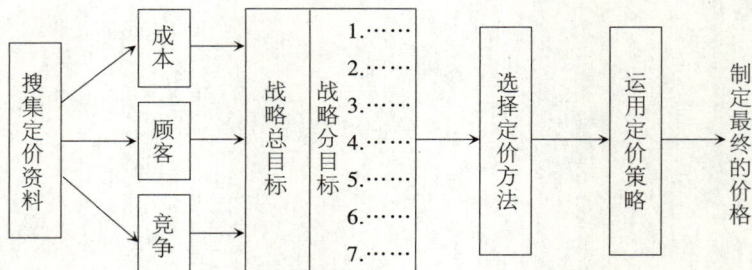

图6-1　定价程序

6.1 搜集定价资料

古人云："知己知彼，百战不殆。"所以，企业在进行定价的过程中，首先要对自己所处的各种主、客观环境进行分析。由于价格水平基本上取决于成本和预期利润水平，而制约成本的是企业自身，制约预期利润水平的一是消费者，二是竞争者，因此企业对自己所处环境的分析主要包括三个方面：成本、消费者和竞争者，其具体表现就是搜集相关的定价资料。

6.1.1 搜集定价资料的含义

搜集的含义是：为了获取资料，在某一领域进行的有组织的、正式的询查。进一步来说，搜集定价资料是指设计、调查和整理资料，分析以及提炼营销决策中使用的资料的一系列过程。更简明地说，搜集定价资料的过程就是准备营销决策中所需资料的过程。

在实践中，我们经常会看到"临时抱佛脚"的现象。一些企业不注重研究成本是如何受销售额影响的；不注重研究如何与顾客沟通，以便进一步了解价格水平在顾客购买行为中所起的作用；更不注重分析竞争对手以往的定价特点及其对本企业定价行为可能做出的反应和带来的影响。其结果只能是"盲人摸象"。

◆ 同步案例6-1

福特公司新型赛车的竞争优势

背景与情境：20世纪60年代，在美国青年人中掀起了一股赛车热潮。迫于来自通用汽车公司和欧洲汽车制造商的压力，福特公司决定迎接挑战。当时，福特公司的总经理李·雅科卡并未因循守旧，而是另辟蹊径。这位推销员出身的总经理首先研究顾客到底想要什么样的赛车。他发现赛车的潜在需求量的确很大，但是由于价格普遍昂贵，因此大多数顾客难以接受。他还发现大多数买主真正渴望的并不是赛车本身的卓越性能，而是赛车所带来的一种强烈的心理刺激——时髦的款式、凹背单人座位和别致的挡泥板等，当时市场上还没有人以大多数顾客所能接受的低于2 500美元的价格来出售这种"刺激"。

为此，雅科卡决定在新车中采用福特公司的猎鹰牌轿车的内部机械构造。它具有赛车的某些特点（如外形等），能给顾客带来赛车式的心理刺激，但不具备一般赛车的某些特殊构造，因此价格便宜。1964年4月，福特公司以2 368美元的标价推出了它的新型赛车——"野马"赛车，头两年就为福特公司赚得11亿美元的净利润，远远超出了其他竞争者。

问题：你认为福特公司成功的秘诀是什么？

分析提示：福特公司成功的秘诀在于，首先能从满足顾客的有效心理需求和有效购买能力出发，然后在改变产品结构和性能上降低成本，进而降低价格，最后获得了竞争优势。

值得一提的是，在本小节的标题中，我们为什么没用"收集"一词，而用的是"搜集"一词？其用意在于：对定价资料的获得，一定要有前瞻性、预见性和敏感性，并且要主动出击、积极进取、不畏艰辛，而不能等、靠、要，一字之差，可谓用心良苦。

6.1.2　搜集定价资料的步骤

1）界定营销活动中的问题

关键的问题就是要恰当地处理好营销决策者的决策与调研人员所获信息之间的相关性。如果二者之间风马牛不相及，岂不是竹篮打水一场空。因此，营销决策者必须回答两个基本问题：一是制定营销决策需要哪些资料？二是怎样利用这些信息来制定决策？调研人员应该使用两种调查询问法，即"为什么"和"如果……会怎样"两个问题。前者会帮助营销决策者确定决策过程中信息的价值；后者会帮助营销决策者从那些仅仅假定为真实的信息中，判断哪些是已知的信息。

◆ **同步案例6-2** ◆

正确界定营销活动中的问题

背景与情境：某企业经营的某种产品市场份额正在下降，该企业欲通过制定营销策略来改善现状。请看以下对话：

决策人："我们需要换一家新的广告代理商，因为我们的市场份额正在下降。"

调研人员："你为什么认为市场份额减少是广告代理商的责任呢？如果调研结果显示，问题的根源是我们的产品在定价方面存在缺陷，而不是广告制作低劣，你会怎样？这一信息将如何影响你的决策？"

决策者："好吧，我不认为是定价方面的原因造成的，但如果事实果真如此，我们将重新评价我们的定价决策。"

问题：从这个案例中能得到哪些启示？

分析提示：在这个例子中，调研人员发现不同的信息将影响决策过程，这将帮助调研人员确定调研活动的范围和重点。可见，清楚地界定真正的问题必须成为调研人员考虑的重中之重，否则就意味着浪费资源，甚至有可能误导决策。

2）阐明搜集资料的目标

这一目标意味着将问题分解成一系列的说明，这些说明组成了搜集资料应该实现的最终结果。

3）确定搜集资料的方法

确定搜集资料的方法能够实现调研目标，提供解决营销管理活动中的问题所需要的信息。

（1）定义研究的总体或全域。研究的总体或全域是指具有某些特点的所有人员或地点，并努力去度量这些特点。每个调研项目都必须定义研究的总体或全域，总体或全域应该是一个集合，研究活动将从总体或全域中抽取一个样本。

（2）决定怎样搜集资料。首选的方法是观察和询问，同时可结合一些技术方法。

（3）确定分析资料时应采取的方式。主要的准则是根据需要分析的资料的特点确定应采取的方式。分析的目的是从那些搜集到的、没有经过加工的资料中获得有价值的信息。

4）组织实施搜集资料活动

明确了搜集资料的方法后，就可以实施搜集资料活动。

◆ **教学互动6-1** ◆

互动问题：某人创建了一家小企业，主要经营范围是安装家用立体音响墙内部的电缆。他想知道自己是否有机会与建造昂贵的"特殊"住宅的建筑商合作，提供音频/视频系统的预设缆线安装服务。该企业主搜集资料的目标是什么？

要求：同"教学互动1-1"的"要求"。

◆ **职业道德与企业伦理6-1** ◆

沃尔玛天天平价

背景与情境：沃尔玛从一家小型的零售店迅速发展成大型零售集团，进而成为全球第一零售店品牌，其成功经营的关键就在于商品定价。沃尔玛始终如一地坚持"平价原则"，坚决维护它的经营宗旨和企业形象。沃尔玛商场内的商品种类繁多，家庭所需的物品在这里几乎都有出售。每一家沃尔玛零售店都有醒目的"天天平价"广告牌，同样的商品，沃尔玛商场内的价格就是便宜。沃尔玛提倡的是低成本、低价格的经营思想。一般的零售商都要求其毛利润保持在45%左右，而沃尔玛只有30%。沃尔玛在每个星期六的早上都要召开经理人员会议，只要有分店报告某商品在其他商店比沃尔玛便宜，沃尔玛就会立即降价。沃尔玛集团的创始人沃尔顿说："我们重视每一分钱的价值，因为我们服务的宗旨之一就是帮助进店购物的每一位顾客节省每一分钱。"

问题：沃尔玛天天平价，是不是"赔钱赚吆喝"？

分析提示：不是。薄利多销虽然减少了单位产品利润，但是增加了销售量，大大提高了企业整体利润，最终使沃尔玛坐上零售业巨头的宝座。

6.2 进行定价分析

在市场经济条件下，企业的定价决策不仅取决于自身的能力和条件，还受诸多因素的影响和制约，如政治、法律、经济、社会文化与心理、科技进步等宏观环境以及竞争状况、供求状况等市场环境。因此，企业在定价过程中必须充分认识自身的情况，认真分析研究影响定价决策的宏观环境和市场环境，特别是与成本核算相关的财务分析、与确认消费者相关的顾客分析和与确认竞争者相关的竞争分析。企业只有在进行定价分析的基础上，才能提出切实可行的定价目标，选择恰当的定价方法和策略。详细内容将在第7章"定价分析"中介绍。

6.3 确定定价目标

在搜集到有关定价资料并全面分析了环境因素——成本、顾客和竞争之后，下一步就要确定定价目标。定价目标是企业期望在计划期之后实现的结果，具体地说，就是企业在一段时间内、在关键的领域里应完成的任务。定价目标应该是客观的、可以衡量的，也应该是动态的，其实现永无止境。确定定价目标的基本作用有两个，即设立方向和评价业绩。

学习微平台

延伸阅读6-2

确定目标的基础是在以前的分析活动中搜集到的定量资料和定性资料，也就是说，每个成功的目标都是根据形势分析提供的资料确定的。

◆ **同步案例6-3**

律师事务所在超市开设办事处的目标

背景与情境： 一家律师事务所打算在一个新的大型超市里开设办事处，以提供法律服务。该超市每个月大约有700 000名成年顾客前来购物。

对顾客的调查显示，大约每1 000名顾客中有2名顾客认为，如果可以得到法律服务的话，他们愿意使用这种服务。

问题： 该律师事务所在超市开设办事处的目标应如何确定？

分析提示： 首先，每个月来该超市购物的成年顾客人数为700 000名。其次，对该超市提供法律服务感兴趣的顾客百分比为0.2%。再次，市场潜在能力预测为1 400名（700 000×0.2%）。最后，目标为平均每周吸引250名顾客或者每个月吸引1 000名顾客。

上述案例说明，企业实现某一目标的意愿和能力必须源于对形势分析的结果，否则这一目标的设定便是不恰当的。

进一步来说，目标又可以分为战略总目标和战略分目标。"战略"是什么？这个词来自希腊语，原用于战场，现用于商场，泛指重大的、带有全局性的或决定全局的谋划，意为一种领导能力，也可以理解为一个组织为了达到其目标应采取的行动。所谓战略总目标，就是一个公司所追求的基本志向，它引导着公司的所有活动。战略分目标是针对具体的活动而设立的，是战略总目标的子集。为了保证两者的协调一致，一个有效的方法就是在战略分目标中包含对战略总目标的陈述。例如，一个企业的战略总目标可能是获得某一顾客群体中30%的市场占有率。如果它目前的市场占有率只有5%的话，那么下一个战略分目标就应该是8%的市场占有率，再下一个战略分目标就应该是12%的市场占有率，依此类推。每一个战略分目标的实现都与完成战略总目标密切相关，这将有助于使企业意识到两个目标之间的内在联系。战略分目标是为运营期间设定的，通常为1年，而战略总目标常常为5~10年。

定价目标可以分为四大类：利润导向型目标、销售导向型目标、顾客导向型目标和竞争导向型目标。

6.3.1 利润导向型目标

利润导向型目标一般包括利润最大化、利润满意化和收益目标化三种类型。

利润最大化是指确定的价格使边际收入尽可能地大于边际成本。不过，利润最大化并不完全意味着高价。价格和利润均取决于企业所面对的市场类型，是完全竞争市场、垄断竞争市场、寡头垄断市场，还是完全垄断市场。市场类型不同，企业所能获得的利润水平也不同，这是不以人们的意志为转移的，是客观存在的。所以，企业必须首先确定自己所处的市场类型，然后建立一套准确的会计制度，用以判断在哪一点上企业能实现利润最大化。

利润满意化是指股东和经营层均满意的利润，换句话说，它是与企业面对的风险水平相一致的利润水平。风险越大，利润就越大，反之亦然，这是经济学中最基本的常识。高风险行业的利润满意度可能是35%，甚至更高；低风险行业的利润满意度可能是7%，甚至更低。为了实现利润最大化，有些企业主可能天天开张，但也有一些企业主可能不想那么辛苦，认为实现自己满意的利润水平即可。

收益目标化是指确定一定的投资收益率或资产收益率，并以此作为利润导向。它常见的指标是投资收益率，有时也称为资产收益率。其计算公式为：

$$投资收益率 = \frac{税后净利润}{总资产} \times 100\% \tag{6.1}$$

很明显，投资收益率越高，企业的盈利能力越强，反之亦然。在实际操作中，如果实际投资收益率大于目标投资收益率，就说明企业的经营取得了成功。一般而言，在大行业中，企业追求的投资收益率为10%~30%；在小行业中，低于5%的投资收益率非常普遍，也是可以接受的。

6.3.2　销售导向型目标

销售导向型目标一般包括市场占有率最大化和销售最大化两种类型。

市场占有率最大化就是要在与同行业的产品竞争中保持一个尽可能大的市场份额。市场占有率的计算公式如下：

$$市场占有率 = \frac{某一企业产品的销售量}{该行业产品的总销售量} \tag{6.2}$$

一般认为，市场占有率的高低是衡量一个企业营销组合有效性的重要指标。较高的市场占有率可以产生更大的规模经济和市场力量，因为它意味着更大的或者说更满意的利润，同时它还与收益目标化的实现密切相关。当然，市场占有率较低的企业也可以生存下来甚至发展壮大起来，前提是企业应该选择发展速度较慢、产品变化较少的行业，或者选择购买行为比较频繁的行业，如消费品行业等。

然而，市场经济的实践也证明，由于某些行业的竞争激烈，即便是拥有较高市场占有率的企业，其利润也未必能够达到最大化或者满意化，收益也未必能够实现目标化。从消费者的角度来说，物美价廉是其购买行为的驱动力。从生产者的角度来说，一方面要做到物美，即企业要提高产品的质量和服务的质量，这些都需要企业增加人、财、物的支出；另一方面要做到价廉，即企业要牺牲自身的既得利益。这一切最终都将导致企业利润最大化或最满意化和收益目标化难以实现。因此，市场占有率最大化目标的选择一定要依据企业所处的具体时空环境而定，切不可盲目追求这一目标。

一般来说，多数企业都愿意在某一新产品推向市场的初期选择这一定价目标，在其产品得到市场认可以后，便将这一目标退居其次。

销售最大化是指不考虑利润、竞争以及营销环境，只注重销售量（额）的增加。如果企业资金短缺或面临不确定的前景，就可能在短期内需要大量的现金。这时，企业的任务就是要计算哪种价格-销量关系能够产生最多的现金收入。最有效的方法就是临时性处理过多的库存积压。例如，在"五一"劳动节、"十一"国庆节和春节，日用消费品以三折到八折的折扣价出售是常有的事。另外，在推出新产品之前，企业也可以采用销售最大化目标进行销售，以清除旧产品的存货。

很明显，销售最大化只是企业的短期定价目标，因为它可能意味着企业微利甚至无利。

6.3.3　顾客导向型目标

顾客导向型目标是指以顾客的需求心理作为先决条件，并按此进行定价的目标。顾客导向型目标是企业的推动性目标，因为企业所有目标的实现最终都要落到消费者对本企业产品的消费态度和消费行为上。同时，顾客导向型目标也反映了企业对用户态度和用户行为的具体看法，指出了企业希望在顾客行为和顾客态度方面实现的结果，是企业在定价目标中所采取的监控系统的一部分。

6.3.4　竞争导向型目标

竞争导向型目标是指保持现行价格或根据竞争者价格进行定价的目标。竞争导向型目标基本上是一种被动策略——在已经存在价格领袖的行业中运作的企业只能接受竞争者的价格。因此，这种行业的价格战少于那些直接进行价格竞争的行业。然而，在现实生活中，风起云涌的市场价格战又常常令人应接不暇、防不胜防。如何面对？是主动迎战，还是被动接受？请看下面的案例。

◆ 同步案例6-4 ◆

《纽约邮报》的价格变动

背景与情境：Rupert Murdoch 公司曾经将《纽约邮报》的价格从40美分/份提高到50美分/份，其竞争对手《每日新闻》却没有跟上提价。在 Rupert Murdoch 公司将《纽约邮报》的价格降回到40美分/份之后，该公司又宣布有意向将邮报的价格降到25美分/份，但《每日新闻》仍没有做任何回应。在这种"针锋相对"的情况下，该公司果然将邮报在 Staten 岛这个试验市场上的价格降到了25美分/份。此时，《每日新闻》终于明白了该公司的用意，将价格提高到50美分/份。没过多久，《纽约邮报》也将价格重新提高到50美分/份。

问题：该公司几次价格变动的用意是什么？

分析提示：很明显，该公司的用意具有两重性：一方面是友好的，因为一开始它就提价，并在《每日新闻》将价格提到50美分/份后，该公司也重新将价格提高到50美分/份；另一方面是挑衅的，在《每日新闻》没有跟着提价时，该公司又将价格降低。

这是一个博弈论的典型案例，价格战最终产生了合作双赢的局面。这种局面的出现是因为 Rupert Murdoch 公司掌握了博弈论的重要原则：你既要了解竞争对手，也要让竞争对手了解你。因此，应使公司的用意为竞争对手所明白，并且应向竞争对手清楚地表明公司准备合作，但对背叛行为也将采取以牙还牙的报复行动，这样公司最终将会赢得竞争，竞争对手通过合作也会大获收益，而不至于两败俱伤。

◆ 同步业务6-1 ◆

搜集某商品价格的相关信息，分析该商品的定价目标类型。

业务分析：

商品的定价目标分为利润导向型、销售导向型、顾客导向型及竞争导向型四种。商品采用的定价目标类型可以是多个。

业务程序：

首先，确定所要调查分析的商品。

其次，通过互联网或实地调查，获取该商品的售价、折扣、市场占有率、利润率、价格变动频率等详细信息。

最后，结合教学内容仔细分析，确定该商品的定价目标类型。

6.4　选择定价方法

方法是人们进行一系列思维与实践活动的方式与手段的统称。只有符合客观事实发展规律的方法才是正确的，才能达到预期目标。正如列宁所说，科学的方法、原则、思维的范畴"不是人的用具，而是自然界和人的规律性的表现"。因此，定价方法的选择，必须以客观的经济行为为依据，必须以与定价方法的选择有关的经济行为为依据。如前所述，价格的确定基本上来自于成本、顾客和竞争三个方面的事实因素，因此定价方法也来自于这三个方面，也着眼于这三个方面，并分别称为：成本定价法、需求定价法和竞争定价法。详细阐述请见第8章"定价方法"。

◆ 同步思考 6-1 ◆

定价方法为什么只包括成本定价法、需求定价法和竞争定价法？

答：这与定价基本上来自于成本、顾客和竞争这三个方面的事实因素有关，因为方法是为内容服务的。

6.5　运用定价策略

策略意为计策、谋略，它与"战略"一词相对。所谓策略，是指一个组织为了完成其战略总目标和战略分目标而采取的各种不同的具体行动。策略是战略的一部分，它服从于战略，并为达到战略目标服务，而战略又必须通过策略一步一步去完成；战略具有相对稳定性，而策略具有较大的灵活性。在实际生活中，定价策略是指一个企业为了完成其定价总目标和分目标而采取的各种具体行动。定价策略的运用要依据不同的定价战略。详细阐述请见第9章"定价策略"。

◆ 同步思考 6-2 ◆

战略与策略的关系是什么？

答：战略和策略都是一种谋略。战略着眼于长期的总目标，策略则是实施战略目标的每一项具体的行动。

◆ 职业道德与企业伦理 6-2 ◆

高价巴厘克热销

背景与情境：在民族手工业品市场上，印度尼西亚妇女制作的手工业品——巴厘克久负盛名，颇受欢迎。有一次，一位印度尼西亚商人带着巴厘克去日本推销，并举行了轰动一时的巴厘克表演，许多日本名流、贵妇虽慕名而来，但都不愿意购买。经

学习微平台

延伸阅读 6-3

过调查才发现，他们是嫌巴厘克的价格太低，有失买者身份。得知这一情况后，印度尼西亚商人立即将巴厘克的价格提高到原来的4倍以上。此后，巴厘克在日本身价倍增，很快被抢购一空。

问题：巴厘克的热销是不是经销商的"恶搞"？

分析提示：不是。价格常被看成质量的代名词，高昂的价格通常代表高质量和高知名度，名牌产品、首饰珠宝等尤其如此。消费者购买这些产品，就是为了满足其借助名牌、高价来显示其身份、地位的欲望，因此这些商品又被称为炫耀品。如果这些商品的价格定低了，反而会卖不出去。

教学互动6-2

互动问题：某办公家具生产商决定生产一种放个人电脑用的拉盖式书桌。这种书桌内装有防震板，配有可以升降的平台，还有其他一些特殊功能。这种高质量书桌的定价远远低于其同类产品。销售经理说："我们想以较低的价格和较高的销售量来降低风险。"请对此种定价策略加以评说。

要求：同"教学互动1-1"的"要求"。

✵ 本章概要

✿ 内容提要

• 定价的程序包括搜集定价资料、进行定价分析、确定定价目标、选择定价方法、运用定价策略，最后形成具体价格。

• 搜集定价资料是定价程序的第一个环节，也是确定定价目标的先决条件，没有这一先决条件，定价目标便无从谈起。

• 定价分析就是对成本、顾客和竞争因素进行认真分析、客观评价。

• 定价目标分为四种类型，即利润导向型、销售导向型、顾客导向型和竞争导向型，这是本章的重点内容。

• 定价方法包括成本定价法、需求定价法和竞争定价法。

• 定价策略是指一个企业为了完成其定价总目标和分目标而采取的各种具体行动。定价策略的运用要依据不同的定价战略。

✿ 主要概念和观念

▲ 主要概念

利润最大化　销售最大化　顾客导向型目标　竞争导向型目标

▲ 主要观念

定价程序　搜集定价资料　选择定价目标

✿ 重点实务

制定企业的定价目标

✵ 基本训练

✿ 知识训练

▲ 简答题

1）什么是定价程序？各环节之间的关系如何？

2）什么是定价目标？各种定价目标的适应条件是怎样的？

3）定价方法与定价策略的关系如何？

4）简述市场占有率目标和顾客导向型目标的内涵。

▲ 选择题

1）企业定价的程序包括（   ）。

A.制定具体的价格   B.选择定价方法

C.分析成本、顾客和竞争因素   D.运用定价策略

E.选择战略定位   F.搜集定价资料

2）定价目标可以分为四大类，即（   ）。

A.利润导向型   B.收益导向型

C.销售导向型   D.顾客导向型

E.竞争导向型

3）以利润为导向的定价目标通常包括三种类型，即（   ）。

A.销售最大化   B.利润最大化

C.利润满意化   D.收益目标化

▲ 判断题

1）企业在定价过程中要经历多个环节，首要的环节是搜集定价资料。（   ）

2）搜集定价资料首选的方法是观察和询问。（   ）

3）销售最大化一般只能作为企业的短期定价目标。（   ）

4）根据竞争者价格进行定价或被动接受竞争者价格，属于竞争导向型的定价目标。（   ）

☆ 能力训练

▲ 案例分析

A企业定价失败的案例

背景与情境： A企业是B地区生产矿泉水等饮料的企业，产品以中低档为主，限于资金、市场等各种因素的影响，A企业的生产规模维持在0.3吨/年的水平上。

2015年，A企业通过市场调研发现，本企业最有优势的产品就是矿泉水，而B地区生产矿泉水的企业就高达80多家，年生产规模超过3 000吨的就超过25家，但没有年规模超过6 000吨的大企业。同时B地区不断有境外的矿泉水产品涌入，大都在市场上站稳了脚跟，如百事、Evian等。矿泉水的替代产品也不断涌现并形成规模（如太空水、纯净水）。B地区矿泉水饮料市场竞争非常激烈，矿泉水价格基本维持在2.0元/瓶（以500毫升一瓶计）上下。经过市场调研还认识到，B地区是区域的核心城市，同时作为旅游胜地每年吸引众多游客，流动人口形成了矿泉饮料消费一大市场；另一方面，B地区经济不断发展，居民生活水平逐年提高，对天然矿泉饮料的需求形成了另一个大市场。据专家预测，今后几年B地区矿泉水需求量会进一步大幅度提高，预计市场缺口在5万~8万吨/年。

基于以上调研结果，A企业决定贷款5 000万元，全套引进国外一流生产技术与设备，建一条从制瓶、制盖、灌装至装箱的生产线，使年产量增至1.2万吨/年，欲以规模优势占领现在和未来市场，并在三年内实现利润翻番。经过两年的努力，A企业

于2017年年底建成了一条国内技术水平最先进、生产能力居全国前列的现代化矿泉水生产线，固定资产投入4 500多万元，年产量1.2万吨，产品以中档为主兼营高档产品。这样A企业新生产线的中高档产品与原生产线的中低档产品形成了公司产品优势。如按预定规模正常运转，500毫升瓶装水成本也会由1.05元降至0.75元。

2018年对矿泉水销售企业来讲是一个黄金年，夏季天气持续高温无雨，世界杯狂欢、B地区召开区域运动会等重大事件，都为矿泉水的销售创造了有利的条件。虽然A企业亦投资500万元用于广告宣传，并扩大了销售人员队伍，增加了运输车辆，但除了老生产线的产品销量比上一年有所提高外，新生产线产品滞销，造成大量积压。可以说新生产线建立起的资源优势、产品优势等一系列优势均未在新产品中体现出来，A企业从紧缺的资金中挤出来的500万元广告费也打了水漂，职工待岗，设备闲置，损失巨大。

问题：

1）根据案例，分析A企业的定价目标有哪些类型？

2）A企业失败的原因是什么？从中得出哪些启示？

分析要求：同第1章"基本训练"之本题型的"分析要求"。

▲ **实训操练**

实训项目：帮助企业制定一份定价目标书。

实训步骤：

1）将班级学生分成若干小组，每组确定1个负责人。

2）各组学生结合操练项目，进行角色分工。

3）各组学生以本章"选择定价目标"实务教学内容为业务规范，进入角色，体验本项目模拟实训的全过程。

4）各组学生记录本次模拟实训的情境与步骤，总结实训操练的成功经验、存在的问题及解决的办法，在此基础上撰写《关于××企业的定价目标书》。

5）在班级讨论交流、相互点评与修订各组的《关于××企业的定价目标书》。

6）在校园网的本课程平台上展出经过修订并附有教师点评的各组《关于××企业的定价目标书》，供学生相互借鉴。

❄ **善恶研判**

网约车补贴大战卷土重来

背景与情境：4月21日零点起，南京开始暂停新增网约车的投放，这让网约车再次成为社会关注的焦点。不过，网约车投放停归停，平台间的激烈"战况"却没消停，《现代快报》记者发现，这几天，美团、滴滴两大平台再次开始给乘客发放高额补贴，0元、1元打车又重现南京。而从4月13日两家高调宣布停止补贴，到4月18日再次开战，中间仅间隔了5天。

此前，有出租车司机向价格部门反映网约车低价竞争的问题，4月20日，江苏省物价局回应称，网约车是否低价倾销目前还没认定。

2017年年初，美团打车在全国率先"杀入"南京市场，与滴滴展开了激烈的价格战。1分钱、1元钱打车，司机端补贴翻倍，掀起了"全市打车"的热潮。此后，虽然两家补贴略有减少，但通常5~7折的价格，相对巡游出租车来说，还是非常优惠的，这也进一步加剧了传统出租车行业订单量的萎缩。省市两级行业主管部门曾多次约谈这两家网约车公司，但效果并不明显。

4月19日傍晚，南京市交通运输局、市公安局交通管理局突发新政，宣布对出租车及网约车进行数量管控，并于21日零时起，暂停办理两种车辆的运营许可证。事实上，4月13日，美团和滴滴相继宣布，已于前一日停止了南京市场上的常态化高额补贴。不过，4月19日早高峰，当市民王女士出门上班时发现，原本起步价的距离，在前两天还是原价9元，当天美团突然变成了2元，而滴滴则更加便宜，直接减掉9元，0元免费坐车。此外，自4月18日起，一些市民通过美团订餐后，也得到了10元左右的打车商家优惠券，这样算下来，优惠力度比"高额补贴"甚至还要大。

有意思的是，《现代快报》记者了解到，就在美团、滴滴休战的4月14日、15日这个双休日里，不少美团司机"倒戈"了。"88.6元，8：00出门到现在（15：27）的战绩……"在一个网约车司机聊天群里，一位美团司机这样分享了自己跑了7个半小时的流水，并称有同行每天跑10多个小时，3天才800多元流水，自己从下周开始要转投滴滴了。

4月20日上午，江苏省物价局召开新闻发布会，省物价局副局长孔祥平对南京暂停网约车发证、网约车低价竞争等问题进行了回应。"对于南京暂停网约车发证，我相信这是南京市政府充分考虑各方面因素做出的决策。做出这样的调整，一定有他们考量的因素。"孔祥平说，价格部门一直鼓励所有市场主体进行充分的价格竞争，对于出行市场，同样是鼓励充分的良性市场竞争。

资料来源 李娜，张瑜. 网约车补贴大战卷土重来？江苏物价局回应［EB/OL］．［2018-04-21］．http://js.people.com.cn/n2/2018/0421/c360303-31489726.html. 引文经过改编。

问题：

1）根据上述案例分析：网约车平台采用了哪些定价目标类型？会产生哪些弊端？

2）本案例中是否存在职业道德问题？试对上述问题做出你的善恶研判。

3）通过网络或图书馆调研等途径搜集你做善恶研判所依据的行业道德规范。

4）本案例对消费者的启示有哪些？

研判要求：同第1章"基本训练"之本题型的"研判要求"。

第7章
定价分析

▶ **学习目标**
7.1　财务分析
7.2　顾客分析
7.3　竞争分析
▶ **本章概要**
▶ **基本训练**

▶ 学习目标

通过本章的学习，你应该达到以下目标：

职业知识　学习和掌握财务分析、顾客分析和竞争分析的主要内容等理论与实务知识；能用其指导或规范本章认知活动和技能活动，正确解答"基本训练"中"知识训练"各题型的相关问题。

职业能力　掌握财务分析、顾客分析和竞争分析的基本思路以及它们之间的相互关系；能够运用定价分析方法，为确定定价目标、选择定价方法和运用定价策略服务；通过搜集、整理与综合"竞争分析"的前沿知识，撰写、讨论与交流《"竞争分析"最新文献综述》，培养"定价分析"中"自主学习"的通用能力。

职业道德　结合本章教学内容，依照行业规范或标准，分析"职业道德与企业伦理7-1~7-2"和章后"遭人生厌的大数据'杀熟'"案例中企业或其从业人员行为的善恶，强化企业和员工的伦理道德素养。

学习微平台

延伸阅读7-1

引例　网红爆款——戴森卷发棒的高价热销

背景与情境：近日，戴森新发布了一款在中国售价为 3 690 元的卷发棒 Airwrap，瞬间刷屏网络，成为焦点话题。据戴森官方介绍，Airwrap 使用较低温度、高速风量给头发定型，达到拉直或卷发的效果，使用过程中不会让头发打结或缠绕。Airwrap 提供 3 套定型头，顶配提供 7 款定型头，满足不同发型需求。Airwrap 发布之后，迅速火遍微博、朋友圈等社交网络。

戴森对外宣称，这款产品由 230 名工程师经过 6 年时间研发而成。但该产品的售价相比同类也相当高昂，在中国售价 3 690 元起。但这一略显"离谱"的卷发棒价格并未阻挡中国消费者的购买热情。记者发现，从 10 月 11 日开始，戴森卷发棒在天猫和京东的官方旗舰店上每日预订量基本都是瞬间被秒完，有网友戏称"比苹果新机还难抢"。记者从戴森天猫旗舰店了解到，截至 10 月 19 日下午，该款产品的预约购买人数已接近 4 万人，火爆程度可见一斑。

不黑不吹，为什么戴森的定价可以这么高？根据戴森在中国的消费者画像，"白领""25~34 岁""93.9% 为较高消费水平人群""研究生及以上学历"等标签成为关键词，这反映了戴森产品的市场消费群体为极致体验和轻奢人士。前者在于满足用户的高要求使用体验，后者则为了满足他们的心理满足感。从心理层面分析，就拿戴森此前发布的爆款产品——吹风机来说，在小红书上搜索一共有 1 400 多篇笔记，而大部分的用户已经不仅仅是关注它的功能，更多的是关注它的颜值、生活幸福感的范畴。

资料来源　佚名. 大家都说戴森卷发棒不好用　深扒贵价产品定价根源 [EB/OL]. [2018-10-22]. http://tech.sina.com.cn/e/2018-10-22/doc-ifxeuwws6722860.shtml. 引文经过改编。

上述案例中，戴森卷发棒是基于定价分析，尤其是在对顾客分析的基础上，做出了价格大大高于成本的定价方案。

成功的定价并不是一个最终的结果，而是一个不断变化的过程。如前所述，定价程序的第一个环节就是搜集定价资料，即成本核算、确认消费者和竞争者。然而，在大量搜集定价资料的过程中，还包含着与之相应的分析数据资料的工作，即与成本核算相对应的财务分析、与确认消费者相对应的顾客分析、与确认竞争者相对应的竞争分析。只有在深入分析的基础上，才能确定最佳的定价目标，采取相应的定价方法和策略，最终形成价格。

7.1　财务分析

对于潜在的价格、产品或促销的变动，销售量需要变化多少才能增加利润？对于新产品或新市场，销售量应至少达到多少才能收回增量成本？具体来说：

第一，在基准价格水平下，贡献毛益是多少？

第二，为了从减价中获得更多的贡献毛益，销售量应该增加多少？

第三，在提价变得无利可图之前，可以允许销售量减少多少？

第四，为了覆盖与决策相关的追加固定成本（如广告、审批的费用），销售量需提高多少？

第五，已知与销售水平相联系的增量成本，将新产品或老产品打入新市场需要达到什么样的销售水平才是有利可图的？

值得注意的是，财务分析一定要与成本核算相联系。成本核算是财务分析的重要依据，而进行正确成本核算的前提就是要进行成本识别。因此，让我们从成本识别开始以下的课程。

7.1.1 成本的定义

成本是企业为了获得所需要的各项资源所付出的代价，并不是所有的成本都是随着价格的变化而变化的。与定价相关的成本核算的第一步，就是要识别那些随着价格变动而影响利润水平的相关成本，这就是成本识别。

相关成本是指适宜决策用的成本，这里专门指适宜定价决策用的成本。与它相对应的成本就是非相关成本。非相关成本就是不适宜定价决策用的成本。

同步思考7-1

某公司过去买进了1 000吨钢材，每吨价格1 000元。由于涨价，现在的市价为每吨1 500元。那么，如果用这些钢材投标承建一项工程，在决策时应当用什么价格来计算成本？

答：答案显然是现行成本，而非历史成本。因为假如不准备把这批钢材用于承建的工程，也可将其按每吨1 500元的价格销售出去。所以，用市价计算出的成本是相关成本，用过去价格计算出的成本是非相关成本。

从理论上讲，相关成本就是增量成本（不是平均成本）和可避免成本（不是沉没成本）。

增量成本是随着销售额的变化而变化的成本。它与非增量成本的区别类似于可变成本与不变成本的区别。可变成本随着产量的变动而变动，如制造过程中的原材料成本。由于定价决策会影响公司的产量，因此可变成本就是增量成本。不变成本不随产量的变动而变动，如产品设计费、广告费和其他间接费用。但有些不变成本中的增量部分却是增量成本，这部分增量成本往往是由于价格变动或者提供新的服务而产生的。例如，一家餐馆在决定是否提高菜肴价格时，印刷新菜谱的不变成本就是增量成本。再如，某航空公司在决定是否提供折价服务或高档豪华服务时，宣传新服务的广告费或机舱内部的装修费就是增量成本。

还有一些成本不是纯不变成本或纯可变成本，这些成本在一定的销售量范围内是不变的，超出这一范围就会变化，我们称为半不变成本。

同步思考7-2

某公司目前最大的生产能力为每月生产100件产品。当每月实际产量小于100件时，设备费用是增量成本还是非增量成本？当订货量增加到每月150件时，公司将不得不考虑购买新设备，则新增设备的成本是增量成本还是非增量成本？

答：当每月实际产量小于100件时，设备费用属于非增量成本。当订货量增加到每月150件时，新增设备的成本属于增量成本，因为它关系到接受新订货是否有利可图。

那么，增量成本对定价策略有什么重要影响呢？请看下面的案例分析。

◆ **同步案例7-1** ◆

定价方案的选择

背景与情境：某交响乐团每月演出两场，时间为周六，每场演奏一个新曲目。每场演出的费用如下：

固定间接费用	1 500元
排练费用	4 500元
演出费用	2 000元
变动费用（如门票、节目单……）	每个座位1元

该乐团经理因为利润过少而十分忧虑。目前的票价为10元，如果将1 100张票全部售出的话，总收入为11 000元，总成本为9 100元，每场演出的利润为1 900元。遗憾的是，通常只能售出900张票，每张票的平均成本约9.89元。这样每场演出的收入为9 000元，扣除8 900元的成本，利润仅有可怜的100元。如果提价，上座率将会更低，从而导致总收入比现在还少。为了增加总收入，目前有三个方案可供选择：

方案Ⅰ：在开演前的一个半小时向学生出售优惠票，票价为4元。估计可多售出200张票。

方案Ⅱ：在周日日场重复周六晚场的演出，票价为6元。估计能售出700张票，扣除由于观看周日演出不再观看周六演出的150个观众，实际多售出550张票。

方案Ⅲ：在其他两个周六增开新的音乐会，票价为10元。估计可售出800张票，其中包含100个放弃观看原来周六演出的观众，实际多售出700张票。

表7-1列出了三个方案的分析数据。

表7-1　　　　　　　　　　　　**三个方案的分析数据**

	Ⅰ：学生优惠	Ⅱ：周日日场	Ⅲ：新音乐会
单价	4元	6元	10元
×数量	200张	700张	800张
=收入	800元	4 200元	8 000元
-放弃其他收入	0	1 500元	1 000元
收入增加	800元	2 700元	7 000元
追加排练费用	0	0	4 500元
追加演出费用	0	2 000元	2 000元
追加变动费用	200元	550元	700元
增量成本小计	200元	2 550元	7 200元
净利润贡献	600元	150元	-200元

显而易见，方案Ⅰ最佳。

问题：这一案例对我们有哪些启示？

分析提示：第一，定价决策的发生，不仅要看所增加的收入，还要看所增加的成本。第二，当平均成本中含有非增量成本时，许多公司通过出售价格低于平均成本的产品而获得利润。

可见，低价是上述业务得以维持与发展的关键，低价不等于低利润。当追加成本很小时，该业务往往能够带来很大的利润。

可避免成本是指那些没有发生或者发生了但可以收回的成本。与之相对应的是沉没成本。例如，一辆新车，一旦被购买就丧失了一部分市场价值，要把它再卖出去，其价格就会略低于最初的购买价格。这个差额就是沉没成本，而可以通过再次出售收回的成本就属于可避免成本。

只有可避免成本才与定价策略有关，这恐怕是许多营销决策者最难以接受的事实。他们经常会不经意地考虑沉没成本，从而导致定价失误、蒙受损失。请看下面的案例。

同步案例7-2

半价销售更划算

背景与情境：在某个小印刷厂里，每本书印刷2 000册，书价20元/本，每本利润4元。通常第一年售出不足一半，未售出的书全在库存中。在2010年以前，这家工厂保持中等盈利水平。而到了2010年，每本书4元的利润已经不足以支付库存占用流动资金的利息成本了。

现在的问题是如何定价以收回增加的利息成本，请看表7-2。

表7-2 库存书的累计利息成本

库存时间（年）	1	2	3	4	5	6	7	8
利息成本（元/本）	1.80	3.92	6.43	9.39	12.88	17.00	21.85	27.59

注：第n年的利息成本=$10 \times (1.18^n - 1)$。

据此，适宜的定价策略是：对销售缓慢的书以10元/本出售。

问题：对那些库存时间超过4年的书，为什么现在以半价销售会更划算？

分析提示：不能用生产中的沉没成本来指导价格。印刷这些书的成本是无法避免的，是沉没成本；库存占用的流动资金才是相关成本，才是可避免成本。如果时间足够长，所有的书也许都会以20元/本的价格售出，但所累计的利息成本也会随之增加。不过，如果以10元/本的价格将书迅速售出，那么节约下来的库存书占用资金的利息就会大于降价所带来的损失。以低于成本的价格售书会减少收入，但能够提高利润。

依照上述思路，定价时应首先注意增量成本和可避免成本，然后考虑非增量成本和沉没成本，因为只有增量成本和可避免成本才与定价策略有密切关系，而我们真正关心的也正是受定价策略影响的那部分产品的成本。一般说来，对涨价策略来讲，相关成本是因涨价而减少的销售量的可避免成本；对降价策略来讲，相关成本是因降价而增加的产量的增量成本。总之，任何经营决策，包括定价决策，都应考虑影响决策利润水平的成本。

7.1.2 财务分析的内容

在识别上述成本的基础上，我们就可以计算出已售单位产品的贡献毛益和贡献毛益率。**贡献毛益**是指单价中用于增加收益或减少损失的部分，又称边际收益。"贡献"在经济学中是指单价与单位可变成本之差，它不考虑其中的非增量成本和沉没成本。**贡献毛益率**是指贡献毛益与价格之比，又称边际收益率。它反映了销售量与利润的杠杆关系，体现了将销售量作为营销目标的重要性。

财务分析就是要通过核算、分摊成本，提出降价或提价多少才能收回成本并达到利润目标。财务分析框架如图7-1所示。

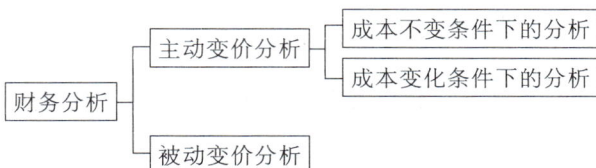

图7-1 财务分析框架

◈ **同步案例7-3** ◈

价格变动与贡献毛益

背景与情境： 某西部公司是一家生产枕头的小企业。该公司月销售收入和成本的典型资料如下：

销售量	4 000件
价格	10.0元/件
销售收入	40 000元
变动成本	5.5元/件
固定成本	15 000元

问题： 该公司正在考虑降价5%，以提高竞争力。假设这一定价决策不会引起固定成本的变化，为了从价格下调中获利，公司的销量必须增加多少？

分析提示：

降价前：

贡献毛益=价格-变动成本=10.0-5.5=4.5（元/件）

贡献总额=销售收入-总变动成本=40 000-22 000=18 000（元）

可见，如果降价策略可行，其贡献总额应大于18 000元。

降价后：

降价一方面减少了贡献毛益0.5元/件，相应地，贡献总额损失了2 000元，我们称为价格效应所致；另一方面增加了销售量，由此引起了贡献总额的增加，我们称为数量效应所致。

当数量效应大于价格效应时，降价便是可行的。如果计算出二者均衡点时的销售量最小值，便可知降价后销售量增加的最小值，有人称为损益均衡分析。

回到本案例中来，已知该公司因价格效应损失得到的贡献毛益为4.0元/件，贡献总额为2 000元，因此该公司的销售量至少应增加500件（2 000÷4.0），才能使数量效应带来的贡献毛益增量大于2 000元，以确保降价策略可行。为此，特提出如下公式：

$$损益均衡销售变化率 = \frac{-价格变动}{原贡献毛益 + 价格变动} \times 100\%$$

$$= \frac{-(-0.5)}{4.5 + (-0.5)} \times 100\%$$

$$= 12.5\%$$

损益均衡销售变化量=损益均衡销售变化率×原销售量=12.5%×4 000=500（件）

相对于目前销售量4 000件的水平，只有销售量提高12.5%以上（或多售出500件以上），并采取降价5%的策略才是可行的，反之亦然。当然，销售量提高得越多，获得的利润也就越大。

在新的贡献毛益水平下，销售总额的多少取决于实际销量变化与损益均衡销量变化的差额，并表现为以下三种情况：

（1）差额为零，贡献毛益总额等于零；

（2）差额为正，贡献毛益总额大于零；

（3）差额为负，贡献毛益总额小于零。

以上介绍的是减价的案例，提价的做法请自行练习。

通常，价格变动会伴随着成本的变动。细心的读者可能会发现，上述案例是在成本不变的前提下展开财务分析的。现在，我们将分析在成本变动的情况下，损益均衡销量的变化又是怎样的。

首先是变动成本变动的情况。

◆ 同步案例7-4

背景与情境：同【同步案例7-3】。

问题：该公司打算以人造填充物替代目前的天然羽绒填充物，使变动成本由5.5元/件降到5.28元/件，减少了0.22元/件。对降价5%的定价策略来说，损益均衡销售变化量是多少？

分析提示：

$$损益均衡销售变化率 = \frac{-贡献毛益变化量}{新的贡献毛益} \times 100\%$$

$$= \frac{-(价格的变化量 - 变动成本的变化量)}{原贡献毛益 + 贡献毛益变化量} \times 100\%$$

$$= \frac{-[(-0.5) - (-0.22)]}{4.5 + (-0.28)} \times 100\%$$

$$= 6.6\%$$

损益均衡销售变化量=损益均衡销售变化率×原销售量=6.6%×4 000=264（件）

可见，在可变成本减少的情况下，销量只要提高6.6%以上（或至少增加264件），就能实施降价策略。

其次是固定成本变动的情况。

◆ 同步案例7-5

背景与情境：同【同步案例7-3】。

问题：该公司目前销售量为4 000件，在没有成本变化的情况下，降价5%，销售量需提高12.5%以上。为了能够每月追加生产1 000件产品，需要增加固定成本800

元。对此，销量需增加多少，降价5%才可行呢？

分析提示：

$$损益均衡销售变化量 = \frac{-贡献毛益变化量}{新的贡献毛益} \times 初始销量 + \frac{固定成本变化量}{新的贡献毛益}$$

$$= \frac{-(-0.5)}{4.0} \times 4\,000 + \frac{800}{4.0}$$

$$= 700\,(件)$$

$$损益均衡销售变化率 = \frac{损益均衡销售变化量}{初始销量} \times 100\% = \frac{700}{4\,000} \times 100\% = 17.5\%$$

可见，在固定成本增加的情况下，销量只有增加17.5%（或提高700件以上），降价才可行。

以上是公司主动改变价格的定价策略，与之相对应的是被动改变价格的定价策略。计算被动变价的损益均衡销售变化率的关键问题有两个：一是潜在的销售损失是多少时必须跟随竞争者降价？二是若不理会竞争者的提价行动，获得的最小销售量增长大概是多少？基本的计算公式如下：

$$被动变价的损益 \atop 均衡销售变化率 = \frac{价格变动(或价格变动-变动成本变动,或价格变动-固定成本变动)}{贡献毛益率} \times 100\%$$

例如，某公司的贡献毛益率为45%，竞争者将产品的价格下调15%，如果本公司的产品缺乏价格弹性，则不必为此付出代价；反之，如果本公司的产品富有价格弹性，则不采取相应的降价措施就会蒙受损失。因此，被动变价的损益均衡销售变化率为-33.3%（-15%÷45%）。如果该公司预计竞争者的降价将使本公司的销售量减少33.3%以上，最好是相应地降低价格；如果预计销售量下降小于33.3%，则按兵不动也不会有太大的损失。

需要补充的问题：

第一，关于基准时期的问题。

在前述例子中，计算损益均衡销售变化的比较基准是当前的销售水平。为了简便计算，我们假设市场是静态的。实际上，即使价格不变，销量也会增加或减少。在这种情况下，损益均衡分析的基准点应该是价格不变将要达到的销售水平。

例如，一家处于高速发展行业中的公司，目前的年销量为2 000件，贡献毛益率为55%。如果价格不变，预计明年的销量将提高20%（行业的平均增长速度），达到2 400件。公司计划降价5%以扩大市场份额。由于与之配套的广告宣传活动要明年才正式启动，因此降价只能明年实施。此时，初始销量即比较的基准是预计的明年的销量2 400件。

损益均衡销售变化率=-（-5%）÷［55%+（-5%）］=10%

损益均衡销售变化量=10%×2 400=240（件）

如果用当前销量作为比较基准，则得到的损益均衡销售变化量为200件，这就低估了应增加的销量。

第二，关于收回非增量固定成本和沉没成本。

我们在重视增量固定成本和可避免成本的同时，也不能忘记非增量固定成本和沉没成本，否则可能会导致公司破产。

计算贡献毛益率并用它评价变动效果的目的是获得最大的利润贡献。利润贡献是销售收入减去所有增量成本和可避免成本后的余额。这部分收益用于回收非增量成本、沉没成本，并形成最终的利润。管理者进行定价决策时只考虑增量成本和可避免成本，并不是因为其他成本不重要，而是因为其他成本不随定价的变化而变化，不影响不同价格下产品获利性的比较。在获得利润之前，必须收回所有成本，从这个角度讲，所有成本都与利润有关。另外，有时所有成本都是增量成本、可避免成本。例如，在第一个产品售出之时，产品的开发设计成本成为沉没成本，但在开发工作开始之前，开发设计成本是可避免成本。对于其他成本也是同样的道理。价值导向定价比成本导向定价更有利于公司获利的重要原因是，它鼓励经营者在尚能控制成本时考虑成本问题。有效定价的关键是要意识到是市场中的消费者，而不是成本决定产品价格。管理者应先估计消费者愿意支付的价格，然后决定花费怎样的成本以获得目标利润。

职业道德与企业伦理 7-1

顾客可以自己定价

背景与情境： 自古以来，总是卖主开价，买主还价。那么，能否颠倒过来，先由买主开价呢？例如，餐馆的饭菜价格，从来都是由店主决定的，顾客只能按菜谱点菜，按价付款。但在美国的匹兹堡市有一家米利奥家庭餐馆，餐馆的菜单上只有菜名，没有菜价。顾客根据自己对饭菜的满意程度付款，无论给多少，餐馆都无异议，如果顾客不满意，可以分文不付。但事实上，绝大多数顾客都能合理付款，甚至多付款。当然，也有少付款的，甚至在狼吞虎咽之后，分文不给、扬长而去的，但那毕竟只是极少数。

问题： 顾客定价可取吗？

分析提示： 就目前来讲，让顾客自行定价在我国已不算新事物。有些城市已出现了这样的餐馆，但经营后发现并不成功。看来，使用这种方式还必须注意销售条件和销售对象，毕竟消费者的素质参差不齐。

7.2 顾客分析

不同细分市场的顾客的价格弹性不同，购买动机不同，为他（她）们服务的增量成本也不同，那么，应如何给不同的细分市场定价呢？如何能够最有效地向不同细分市场的顾客传达产品的价值信息呢？具体来说：

第一，如何在定价之前区分不同细分市场的顾客？

第二，如何在细分市场之间构筑"隔离带"，使低价市场不影响产品在高价市场的价值？

第三，如何避免企业违反有关价格细分的法律法规？

顾客分析就是要充分理解价格在顾客购买决策中的作用，预测和影响顾客对定价决策的反应，并根据不同顾客的反应来细分市场。

7.2.1　经济品的定义

厂商活动的主要任务就是为顾客生产、提供产品和服务，我们把这种产品和服务称为经济品，它既包括有形的产品，又包括无形的服务，并有两个最基本的特性：有用性和交换性。有用性表现为经济品的"质"。它一方面表现为使用价值，即其客观实在性，这是由不同形式的具体劳动创造的；另一方面表现为效用价值，也就是其主观评判性，这是由享受的不同主体的主观感受决定的。比如，饮料可以解渴，它一方面体现了具体劳动所创造的使用价值，另一方面体现了顾客具体感觉所认知的效用价值。俗话说：萝卜白菜各有所爱。萝卜虽好，虽有使用价值，但我不爱，对我就没有效用价值，萝卜仍然没有有用性，因此应将这两个方面辩证统一起来。交换性表现为经济品的"量"，一定的"质"必须通过一定的"量"表现出来，具体表现为一定的交换比率，即价格。价格水平的高低一方面要通过供求双方的制衡体现出来，如供过于求时价格下降，供不应求时价格上升，供求均衡时价格不变。供求均衡时的价格经济学称为均衡价格，此时市场进入出清状态。当然，这一状态是转瞬即逝的，不是常态。在现实经济生活中，价格总是随着供求的不断变化而变化。另一方面取决于顾客对经济品主观效用的评判。不同的顾客对同一经济品的主观感受是不同的，因此，同一经济品对于不同顾客的价格也是不同的。可见，只有具有有用性的经济品才能实现其交换性，二者不可分割，否则将不能称其为经济品。经济品的特性及其内在关系如图7-2所示。

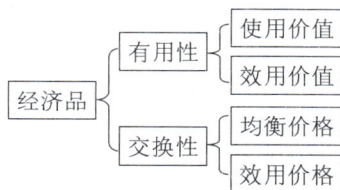

图7-2　经济品的特性及其内在关系

7.2.2　理解经济价值

在营销中，我们常说价格要反映价值，价值是制定有效价格的关键。但是此价值不是使用价值，而是经济学家所说的"效用价值"，即"顾客的经济价值"。在决定购买这一产品或服务的前提下，这种经济价值首先来自于同类产品中被顾客认为是最佳选择的产品成本，其次来自于顾客心目中被提供的产品与相关产品之间的差异价值（优势的或劣势的）。有人称前者为参考价值，称后者为差异价值。一个产品或服务的总的经济价值就等于该产品或服务的参考价值加上优势于相关产品的差异价值，如图7-3所示。

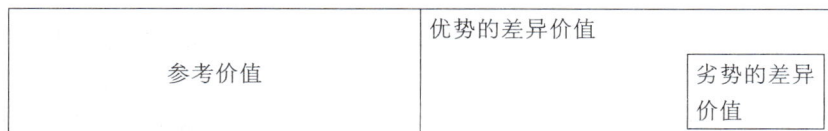

参考价值	优势的差异价值	
		劣势的差异价值

图7-3　总的经济价值

<u>总的经济价值</u>是一个充分了解市场、寻求最优价值的"理性顾客"愿意支付的最高价格。

◆ **同步案例7-6** ◆

总的经济价值的分析与计算

背景与情境： 1955年，杜邦公司开发了一种聚乙烯树脂，用来与其他制造塑料导管的树脂竞争。实验表明，用聚乙烯树脂制成的导管比较耐用，故障率只有1%～3%，而竞争产品的故障率却高达7%～8%。

问题： 构成这种导管总的经济价值的参考价值和差异价值分别是多少呢？

分析提示： 在对购买聚乙烯树脂用于生产塑料导管的厂商和购买用聚乙烯树脂制造的塑料导管的顾客的分析中，杜邦公司首先分析了后者。

当时最常用的替代品是用质量较差的树脂制造的一种导管，其售价是每100英尺5～7美元。从顾客的角度来说，这是该公司计算用聚乙烯树脂制造的塑料导管的总的经济价值的参考价值。比较困难的是确定其差异价值，因为必须要知道顾客是如何使用产品以及如何看待产品特性的价值的。

更好的耐用性可以使顾客从中得到好处的差异价值为5%～6%。此外，导管对不同的顾客有不同的价值——是埋在地下使用，还是放在露天使用。前者的更换成本更大，它需要导管的耐用性更好，因此这时产品的差异价值要大得多。另外，对于用导管来运送有毒或令人作呕的废水、废料的顾客来说，导管的耐用性也很重要，因此这时产品的差异价值也很大。显然，一个产品不会只有一个经济价值，这就要根据用途对顾客进行细分，产品的特殊属性对不同细分市场的顾客影响不同，因此每个细分市场的经济价值也不同。

例如，为了灌溉，农场主以往使用的替代导管的单价为每100英尺6.50美元。现在，由于导管的耐用性好和故障率低，因此减少了农场主对备用更换导管的购买，使农场主从每100英尺节约0.32美元（6.50×1.08÷1.03-6.50）的费用中获得了减少更换导管的差异价值。更换破损导管的人工成本是60.00美元，农场主又从这一产品中获得了节省劳动力的差异价值3.00美元（5%×60.00）。由于导管破损、发生故障却没有被及时发现而造成的最大损失可达40.00美元，此时（指庄稼幼小、扎根不实之时）占整个灌溉系统使用时间的20%，因此减少对庄稼的危害至少可以为这一产品增加0.40美元（40.00×20%×5%）的差异价值。对于这一细分市场，用聚乙烯树脂生产出来的导管的总的经济价值应该至少在每100英尺10.21美元的价值水平上。具体计算如下：

$$\text{总的经济价值} = \overset{\text{参考价值}}{(\text{替代产品成本})} + \text{差异价值}(\text{减少庄稼损失} + \text{节省劳动力} + \text{减少更换导管})$$
$$= 6.50 + (0.40 + 3.00 + 0.32)$$
$$= 10.22 (\text{美元})$$

然而，问题并没有结束。因为该公司并不生产导管，而是生产制造导管用的聚乙烯树脂。这就需要对购买聚乙烯树脂用于生产塑料导管的厂商进行分析。

以往厂商使用的耐用性较差的普通树脂的价格为每磅0.28美元，在每100英尺的价格为6.50美元的时候，其成本为4.55美元，因此制造每100英尺导管就需要16.25磅（4.55÷0.28）普通树脂。那么，该公司生产1磅聚乙烯树脂的总的经济价值是多少呢？

使用普通树脂，厂商能用4.55美元的成本生产出6.50美元的导管来。用聚乙烯树脂制造同样的导管，对于消费者来讲，其价值是 10.22 美元，其差异价值每磅增加 0.229 美元（（10.22-6.5）÷16.25）。同时，也存在着劣势的差异价值。首先，新树脂的耐用性好会使导管的更换数量减少，从而使导管的销量下降、利润减少，其差异值为 -0.01 美元；其次，该公司的原材料供应商是唯一的，这会使风险加大，其差异价值为 -0.02 美元；最后，新导管的销售费用较高，其差异价值为 -0.08 美元。这些劣势的差异价值必须要从总的差异价值中扣除，因此：

总的经济价值=参考价值+（正的差异价值+负的差异价值）

=0.28+（0.229-0.01-0.02-0.08）=0.399（美元）

以上分析的仅仅是这一新产品所面对的农业灌溉这一细分市场，并不是整个市场。为了确认价格在产品营销中的作用，还必须确认构成整个市场的各个细分市场的规模以及产品在其中的经济价值。利用这些信息可以得到整个市场的经济价值，从而确定哪个细分市场最有利。比如，按购买者的不同，可以分为工业用的或农业用的等；按用途的不同，可以分为地上或地下废水的输送等。所有这些，都需要营销者做出全面的评价。

7.2.3 经营分析

对产品经济价值的定量分析是顾客分析的重要内容。然而，这并不是全部分析内容。一个有效的顾客分析一般是从对产品价格弹性的经营分析开始的。从理论上讲，如前所述，产品的交换性取决于它的有用性，而有用性不仅取决于它的使用价值，在某种意义上说，更取决于它的效用价值，这是顾客对其所购买的商品有用性的一种主观评判，这种主观评判对产品的价格弹性是有影响的。这里的经营分析就是分析顾客的主观评判效应对产品的价格弹性有何影响。那么，在实践中如何进行经营分析呢？

1）认知替代品效应分析

认知替代品效应是指相对于顾客了解、认知的其他替代产品，产品价格越高，购买者对价格越敏感。也就是说，顾客对与你的产品相关的产品越了解，这时如果你的产品价格越高，顾客就越不愿意购买你的产品，反之亦然。如果你的产品是没有相关产品的唯一产品，或者顾客对与你的产品相关的产品了解甚少，那么你在产品的定价上就越有优势，因为此时顾客在需要的前提下无从选择。这时，分析的重点是：

（1）顾客在购买时主要知晓的替代品是什么？

（2）顾客对这些替代品的价格了解程度如何？

（3）本产品与替代品的摆放位置以及替代品的提供方式是如何影响价格弹性的？

（4）产品价格应该定为多少？什么样的价格较高或较低？

……

2）独特价值效应分析

顾客对某种产品区别于竞争产品的特色评价越高，其对价格越不敏感，这就是所谓的独特价值效应。也就是说，顾客对某种产品独特的款式、风味或性能的评价越高，其在购买时越不看重价格。这时，分析的重点是：

（1）与竞争产品相比，你的产品有什么特色？

（2）在挑选产品时，顾客最关心什么？

（3）顾客是如何评价你的产品特色的？

（4）如何增强顾客对产品之间差异性的理解，以便弱化竞争者对顾客的影响？

……

3）更换成本效应分析

顾客在更换供应商时，存在诸如重新搞好关系、重新讨价还价等交易成本。如果从当前的供应商处购买就不必追加投资，如果从新的供应商处购买就需要重新追加投资，这种由于更换供应商而增加的投资成本就是更换成本。更换供应商时必须增加的投资成本越高，顾客重新挑选产品时的价格弹性就越低，反之亦然，这就是所谓的更换成本效应。这时，分析的重点是：

（1）顾客在与原供应商打交道时已经进行了多大的投资（物质的或心理的）？

（2）由于更换供应商而产生的投资成本是多少？

（3）顾客为这些投资已经付出了多长时间？

……

4）比较困难效应分析

有比较，才有鉴别。然而，有时比较是很难的，所以鉴别起来也很困难。在很难比较替代品的优劣时，顾客对已知的或声誉较好的供应商的价格弹性就较低，这就是所谓的比较困难效应。顾客愿意购买其信得过的产品，而不愿意冒着得到较差价值的风险去寻找市场上的最佳价值。很多厂商正是利用这一点才赚取了高额利润。这时，分析的重点是：

（1）顾客比较不同的供应商有多困难？

（2）顾客是通过观察还是必须购买后经过一段时间的使用才能了解和确定产品的性能？

（3）使用过你的产品并且感觉满意的顾客的比例是多少？

（4）竞争者的情况如何？

（5）产品是否十分复杂？必须由专家鉴定其性能吗？

（6）不同供应商的产品价格之间是容易比较，还是难以比较？

……

5）价格–质量效应分析

价格是一把双刃剑，它不仅代表一种费用负担，还是一种价值的象征。当高价在某种程度上代表高质量时，顾客对价格的敏感性就较低，这就是价格–质量效应。也就是说，顾客越是将价格作为质量的判断标准，他们对价格的敏感性就越低。正如人们常说的"好货不便宜，便宜没好货"一样，人们并不总是追求产品的"廉价"，因为它往往与"物美"相矛盾。你也许看过这样的漫画：某个产品卖到10元钱时，无人问津；当其卖到100元或更贵时，反倒被狂抢一空。这就是价格–质量效应在顾客心中作怪的结果。当然，这些顾客往往是有钱有势的富人或者是追求时尚的年轻人。这时，分析的重点是：

（1）良好的形象是否是产品的一个重要属性？

（2）价值是否能随着产品价格的提高而提高？

（3）价格是否在顾客购买产品之前已成为表明其质量水平的唯一因素？

……

6）支出效应分析

如果商品很便宜，顾客可能很少或不考虑它的经济价值就"即兴购买"了，此时顾客对价格的敏感性较低，否则，当费用支出较大（总额或占家庭收入的比例较大）时，顾客对其价格的敏感性就会较高，这就是所谓的支出效应。对于家庭来讲，顾客对价格的敏感性由支出占有效收入的比例决定。货币的边际效用在穷人和富人之间的较大差异就是这一效应的具体体现。这时，分析的重点是：

（1）顾客为商品支付的费用的绝对值是多少？

（2）最终消费者为商品支付的费用占其收入的比例是多少？

……

7）最终利益效应分析

某个商品常常是顾客为达到某一最终目的所购买的众多商品之一。这种互补品之间的关系就是最终利益效应分析的基础。这时，分析的重点是：

（1）顾客希望从产品中获得的最终利益是什么？

（2）顾客对于最终利益的价格弹性如何？

（3）商品价格占最终利益总成本的份额是多少？

（4）在多大程度上能够使商品在顾客的心目中与一个价格不太敏感的最终利益相联系，或者和一个总成本较高的最终利益相联系？

……

8）分担成本效应分析

顾客在购买商品时自己实际支付的比例越小，对价格越不敏感，这就是分担成本效应。这时，分析的重点是：

（1）商品的价格是否全部由顾客支付？

（2）如果不是，顾客支付的比例是多少？

……

9）公平效应分析

如果商品价格超出顾客理解的"合理""公平"的价格范围，顾客的价格弹性就会较高，这就是公平效应。大幅度提价、购物环境不同和是否必须消费等都会影响顾客对公平价格的理解。这时，分析的重点是：

（1）与顾客以前购买同类商品支付的价格相比，目前的价格如何？

（2）在类似环境下购买类似商品，预计的支付价格是多少？

（3）商品是维持目前生活水平所必需的，还是为了提高目前的生活质量？

……

10）存货效应分析

顾客具有储存商品以备未来之用的习惯，从而增加了顾客对暂时价格与长期期望价格之间差异的敏感性，这就是存货效应。这时，分析的重点是：

（1）顾客是否储存该商品？

（2）顾客是否认为目前的价格是暂时的？

……

◁ 同步业务7-1 ▷

结合一家企业的实际，在开展实地调查研究之后，对其顾客方面的内容做出详细、全面的分析，并写出分析报告。

业务分析：

本次调研的主要目的是掌握价格在顾客购买决策中的作用，预测和影响顾客对定价决策的反应，并根据不同顾客的反应来细分市场。

业务程序：

首先，将班级学生进行分组，每组确定1个负责人，每组成员就调查内容进行任务分工。

其次，确定调研对象，做好调研计划安排，开展实地调研，全面搜集相关信息。

最后，对调研内容进行归纳整理，结合本节所学理论内容，撰写出顾客（客户）分析报告。

◁ 教学互动7-1 ▷

互动问题：结合自己的实际，举例说明主观评判效应中的认知替代品效应、独特价值效应、更换成本效应、比较困难效应等10类效应，谈谈这些主观评判效应如何影响价格弹性。

要求：同"教学互动1-1"的"要求"。

学习微平台

延伸阅读7-3

7.3 竞争分析

竞争者对企业将要采取的价格变动会做出什么反应？竞争者最可能采取什么行动？竞争者的行动和反应将如何影响企业的盈利和长期生存能力？具体来说：

第一，已知竞争者的生产能力和意图，企业在盈利的前提下能达到什么样的目标？

第二，企业如何利用信息来影响竞争者的行为，并使自己的目标更具有可实现性和获利性？

第三，企业如何利用竞争优势来选择目标市场，以避开竞争者的威胁？

第四，怎样才能从无法避免的竞争中获得利润？

第五，企业应该从什么样的市场上战略性地撤回投资？

对任何一个企业而言，制约其定价策略的环境因素不仅仅来自于顾客的压力，在某种意义上讲，更来自于竞争者的压力。定价策略就像是在下棋，有人把下棋的过程称为"博弈"，并将此发展成为一种著名的理论，即"博弈论"。博弈论，又称对策论，是研究在博弈情境下参与者的理性行为选择的理论。所谓博弈情境，是指每个人的福利不仅仅取决于他自身的行为，还取决于其他人的行为，即个人所采取的最优策略取决于他对其他人所采取的策略的预期。因此，博弈论是关于竞争者如何根据环境和竞争对手的情况变化，采取最优策略和行为的理论分析。

◆ **同步案例7-7** ◆

博弈论的启示

背景与情境："囚徒困境"是博弈论中的著名案例。它讲的是两个共谋犯罪的人被关进监狱，并被分别隔离审讯。警察告诉他们：如果两个人都坦白，各判刑8年；如果两个人都抵赖，各判刑1年（因为证据不足）；如果其中一个人坦白，另一个人抵赖，坦白者释放，抵赖者判刑10年。这样，两个囚徒都有两个选择：坦白或抵赖。但两个人是在不知道对方做出何种选择的情况下做出自己的选择的，其矩阵如图7-4所示。

囚徒B

		坦白	抵赖
囚徒A	坦白	-8, -8	0, -10
	抵赖	-10, 0	-1, -1

图7-4　囚徒困境的矩阵

在这个博弈中，一方对另一方的可能得益完全知晓，并且各自独立做出策略选择。每个博弈方选择自己的策略时，虽然无法知道另一方的实际选择，但他却不能忽视另一方的选择对自己得益的影响，因此他会根据对方两种可能的选择综合考虑自己的最佳策略。很显然，对囚徒个人而言，选择坦白总比抵赖有较高的收益，但从两人支付的总和来看，双方都抵赖（或称合作、串通）的结果是最优的。这一模型深刻揭示了社会和经济生活中的一种普遍现象，即"个体理性"与"群体理性"的矛盾，这就是所谓的"困境"。如果博弈双方在决策时都以自己的最大利益为目标，那么双方都无法实现最大利益，甚至还会导致对双方都最不利的结局。

问题：从博弈论中我们应获得什么启示？

分析提示：为了赢得一个好的结局，博弈论告诉我们一个重要原则，那就是你既要了解竞争对手，也要让竞争对手了解你。

7.3.1　竞争分析的定义

竞争分析就是运用博弈论分析定价策略。一个成功的价格竞争者，不能仅仅为了获得某个顾客的合同或者达到当前的短期销售目标就轻易减价，而必须在采取行动之前，考虑到企业的长期战略，并把长期战略与短期利益相比较，否则企业虽然能从应对竞争者的政策中获得短期直接利益，却会在无意中降低行业价格水平，降低顾客对感受到的产品优点愿意支付的价格，这是每个企业都不愿意看到的。

在正式进行博弈分析，即竞争分析之前，我们应该正确理解在这一竞争中取胜的原则。

学习微平台

延伸阅读7-4

7.3.2　竞争分析的四个要素

在明确了价格竞争取胜的原则之后，下面我们将对构成博弈行为的四个基本要素进行分析。

1）参与者

博弈的参与者都是理性的，理性意味着每个企业都会在给定的约束条件下争取自身的最大利益。这些约束条件包括法律法规、政策条令、预算约束、生产技术条件、价格等。其目的就是通过选择行为（或战略）来最大化自己的支付（或效用）水平。"理性人"假设是古典经济学的重要基础，它从行为分析的角度出发，坚持并突出个人理性在经济分析中的重要作用。正如《孙子兵法·火攻篇》中所言："非利不动，非得不用，非危不战。主不可以怒而兴师，将不可以愠而致战。合于利而动，不合于利而止……故明君慎之，良将警之，此安国全军之道也。"一种"理性"的意念跃然纸上。

2）战略

战略，即在给定的信息条件下，博弈参与者的"相机行动方案"。也就是说，要制订一个切实可行的战略计划。

一个具有现实意义的战略计划，不仅取决于本企业的策略，更要由竞争者和顾客对其策略的反应所决定。表7-3提供了一个较为现实的战略计划表。

表7-3 战略计划表

项　目	细分市场A	细分市场B	细分市场C	细分市场D
本公司				
竞争对手A				
竞争对手B				
次要竞争对手				
顾客				
市场细分优势				

在表7-3中，第一行是本企业的内部情况，其余各行是本企业所面临的各种外部环境。这是一个二维的战略计划，它不仅指出了本企业希望达到的合理目标，还指出了竞争环境所能允许的外部氛围。做好这样一个二维的战略计划，能够避免（或者至少是准备好）打价格战。

当然，这并不是说一定要一味地迁就新的竞争者。当新的竞争者的财力不是很雄厚，没有达到一定的经济规模，而且成本又较高时，快速打败竞争对手并将其收购，也不失为一种较明智的战略。没有哪一种战略总是正确的，但成功的战略一定是权衡了长短期的影响，在适应竞争、改变竞争和消除竞争中进行选择，以尽可能地减少竞争对长期繁荣的负面影响。

3）信息

信息，即参与人获得的有关博弈的信息，特别是与其相关的所有竞争者的特征和行动的信息。在价格战中，取胜的关键战术并不表现在力量的运用上，而是表现在信息的利用上。这里主要应开展两项管理工作：一是搜集、评价竞争者的信息；二是向竞争者传递有关信息，促使竞争者采取本企业所希望的行动。

4）支付

支付，即在一个特定的战略组合下的博弈参与者所得到的效用或预期效用。毋庸置疑，这种预期效用就是企业的盈利率，而不是大家所熟知的市场份额。对此，我们在第6章也略有论述。我们承认，市场份额与盈利率具有某些相关关系，但相关并不意味着一定要存在着因果关系。市场份额不是决定盈利率的关键，而是一种和盈利率类似的能够表明一个公司运转良好的表象。从长期或最终结果来看，预期效用应该是企业的竞争优势。所谓竞争优势，是指企业开发出来的一种比其竞争对手高级（或优越）的市场位置，这一优越的市场位置不是将所有顾客都作为目标市场，而是对特定的细分市场能够提供具有特别优势的服务，这里的"优势"就意味着"独特与创新"。

一般而言，企业可以通过以下两种方式来获得竞争优势：

一是成本领先，即提供与其竞争者相同的服务或产品，但是以一种较低的价格生产它们，这里的价格指的是单位产品成本。

二是产品分化，当一个企业生产出一种受顾客偏爱的产品或服务时，这一分化便产生了。其具体方法有：创造一种比竞争者的质量更好的产品或服务；提供竞争者不提供的创新性的产品或服务；选择一个优越的地点——顾客更容易接近的地点；促销和包装产品，以形成质量更高的外部形象等。

◆ **同步案例7-8** ◆

产品分化带来的竞争优势

背景与情境：某公司在销售额和利润上保持着20%的年增长率，并已成为食品和旅馆行业的领导者。其主要做法是：

在食品行业，该公司既为消费者提供食品，又为各种机构提供食品。

在旅馆行业，该公司所提供的产品包括豪华的招待设施、传统的房间、家庭度假者住的小旅馆以及寻求经济实惠者住的小旅馆。进一步的做法是：

（1）在入住量低的周一至周四，通过提供平日收费标准让房间住满。

（2）在夜晚把早餐菜单放在客人的床上，以提高餐厅的使用率。

（3）提供许多"友善待客"的服务项目，如视频退房等。

问题：该公司是如何获得竞争优势的？

分析提示：该公司是通过产品分化来获得竞争优势的，即把能够满足顾客需要的优质产品和服务提供给顾客。

◆ **同步业务7-2** ◆

结合一家企业的实际，在开展实地调查研究之后，对其竞争方面的内容做出详细、全面的分析，并写出分析报告。

业务分析：

竞争分析包括参与者、战略、信息、支付四个要素，可从这四个要素展开调研。

业务程序：

首先，将班级学生进行分组，每组确定1个负责人，每组成员就调查内容进行任务分工。

其次，确定调研对象，做好调研计划安排，开展实地调研，全面搜集相关信息。

最后，对调研内容进行归纳整理，结合本节所学理论内容，撰写出竞争分析报告。

职业道德与企业伦理7-2

法林联合公司的"自动降价商店"

背景与情境：美国波士顿的法林联合公司开设了一家"自动降价商店"。这家商店承诺，如果一件衣服在货架上陈列了13天还未售出，就自动降价20%；再过6天仍未售出，降价50%；又过了6天仍未售出，再降价75%；如果到第25天仍无人问津，就将衣服从货架上取下来送到慈善机构。这家商店的商品大多属于中档商品，种类齐全、物美价廉，加上美国人生活节奏快，所以商品往往未降到最低价格就已被抢购一空。

问题：企业是不是应该充分信任消费者？

分析提示：企业应该充分信任消费者。这种定价方法从表面上看是商店蒙受了巨大的损失，结果却是商店获得了丰厚的回报。其原因就在于商家向顾客显示了其对自己商品的信心，同时给顾客以强烈的责任感。

★ 本章概要

✿ 内容提要

● 财务分析一定要与成本核算相联系。企业的获利能力在很大程度上取决于产品的成本结构、贡献毛益率以及市场对价格变动的敏感程度。识别与定价决策相关的增量成本和可避免成本是很重要的。一旦识别，就可以计算出贡献毛益率，从而确定减价后必须增加多少销量，或者提价后可以减少多少销量。

● 顾客分析要求深入理解顾客的价格敏感性，它通常是从对产品的经济价值的分析开始的。要理解经济价值在购买决策中的地位，还必须对影响价格弹性的10个效应进行分析。

● 竞争分析是一种博弈分析。只有当价格是创造和保持企业长期竞争优势的战略规划的一个组成部分时，通过价格获得的销售增长才与长期的盈利能力相一致。不能仅仅为了获得某个顾客的合同或者达到当前的短期销售目标就轻易减价，而必须在采取行动之前，考虑到企业的长期战略，并把长期战略与短期利益相比较，对构成博弈行为的各个要素进行逐一的、全面的分析。

✿ 主要概念和观念

▲ 主要概念

相关成本　可避免成本　贡献毛益　贡献毛益率　总的经济价值　认知替代品效应

▲ 主要观念

财务分析　顾客分析　竞争分析　博弈论

✿ 重点实务

定价分析方法的应用

⬤ **基本训练**

✿ 知识训练

▲ 简答题

1）某个商品的经济价值一定是市场上消费者的最终购买价格吗？

2）如何理解博弈行为的四个构成要素？

3）简述财务分析的主要内容。

▲ 选择题

1）对顾客的经营分析包括（　　　）。

A.存货效应分析　　　　　　　　　　B.更换效应分析

C.价格-质量效应分析　　　　　　　　D.支出效应分析

E.分担效应分析　　　　　　　　　　F.比较困难效应分析

G.最终效应分析　　　　　　　　　　H.公平效应分析

I.独特价值效应分析　　　　　　　　J.认知替代品效应分析

K.价格弹性效应分析　　　　　　　　L.心理效应分析

2）以下属于随着价格变动而影响利润水平的相关成本的是（　　　）。

A.增量成本　　　　　B.沉没成本　　　　　C.可避免成本　　　　　D.平均成本

3）竞争分析的四个要素是指（　　　）。

A.参与者　　　　B.战略　　　　C.信息　　　　D.支付　　　　E.顾客

▲ 判断题

1）博弈论是研究在博弈情境下参与者的理性行为的理论。　　　　　　（　　　）

2）企业在制定对付竞争者的政策时应着眼于企业短期的直接利益。　　（　　　）

3）如果顾客将价格作为评判商品质量的标准，则他们对价格的敏感性会很高。　　　　　　　　　　　　　　　　　　　　　　　　　　　　（　　　）

4）定价的财务分析主要是核算企业的可变成本。　　　　　　　　　　（　　　）

✿ 能力训练

▲ 案例分析

"日光/月光"光盘定价的财务分析

背景与情境：某音像公司最新推出星闪姐妹乐队的光盘，标题为"日光/月光"。有关该新光盘的成本信息如下：

CD包装及光盘（直接材料和人工）　　　　1.25美元/张

歌曲作者版税　　　　　　　　　　　　　0.35美元/张

录制者版税　　　　　　　　　　　　　　1.00美元/张

广告和促销费用　　　　　　　　　　　　275 000美元

音像公司的一般费用　　　　　　　　　　250 000美元

给CD分销商的价格　　　　　　　　　　9.00美元/张

资料来源　凯琳，彼得森. 战略营销教程与案例［M］. 范秀成，译. 大连：东北财经大学出版社，2000.

问题：

1）每张 CD 的贡献毛益率是多少？

2）CD 的盈亏平衡销售量和销售额分别是多少？

3）CD 的销售量为 1 000 000 张时的净利润是多少？

4）实现 200 000 美元的目标利润必须达到的销售量是多少？

分析要求：同第 1 章 "基本训练" 之本题型的 "分析要求"。

▲　自主学习

自主学习-Ⅳ

【训练步骤】

1）将班级同学组成若干 "自主学习" 训练团队，每队确定 1 个负责人。

2）各团队根据训练项目的需要进行角色分工。

3）通过院资料室、校图书馆和互联网，查阅 "文献综述格式、范文及书写规范要求" 和近三年关于 "竞争分析" 的学术文献资料。

4）综合和整理 "竞争分析" 最新学术文献资料，依照 "文献综述格式、范文及书写规范要求"，撰写《"竞争分析" 最新文献综述》。

5）在班级交流各团队的《"竞争分析" 最新文献综述》。

6）在校园网的本课程平台上展出经过修订并附有教师点评的各组《"竞争分析" 最新文献综述》，供学生相互借鉴。

✿　善恶研判

遭人生厌的 "大数据杀熟"

背景与情境：几个月前，一位网友曾晒出一条微博说，自己经常通过某旅行服务平台订某个特定酒店的房间，长年价格在 380～400 元。偶然一次，他通过前台了解到，淡季的价格在 300 元上下，他用朋友的账号查询后发现，果然是 300 元；但用自己的账号去查，还是 380 元。相同的酒店，对于老客户，价格却要高出一大截！他怀疑，自己是被旅行服务平台 "杀熟" 了。

这条微博发出不久就引起广泛共鸣，很多网友开始现身说法，讲述自己被 "杀熟" 的经历。有网友反映，自己用两个不同的账号在某网约车平台打车，结果常用的那个账号显示的报价远远高于新注册的账号；另有网友反映，他在某购物平台购物，发现用常用账号所看到的商品价格会更高……一时之间，"大数据杀熟" 这个词就传遍了整个网络。

据中国政法大学传播法研究中心副主任朱巍介绍，从技术角度讲，网络平台通过大数据技术的采集处理，针对每个用户的以往选择、使用偏好、个人信息等数据，做出相应的 "用户画像"，以提升消费服务的效率和用户满意度。平台获取用户行为和偏好信息的渠道，就是通过 cookie 等技术手段，不断采集用户的大数据，然后通过特定算法达到商业目的。用大数据给用户画像的技术初衷是给用户提供高效优质的服务，"大数据杀熟" 和这个初衷相悖。朱巍指出，大数据技术已经逐渐沦为侵害消费者权益的帮凶，实施价格歧视，侵害消费者知情权和公平交易的权利，消费者在不知不觉中被置于 "信息孤岛" 局面，表面看是用户自己选择想浏览的信息，实则是平台以算法推荐等方式决定用户能够看到的信息。一旦消费者被数据 "孤立"，势必会落入商家与平台"勾结"的陷阱中。缺乏全面知情权的消费者，最终也会丧失公平交易的权利。

　　资料来源　陈永伟. 平台价格歧视："杀熟"究竟为什么如此遭人厌呢？[EB/OL]. [2018-08-10]. https：//www.huxiu.com/article/258358.html?from=groupmessage.引文经过改编。

　　问题：

　　1）利用大数据定高价"杀熟"，属于哪方面的定价分析？

　　2）本案例中存在职业道德问题吗？试对上述问题做出你的善恶研判。

　　3）通过网络或图书馆调研等途径搜集你做善恶研判所依据的行业道德规范。

　　4）本案例对消费者的启示有哪些？

　　研判要求：同第 1 章"基本训练"之本题型的"研判要求"。

第8章
定价方法

▶ **学习目标**

8.1　成本导向定价法

8.2　需求导向定价法

8.3　竞争导向定价法

▶ **本章概要**

▶ **基本训练**

▶ 学习目标

通过本章的学习，你应该达到以下目标：

职业知识　学习和把握成本导向定价法、需求导向定价法和竞争导向定价法的应用条件、内容和可能对市场营销产生的影响等理论与实务知识；能用其指导或规范本章认知活动和技能活动，正确解答"基本训练"中"知识训练"各题型的相关问题。

职业能力　掌握成本导向定价法、需求导向定价法和竞争导向定价法中关于产品价格计算的具体方法；能够灵活运用上述定价方法，并通过定价方法的选择和实施为实现公司的营销目标服务；通过"商店定价方法考察"实训操作，训练学生的专业操作技能。

职业道德　结合本章教学内容，依照行业规范或标准，分析"职业道德与企业伦理8-1～8-2"和章后"摩拜共享单车按照顾客信用等级定价"案例中企业或其从业人员行为的善恶，强化企业和员工的伦理道德素养。

学习微平台

延伸阅读 8-1

引例　名创优品的定价方法

背景与情境： 近两年在逛商场过程中，可能会看到下面这样一家店，它的 LOGO 是日式风格，有点山寨优衣库的影子，它就是名创优品，号称"不到 3 年时间，已开出近 2 000 家店，年销售规模近 100 亿元"。名创主要售卖的是生活类小商品，比如化妆品、小饰品、零食、箱包、生活用品、电子产品等。

不同于在品牌上的高端形象，MINISO 名创优品在价格上坚持亲民定价原则。到过该品牌门店购物的人都知道，名创优品经营的 10 大品类 4 800 多种商品中，定价 10 元的商品几乎占据了 50% 以上的比例。它的商品定价相对同类型产品而言，大幅度地压缩了利润空间，同样品质的商品价格可能只是其他卖场的 1/4，例如由莹特丽供应的当季热门彩妆 MINI PONI 系列，单品售价仅在 25~29.9 元。

名创优品经营的产品虽然价格低廉，但其定价不仅仅是单纯地以产品成本为中心，也结合了"需求定价法"，即瞄准"图便宜"的人群，强调产品性价比，再通过渠道缩短、规模采购等策略，做到高效率、低成本，从而控制产品零售价。与此同时，它也符合"竞争定价法"的理念，名创优品采用了不同于竞争对手的差异化定位，并结合了同行业产品的价格策略，制定了相应的商品价格。

资料来源　乔芊. 1 分钟知识锦囊 | 名创优品涨价，无印良品降价，零售行业都是怎么定价的？[EB/OL].［2018-10-24］. http://www.sohu.com/a/271017501_114778. 引文经过改编。

上述案例告诉我们，名创优品的商品在定价过程中，综合考虑了成本、顾客需求及市场竞争等因素，选择了相对应的定价方法，取得了经营的成功。

企业的定价方法是指企业在特定的定价目标上，运用定价策略，对产品价格进行具体计算的方法。定价目标、定价策略与定价方法是一个有机整体，定价方法的选择正确与否，关系到企业的定价目标能否顺利实现。价格定得太低不能产生利润，定得太高又不能产生丝毫需求，而且拟定的价格必须同企业的定价政策相一致。图 8-1 归纳了企业在定价过程中应主要考虑的三个因素：产品成本决定了企业的最低价格，竞争者价格和代用品价格提供了企业在制定其价格时必须考虑的标定点，企业产品的独特性是其制定较高价格的依据和限度。企业通过考虑这三个因素中的一个或几个来选择定价方法。下面介绍的成本导向定价法、需求导向定价法和竞争导向定价法各有其长处，又各有其不足，因此企业在选择具体定价方法时，要全面掌握和了解成本、需求和竞争者等情况，从而选择适合于本企业的定价方法。

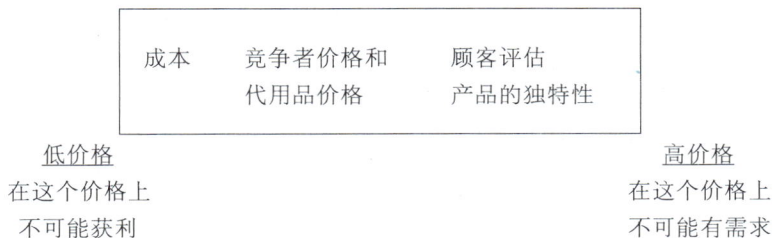

成本	竞争者价格和 代用品价格	顾客评估 产品的独特性

低价格　　　　　　　　　　　　　　　　　　　　　　高价格
在这个价格上　　　　　　　　　　　　　　　　　　在这个价格上
不可能获利　　　　　　　　　　　　　　　　　　　不可能有需求

图 8-1　选择定价方法应考虑的因素

8.1 成本导向定价法

成本导向定价法是以产品成本为中心依据来制定价格的方法。由于这一方法考虑的因素相对简单且实施简便，因此它是企业最基本、最常用的定价方法。需要特别提醒的是，成本导向定价法的隐性缺陷极大，它过于以自我为中心，不顾外部环境，"闭门造车"的结果常常是白忙一场，拿出去就面目全非，必须重新调整。成本导向定价法具体包括以下方法：

8.1.1 成本加成定价法

成本加成定价法是最基本的定价方法，是在产品成本的基础上加一个标准的加成。单位价格的计算公式为：

单位价格=单位成本×（1+加成率） (8.1)

采用这种方法制定价格，计算比较简便。例如：建筑公司提出的承包工程投标价格、律师和其他专业人员的定价，采用的都是成本加成定价法。

【例8-1】制造烤面包机的厂商期望的成本和销售额如下：

每台变动成本　　　　　　　10美元

固定成本　　　　　300 000美元

预计销售量　　　　　50 000台

单位成本=变动成本+固定成本÷预计销售量=10+300 000÷50 000=16（美元）

假设该制造商想在成本的基础上有20%的加成以获取利润，则其加成后的单位价格是：

单位价格=单位成本×（1+加成率）=16×（1+20%）=19.2（美元）

因此，该制造商可将每台烤面包机以19.2美元的价格售出，每台盈利为3.2美元。

不同的商品，加成程度不同。季节性强的产品加成往往较高（以弥补无法售出的风险），特殊品、周转慢的产品、储存和搬运费用高的产品以及需求弹性低的产品也需加成较高。另外，企业有时采用高加成是因为其有隐含成本或高变动成本。例如，光盘就是典型的高加成产品。

使用标准加成进行定价是否合乎逻辑？一般来讲，忽视当前的需求和竞争关系的任何定价方法都不大可能制定出一个最适宜的价格。

当企业引进新产品时，经常会制定高价，以快速收回成本。但若竞争者的价格很低，高加成战略就会行不通。这种情况曾发生在飞利浦的电视游戏机上。飞利浦希望每台电视游戏机都能赚钱，然而日本的竞争者定价很低，很快就占领了大量的市场份额，从而使生产成本实质性地下降。此外，如果行业内部多数企业采用这一方式定价，就会使价格趋于一致，从而使价格竞争降到最低程度。但是，成本加成定价法忽视了市场需求和竞争因素。事实上，需求和竞争情况会直接影响产品的销售量，而成本加成定价法通过先估计产销量来确定单位成本，再加上加成来确定售价，因此定价后的实际销售量很可能会和估算单位成本时的预计销售量不符。因此，成本加成定价法一般适用于卖方市场。

成本持续上涨，快递费涨价已属必然

背景与情境： 在 2018 年"双十一"来临之前，圆通和韵达上调全国各网点到达上海地区的快件派送费，上调幅度为 0.5 元/单，国内知名的"四通一达"五大快递公司的另外三家——中通、申通、百世汇通纷纷跟进，将上调快递派送费。实际上，这并不是快递企业第一次在"双十一"到来之际调价。2015 年"双十一"之前，中通、申通、圆通和韵达都曾下发内部通知，将每单派送费最低标准上调至 2 元。去年，中通快递与韵达股份于 10 月宣布上调快递费用。那什么原因促使快递公司纷纷涨价呢？

据了解，成本的上升导致快递企业不得不提价。人力成本的上升已是众所周知的，各地在不断提高最低工资标准，五险一金政策不断收紧，这都导致人力成本的持续上涨，几大快递企业提高一线城市的派件费是人力成本上涨的又一个证明；物料成本也在上升，例如：受制于纸张材料的不断上涨，纸箱价格也在不断上涨，燃油价格上涨也在推升运输成本。在这些成本的快速上升之下，快递公司呈现出增量不增收的局面，"四通一达"都出现了快件单价逐渐下滑的情况，2017 年圆通的业绩显示营收同比增长 18.82%，而净利润却仅增长了 5.16%。

资料来源　佚名. 成本持续上涨，快递费涨价已属必然［EB/OL］.［2018-09-27］. https：//www.sohu.com/a/256501493_816128. 引文经过改编。

问题： 因成本上升致使快递费用持续上涨，对快递公司有何影响？

分析提示： 人力、物料及燃料成本的上涨，压缩了利润空间，致使快递公司的经营压力增大。快递公司在涨价的同时，还应该考虑需求及竞争的因素，需要通过精细化管理以降低成本赢得市场竞争，需要提升快递服务质量赢得客户满意。

8.1.2　目标利润定价法

目标利润定价法是另一种面向成本的定价方法。企业试图确定这样一个价格，即这一价格可以给企业带来正在追求的利润。通用汽车公司使用目标定价法，把汽车价格定得使它的投资能取得 15%～20% 的利润。这种定价方法也被公用事业单位采用，这些单位要受到投资活动只能获得一个公允报酬的限制。目标利润价格的计算公式为：

目标利润价格=单位成本+目标利润×投资成本÷销售量　　　　　　　　（8.2）

【例 8-2】 承【例 8-1】，制造烤面包机的厂商投资 100 万美元，想要制定能获得 20% 利润率（20 万美元）的价格，计算目标利润价格。

目标利润价格=16+20%×1 000 000÷50 000=20（美元）

如果公司的成本和预测的销售量都计算得很准确，那么这家制造商就能实现 20% 的投资报酬率。

8.1.3　目标贡献定价法

目标贡献定价法是以可变成本为基础制定价格的方法，其关键是要确定单位产品贡献。采用这种定价方法的企业仅计算成本中的变动成本，而不计算固定成本，并以预期的目标贡献适当补偿固定成本。所谓**目标贡献**，是指预计的销售收入减去变动成本后的收益。如果这个目标贡献不能完全补偿固定成本，就会出现亏损。但在某些企

业，只要产品的销售价格大于单位变动成本，就存在目标贡献；若目标贡献超过固定成本，企业就能获得盈利。单位产品贡献的计算公式为：

单位产品贡献=单价−单位可变成本 　　　　　　　　　　　　　　　　　(8.3)

目标贡献定价法的指导思想是不论市场情况如何，固定成本已经发生，就可以不必考虑，只需考虑变动成本。单位产品的销售收入在补偿变动成本后，就能为企业带来贡献。这种贡献可能是对固定成本的补偿，也可能是现实的盈利。

【例8-3】某企业年生产能力为10万件，固定成本为1 800万元，单位可变成本为360元。2014年，企业以600元/件的价格销售了10万件。2015年市场情况恶化，1—10月企业只有5万件订单，价格为每件600元；11月，一个客户要求以7.5折订购3万件。企业是否该接受订单？

2014年单位产品贡献=600−360=240（元/件）

年贡献=240×100 000=24 000 000（元）=2 400（万元）

其中，1 800万元用于弥补固定成本，600万元为盈利。

2015年1—10月单位产品贡献=600−360=240（元/件）

2015年1—10月总贡献=240×50 000=12 000 000（元）=1 200（万元）

新订单贡献=（600×0.75−360）×30 000=2 700 000（元）=270（万元）

如果企业不接受新订单，则2015年1—10月的贡献额用于弥补固定成本后，企业将亏损600万元；如果接受新订单，则企业可以减少亏损270万元，即2015年亏损330万元。

目标贡献定价法有利于企业选择市场价格。对于需求弹性较大的商品，如果市场竞争过于激烈，则企业可以采用低于单位成本但高于单位变动成本的价格参与竞争，从而提高企业的竞争能力。企业还可以根据各种产品贡献的大小来安排企业的生产能力，以实现最佳产品组合，充分利用企业资源。

8.1.4 边际成本定价法

边际成本定价法是企业在销售最后增产的那部分产品时，以边际成本为基础制定价格的方法。**边际成本**是指企业在原有产品的基础上多生产一单位产品所支出的追加成本。当市场供过于求、竞争激烈时，企业在推销最后增加的那部分产品时，往往以边际成本为基础计算销价，以提高市场竞争能力。边际成本的计算公式为：

边际成本=（计算期总成本−基期总成本）÷（计算期产量−基期产量）

=计算期总成本增量÷计算期产量增量 　　　　　　　　　　　　(8.4)

【例8-4】某企业每月生产某种商品10 000个，总成本为130 000元，单位产品成本为13元。当产量翻一番时，总成本为220 000元。计算增加的10 000个产品的边际成本。

边际成本=（220 000−130 000）÷（20 000−10 000）=9（元）

以边际成本为基础定价，有利于提高企业经营的灵活性和市场竞争力，有利于挖掘企业的生产潜力，使企业资源得到充分利用。

8.1.5 收支平衡定价法

收支平衡定价法是利用盈亏平衡点的原理来定价的一种方法。盈亏平衡点又称盈亏分界点、保本点。产品的销售若达到平衡点，企业就可实现收支平衡。这是侧重于保本经营的定价方法。在市场不景气的情况下，保本经营比停业的损失要小得多。收支平衡定价法的计算公式为：

收支平衡保本单位价格=应摊固定成本÷总产量+单位产品变动成本　　　　　　　　(8.5)

保本产量=应摊固定成本÷（单位产品价格−单位产品变动成本）　　　　　　　　(8.6)

【例 8-5】某企业的某项产品年应摊固定成本为 180 000 元，每件产品的单位变动成本为 50 元，如果销量可望达到 6 000 件，计算其收支平衡价格。

收支平衡保本单位价格=180 000÷6 000+50=80（元）

收支平衡定价法的缺点：第一，市场的产品销售量难以控制，因为它取决于市场的供求关系；第二，只有超过预测销售量的部分才可取得利润，所以如果市场供求的波动较大，就很难保证获得预期利润。

◆ **职业道德与企业伦理 8-1**

维护顾客的利益比照顾顾客的面子更重要

背景与情境：某天，地处延平北路的新华皮鞋公司门口，挂出了"不二价"的特大招牌，这在当时的延平北路可谓冒着很大的风险。因为当时人们到延平北路买东西时，厂商们都把售价提高 2 倍左右，以便还价时给折扣。新华皮鞋公司实施"不二价"不久，虽然很多顾客对它的皮鞋非常中意，可总觉得照价付钱亏了，许多眼见成交的生意都吹了。新华皮鞋公司老板认为"顾客会货比数家，再来'新华'的"，便决定再挺一阵子。果然不出所料，时隔不久，新华皮鞋公司门庭若市。许多顾客到可以还价的商店购买，打折后皮鞋的价格往往仍比新华皮鞋公司的价格高，因此顾客们纷纷回头光顾"新华"。

问题："不二价"是否有碍讨价还价？

分析提示：不是。"不二价"是一种定价策略。"不二价"交易简单，并容易使人产生企业信誉高的心理。

8.2　需求导向定价法

需求导向定价法是以消费者对产品的需求强度、对产品价值的理解和对价格的承受能力为基础制定价格的一种方法。价格是否合理最终要得到消费者的评判，只有当价格与消费者的理解价值相吻合时，消费者才会实现其购买行为。然而，需求导向定价法中较难做好的一点是：如何准确把握市场需求。尽管把握市场需求的手段很多，如市场调研、数据分析等，但把握市场需求绝对要比估算自己的成本复杂得多。

8.2.1　认知价值定价法

认知价值定价法是根据消费者对产品的理解价值来定价的方法，其关键是准确计算消费者对产品价值的理解程度，这一程度决定了市场能接受的价格限度。为了准确把握消费者所理解的价值，必须进行市场调研。要提高消费者的认知价值，必须增加服务项目，提高服务质量和产品质量，进行有效的沟通、传播等。越来越多的企业开始把产品的价格建立在消费者对产品的认知价值的基础上。企业利用在营销组合中的非价格变量在消费者心目中建立起认知价值，价格就建立在捕捉住的认知价值上。

认知价值定价法与现代产品定位思想能够很好地适应起来。企业以计划好的质量和价格为一个特定的目标市场开发一种产品概念。在这种情况下，企业应估计一下它期望以这种价格出售的商品数量，这表明企业要估计必需的工厂生产能力、投资额和单位成本。此外，企业还要算出按计划的价格和成本，产品能否产生一个令人满意的利润。若回答是肯定的，企业就进行产品开发，否则就要放弃这种构思。

两个主要实施认知价值定价法的企业是杜邦公司和卡特彼勒公司。杜邦公司确定价格的基础不是成本而是顾客价值。当杜邦公司为地毯业开发了新合成纤维时，其向地毯制造厂商们论证：厂商们能够负担得起杜邦公司每磅1.40美元的新纤维的价格，并且依然能获取当期利润。杜邦公司称此为价值在使用中的价格。然而，杜邦公司意识到新原料以每磅1.40美元定价将使市场对这种新原料不感兴趣，所以又制定了一个低于1.40美元的价格，这个价格取决于杜邦公司所需要的市场渗透率，杜邦公司没有用其单位制造成本去制定这个价格，而是首先判断继续生产是否会有足够的利润。

◆ 同步案例8-2

顾客愿意接受的较高价格

背景与情境：卡特彼勒公司利用认知价值观念为它的产品制定价格。卡特彼勒公司定价每台拖拉机为100 000美元，虽然其他公司同样的拖拉机可能定价为90 000美元，而卡特彼勒公司却会获得比竞争者更多的销售额！当一个潜在的顾客问一位卡特彼勒公司的经销商为什么他要为卡特彼勒公司的拖拉机多付10 000美元时，这个经销商回答说：

90 000美元——拖拉机的价格，这仅是相当于竞争者的拖拉机价格；

7 000美元——为产品优越的耐用性增收的溢价；

6 000美元——为产品优越的可靠性增收的溢价；

5 000美元——为优越的服务增收的溢价；

2 000美元——为零配件的较长期的担保增收的溢价；

110 000美元——包括一揽子价值的价格；

–10 000美元——折扣额；

100 000美元——最终价格。

问题：顾客为什么愿意出较高的价格购买卡特彼勒公司的拖拉机？

分析提示：卡特彼勒的经销商向顾客解释了为什么卡特彼勒的拖拉机价格高于竞争者的价格，这使顾客认识到虽然他要为卡特彼勒公司的拖拉机付10 000美元的溢价，但事实上他得到了10 000美元的折扣！因此顾客最终选择了卡特彼勒公司的拖拉机，因为他确信卡特彼勒公司的拖拉机在使用期内的操作成本将较小。

◆ 同步思考8-1

实行认知价值定价法应注意什么问题？

答：实行认知价值定价法的关键是准确确定市场对所提供价值的认知。对自己提供的价值产生夸张自满看法的卖主会把其产品的价格定得过高，或者其可能对认知价值估价过低，而使定价低于产品能够达到的价值。因此，作为有效定价的一种指南，市场调研是必需的。

8.2.2　价值定价法

还有些企业采用了价值定价法，即用相当低的价格出售高质量的供应品。价值定价法认为，价格应该代表了向消费者供应高价值的产品。

价值定价的一个重要形式是"天天低价"（everyday low price，EDLP），其产生于零售商店。一个采用"天天低价"的零售商不会实行暂时的短期折扣行为，这种经久不变的价格防止了每周价格的不确定性，并能与竞争者的"高-低"定价法形成鲜明对比。在"高-低"定价法中，零售商在平时采用较高的售价，但经常临时用比"天天低价"还要低的售价来促销产品。这种"高-低"定价法出现在 20 世纪 70 年代早期，当时正是高通货膨胀的后期，商品价格开始下降，食品制造商不愿意降低它的通胀定价，从而采用让利给某些产品的零售商的做法，这些折扣由零售商降价再转移给消费者，消费者进行价格比较后购买。但近年来，"高-低"定价法已让路于"天天低价"。"天天低价"之王当之无愧应属沃尔玛，实际上是沃尔玛界定了这个术语。除了对极少数商品在每月价格上会有所调整外，沃尔玛在主要品牌上实行"天天低价"。一个沃尔玛的经理说："这不是一个短期战略，你必须承担义务，你必须保持比'天天低价'还要低的费用率。"

然而，"天天低价"并非总是成功的。西尔斯公司的"天天低价"是 1989 年推出的，但它失败了。西尔斯公司并没有用降低成本的方法来缓冲业务的下降，而消费者在等待中希望看到其业务的上升。沃尔玛能够坚持"天天低价"政策是因为它的费用只占销售的 15%；而西尔斯公司要花费 29% 才能抵销它的管理费、占用费和其他成本。最后，西尔斯公司的失败还在于它不能保证其"天天低价"实际上低于竞争者，并且它的降价广告使顾客失去了信任感。结果，西尔斯公司要求同业推行每天公平定价，主张商人应该努力给顾客提供一个长期和公平的价格而较少降价。

学习微平台

延伸阅读 8-2

8.2.3　需求差异定价法

需求差异定价法是指以不同时间、地点、消费者群、产品的差异为主要依据制定价格的方法。企业常常会修改它们的基价以适应在顾客、产品、地理位置等方面的差异。需求差异定价法描述了这样一种情况，即企业以两种或两种以上不反映成本比例差异的价格来推销一种产品或者提供一项服务。需求差异定价法有以下几种形式：

1）以顾客为基础细分定价

在这种情况下，对于同一种产品，企业可根据消费者的需求强度的不同和内行程度的不同，而制定不同的价格。例如，博物馆对学生和年长的公民收取较低的进入费用。轮胎生产企业卖给汽车厂的产品价格便宜，因为需求弹性大；卖给一般用户的产品价格贵，因为需求弹性小。

2）以产品式样为基础定价

在这种情况下，产品的式样不同，制定的价格也不同，这个价格是以产品式样为基础的差别定价，但是价格上的差异与成本不成比例。例如，某厂生产的浴霸有两种型号：普通型和豪华型。由于两种产品的成本不同，因此售价也不同，豪华型浴霸的价格要高于普通型浴霸，而消费者对于两种产品的需求程度也不同。又如，依云公司生产的 48 盎司瓶装矿泉水售价为 2 美元，同样的水装在 17 盎司的瓶内，但加上一个蒸汽喷雾器，则售价为 6 美元。

3）以形象为基础定价

有些企业根据不同的形象，给同一种产品定出两个不同的价格。例如，一个香水制造商可以将香水装入一种瓶子，予以命名并树立形象，每盎司定价10美元；然后用一种花式瓶子装上这种香水，予以不同的名字和形象，每盎司定价30美元。

4）以地点为基础定价

在这种情况下，不同的地点可制定不同的价格，即便所提供的每个地点的成本是相同的。因为同一种商品在不同地理位置的市场上存在不同的需求强度，所以就应该制定不同的价格。例如，一个戏院按不同的座位收取不同的票价，戏院里前排、中排、后排和边座的票价是不同的，因为观众偏爱某些座位。

5）以时间为基础定价

在这种情况下，不同日期，甚至不同钟点，都可以制定不同的价格。一些公用事业公司，对于商业用户按一天的不同时段，以及按周末与周内其他不同日子的标准来收费。时间定价的一种特定形式是占位定价，旅馆和航空公司为了保证高占位率，所以常常采用这种形式。例如，游船为了保证满座，在开航前2天购票可以降价。又如，电视广告在黄金时段播出收费最高，其余时间收费较低。

实行这种差别定价，必须具备一定的条件：第一，市场必须能够细分，而且这些细分市场要显示不同的需求程度。第二，付低价的细分市场经销者不得将产品转手或转销给付高价的细分市场。第三，在付高价的细分市场中，竞争者无法以低于本企业的价格出售。第四，细分和控制市场的费用不应超过差别定价所取得的额外收入。第五，实践这种定价不应该引起顾客的反感和敌意。第六，差别定价的特定形式不应是非法的。

8.2.4　反向或可销价定价法

反向或可销价定价法是指根据估定的市场可销零售价倒推计算批发价、出厂价的一种定价方法。这种定价方法的计算公式为：

出厂价=市场可销零售价×（1-批零差率）×（1-进销差率）　　　　　　　　　　(8.7)

【例8-6】某商品经市场调查确定，消费者可以接受的零售价格为12元，以往这类商品批发企业与厂家的进销差率为6%，批零差率为8%。若采用反向或可销价定价法，则该产品的出厂价应定为多少？

该产品的出厂价=12×（1-8%）×（1-6%）

=12×0.92×0.94

=10.38（元）

反向或可销价定价法适用于需求弹性较大、花色品种翻新较快的商品。其优点是能反映市场供求关系，有利于开拓销售渠道，企业可根据市场供求状况及时调整定价；缺点是对市场可销零售价难以进行准确估计。

▶ **教学互动8-1** ◀

互动问题：假如你公司经营一种日用消费品，试运用需求差异定价法分析如何制定该商品的不同价格。

要求：同"教学互动1-1"的"要求"。

8.3 竞争导向定价法

竞争导向定价法是一种以竞争者产品的特性与价格为定价的中心依据，以竞争状况的变化来确定和调整价格的方法。竞争导向定价法增加了在竞争中需考虑的因素，因此对现实世界的把握更加精确，成功的胜算自然更大。

8.3.1 通行价格定价法

通行价格定价法是竞争导向定价法中最流行的一种方法。它的定价原则是使本企业产品与市场主流产品的价格保持一致。这种方法能被广泛应用是因为：人们认为通行价格是比较合理的价格，能被消费者接受；企业可与竞争者和平共处，可避免激烈的竞争产生的风险；在通行价格条件下，企业的价格可能与其主要竞争者的价格相同，也可能高于或低于竞争者的价格。在少数制造商控制市场的行业中，如生产钢铁、纸张、化肥等商品的企业，通常采取相同的价格。那些小型企业是"跟随领先者"的，它们变动自己的价格，与其说是根据自己的需求变化或成本变化，不如说是根据市场领先者的价格而变动。

通行价格定价法是相当常见的方法。在测算成本有困难，或竞争者不确定时，通行价格定价法为企业指出了一个有效的解决办法。从这种价格所产生的一种公平的报酬和不扰乱行业间的协调这点而论，通行价格定价法被认为反映了行业的集体智慧。通行价格定价法主要适用于匀质产品，如食物、纸张、钢铁、肥料等。

8.3.2 密封投标定价法

竞争导向定价法也支配了一些对工程进行投标的企业。企业定价的基点与其说是依赖于对企业成本或需求的密切联系，不如说是取决于预期的竞争者将制定怎样的价格。某企业想要赢得某个合同，这就需要它制定比其他企业更低的价格。同时，企业不能将价格定得低于成本。投标价格是根据对竞争者的报价估计确定的，而不是根据成本或市场需求制定的。企业参加投标，能否中标在很大程度上取决于企业与竞争者投标报价水平的比较。因此，投标报价时要尽可能准确地预测竞争者的价格，并且要正确估算完成招标任务所耗用的成本，这样才能确定最佳报价。

◆ 同步案例 8-3 ◆

背景与情境：某公司的不同定价对期望利润的影响见表 8-1。

表 8-1　　　　　某公司的不同定价对期望利润的影响　　　　金额单位：美元

公司的出价	公司的利润	出价的中标率	期望利润
9 500	100	0.81	81
10 000	600	0.36	216
10 500	1 100	0.09	99
11 000	1 600	0.01	16

问题：你认为该公司最理想的出价是多少？为什么？

分析提示：假设出价为 9 500 美元，那么公司很有可能得到此合同，但只能产生低利润，所以这个投标的期望利润是 81 美元。如果出价为 11 000 美元，公司的利润将是 1 600 美元，但它得到这个合同的机会会降低，所以期望利润将仅仅是 16 美元。最佳的出价应是能够获取最大期望利润的出价，即出价 10 000 美元时，期望利润是 216 美元。

对于经常参加投标的大企业来讲，利用期望利润作为一种出价标准来制定价格是很有意义的。在竞争中做出一些让步，从长远来看，企业将取得最大的利润。只是偶然出价的企业或者需要某一具体合同的企业利用期望利润作为一种出价标准来制定价格，则不是很有利。例如，这个出价标准不能分辨以 0.10 中标率获得 1 000 美元的利润和以 0.50 中标率获得 125 美元的利润之间有什么不同。然而，那些想保持继续生产的企业宁可选择第二个出价标准，也不愿意冒无法中标的风险。

密封投标定价法的关键在于掌握报价和中标概率之间的关系，报价应该选择中标概率大、报价又高于成本的区间，其选择的指标主要是预期利润。

◆ 同步业务 8-1

假设你的公司过去严格按照成本定价。作为新任的营销经理，你认为应该改变这种定价方法吗？请给总裁写一份备忘录说明原因。

业务分析：

成本定价变更为竞争导向定价或需求导向定价。

业务程序：

首先，搜集信息，包括目前本公司定价方法的缺陷，其他定价方法的优势和实行的必要性、可行性等。

其次，参照格式范本，构思如何撰写备忘录。

最后，撰写备忘录。

◆ 同步思考 8-2

成本导向定价法、需求导向定价法、竞争导向定价法的实用性权重应怎样排列？

答：三种定价方法的实用性权重依次是：竞争、需求、成本，然而许多企业的实际做法常常是成本、竞争、需求。

◆ 职业道德与企业伦理 8-2

赵阅道出"奇招"稳定大米市场

背景与情境：赵阅道是北宋名臣，他在越州任知府时，有一年两浙先闹旱灾又遇蝗灾，粮食严重歉收，供需缺口巨大，市场上米价暴涨，饿死的人越来越多。如何度过灾荒保障民生？当时各州的知府都在交通要道张贴布告，严禁商人趁机抬高米价。赵阅道却反其道而行之，明示州内外有米的商人尽可自行定价销售。没过多久，越州境内就出现了供应充足、米价平稳的良好局面。

其他州县严禁商人自行定价，黑市米价依旧居高不下；越州允许高价售米，米价却很快回落，道理何在？因为商人见有利可图，纷纷跨州越县，把其他地方的米贩运过来，越州米多了，其价格自然趋于公允。

问题：赵阅道出"奇招"遏制奸商疯抬米价，说明了什么道理？

分析提示：赵阅道的这一举措充分尊重了价值规律。市场经济的核心就是通过价值规律发挥作用，让市场趋于完全竞争状态，由"看不见的手"即价格机制创造一个公允价格，以此来协调生产者、销售者、消费者三方的利益。

◆ **教学互动8-2** ◆

互动问题：如果你要出租自己的住房，请运用本章所学的定价方法，讨论如何确定房屋的月租金。

要求：同"教学互动1-1"的"要求"。

✾ **本章概要**

✿ **内容提要**

• 在现代市场营销中，尽管非价格因素的作用在增长，但价格仍是营销组合中的一个重要因素，定价方法的选择正确与否，关系到企业的定价目标能否实现。

• 成本导向定价法是以产品成本为中心依据来制定价格的方法，包括成本加成定价法、目标利润定价法、目标贡献定价法、边际成本定价法和收支平衡定价法。

• 需求导向定价法是以消费者对产品的需求强度、对产品价值的理解和对价格的承受能力为基础制定价格的一种方法。

• 竞争导向定价法是一种以竞争者产品的特性与价格为定价的中心依据，以竞争状况的变化来确定和调整价格的方法，包括通行价格定价法和密封投票定价法。

✿ **主要概念和观念**

▲ **主要概念**

目标贡献 边际成本 需求导向定价法

▲ **主要观念**

成本导向定价法 需求导向定价法 竞争导向定价法

✿ **重点实务**

运用三种定价方法确定商品价格

✾ **基本训练**

✿ **知识训练**

▲ **简答题**

1）什么是成本导向定价法？它包括哪几种方法？

2）认知价值定价法有哪些适用条件？

3）成本加成定价法的缺点是什么？

4）竞争导向定价法的优点是什么？

5）为什么对管理人员来说了解盈亏平衡点的概念很重要？这个概念有什么缺点吗？

6）你认为"天天低价"可以解决批量交易的问题吗？为什么很多厂商坚持"天天低价"？

▲ **选择题**

1）概括地说，定价方法主要包括（　　　）三种。

A.成本加成定价法   B.目标利润定价法

C.成本导向定价法   D.需求导向定价法

E.需求差异定价法   F.竞争导向定价法

2）根据消费者对产品的理解价值来制定价格的方法是（   ）。

A.价值定价法   B.成本加成定价法

C.认知价值定价法   D.目标贡献定价法

3）需求差异定价法的形式包括（   ）。

A.以顾客为基础细分定价

B.以产品式样为基础定价

C.以形象为基础定价

D.以地点为基础定价

E.以时间为基础定价

4）对于需求弹性较大的商品，如果市场竞争激烈，可采取的定价方法是（   ）。

A.目标利润定价法   B.目标贡献定价法

C.价值定价法   D.边际成本定价法

E.竞争导向定价法

5）竞争导向定价法中最流行的一种定价方法是（   ）。

A.通行价格定价法   B.密封投标定价法

C.可销价定价法   D.需求差异定价法

E.边际成本定价法

▲ 判断题

1）成本加成定价法一般适用于卖方市场。   （   ）

2）侧重于保本经营的定价方法属于成本导向定价法的范畴。   （   ）

3）采用认知价值定价法的关键是准确把握消费者对产品价值的理解程度。   （   ）

4）"天天低价"是价值定价法的一种重要形式。   （   ）

▲ 计算题

1）某小家电有限公司投资90万元生产电饭煲，预期的成本和销售额如下：

单位变动成本   20元

固定成本   300 000元

预计销售量   15 000台

如果想获得15%以上的利润，该电饭煲的价格最低应定为多少？

2）某企业通过市场调查，确定消费者对其经销的某种商品可以接受的零售价格为26元。以往这类商品批发企业的进销差率为10%，批零差率为12%。若采用反向或可销价定价法，则该商品的出厂价应定为多少？

⚙ 能力训练

▲ 案例分析

案例一 成本导向定价法计算实例

背景与情境： 某企业年生产能力为12万件，固定成本为900万元，单位可变成本为180元。2017年，该企业以每件320元的价格销售了11.6万件。2018年，市场情况发生了变化，1—9 月企业只有 6 万件订单，价格为每件 312 元；10 月，一客户要求以 7 折订购 5 万件。

问题：

1）2017 年该企业的盈利状况如何？

2）2018 年前 9 个月该企业的总贡献是多少？

3）该企业是否应该接受 7 折购买 5 万件这一订单？

分析要求：同第 1 章"基本训练"之本题型的"分析要求"。

案例二　丰田凌志"高调挑战"梅赛德斯

背景与情境：丰田公司认为，全世界有许多消费者想买也能买一辆价格不那么昂贵的高档汽车。过去，许多人因为梅赛德斯的性能和气派而想买它，但又认为这种豪华汽车的价格过高。这启发了丰田公司开发一种新车，这种新车能令人信服地与梅赛德斯比较，却定位在一个较低的价格水平上。购买者会感到他们是"聪明的"买主，没有白白扔了钱而只换来些气派。丰田的这款新车就是凌志，它有着精心塑造的外形、引人注目的优雅及奢侈豪华的内饰。在它最初的一个广告中，丰田将凌志画在梅赛德斯旁并写下标题——"历史上第一次用 73 000 美元的汽车换取 36 000 美元的汽车而获得更高的价值"。丰田经销商为凌志推出各种展销陈列室，那儿有宽敞的空间、鲜花、免费咖啡及专业的销售员。汽车生产商还列出了准顾客清单，并送给他们一盒包装精美的 12 分钟录像带，录像带淋漓尽致地展现了凌志的性能。例如，录像带中显示一名工程师将一杯水放在一辆梅赛德斯和一辆凌志的引擎盖上，当发动汽车引擎时，水杯仅在梅赛德斯的引擎盖上摇晃，从而说明凌志具有更可靠的发动机并提供更平稳的驾驶。早先的凌志购买者不仅非常满意这款车，还很高兴地向他们的朋友介绍他们的新车，他们已成为公司最好的义务推销员。

问题：梅赛德斯面临什么困境？梅赛德斯应采取哪些可能的行动以响应凌志提出的挑战？

分析要求：同第 1 章"基本训练"之本题型的"分析要求"

▲　**实训操练**

实训项目：某商店定价方法的考察。

实训步骤：

1）将班级学生分成若干小组，每组 4 人，并确定 1 个负责人。

2）各组学生结合操练项目，进行分工协作。如果可能的话，小组中的每个成员应访问不同类型的商店（如便利店、大型超市、专卖店、单独经营商店）。

3）各组学生以本章"定价方法"实务教学内容为业务规范，进入角色，体验本项目模拟实训的全过程。

4）各组学生记录本次模拟实训的情境与步骤，总结实训操练的成功经验、存在的问题及解决的办法，在此基础上撰写《商店定价方法考察实训报告》。

5）在班级讨论交流、相互点评与修订各组的《商店定价方法考察实训报告》。

6）在校园网的本课程平台上展出经过修订并附有教师点评的各组《商店定价方法考察实训报告》，供学生相互借鉴。

✿ 善恶研判

摩拜共享单车按照顾客信用等级定价

背景与情境： 2018年，海淀法院在审理一起摩拜单车乱停乱放的案件过程中发现，共享单车在停放秩序方面确有可改进的空间，并据此向摩拜公司发送了司法建议。摩拜公司在回函中表示，其研讨并上线了新版的信用分系统，高信用等级可以获得更高的现金红包奖励以及优先体验摩拜推出的最新服务；如果用户出现不文明用车行为，其信用分降为一般等级，摩拜将会以当前单价的双倍向用户收取骑行费；而当信用等级降为较差级别时，收取的骑行费将会变为每30分钟100元。

有网友认为，按信用等级定价不失为解决共享单车乱象的好办法，信用越差的用户骑行价格越高，这实际上人为形成了价格歧视，相当于提高了他们犯错的经济成本。以最高的半小时100元来说，违章犯错一次的成本提高了近百倍。根据价格需求曲线，随着价格的快速上升，用户的需求会呈现出急剧下降的趋势。届时，大部分信用差的用户就会被迫放弃共享单车，而选择公交、打车甚至步行等解决方案，或者干脆自己买辆自行车。摩拜就可以将这些非目标用户逐渐过滤并排斥出去，从而减少乱停乱放的次数，达到降低整体运营成本的目的。

但也有人对摩拜按信用等级定价提出了质疑：第一，摩拜此举是否合法合规，摩拜单车是收取押金的，这可以看作消费者事实上的信用抵押。再用信用等级定价，属于不平等条约，凭什么信用差一些的用户其服务价格就报得更贵？第二，从共享单车进入市场以来，"共享单车垃圾场"现象已经屡见不鲜。运营商并没有积极去回收。一方面，回收成本过高，另一方面仅仅消费者每次使用单车的费用就让运营商有利可图，所以对于单车的乱停乱放，运营商根本不在乎。所以，按照信用等级定价真能改善诸如乱停乱放等不规范行为的问题吗？

资料来源　佚名. 按信用差异化定价能让共享单车走向规范吗？[EB/OL]. [2018-02-23]. http://tech.sina.com.cn/csj/2018-02-23/doc-ifyrswmv2844851.shtml. 引文经过改编。

问题：

1）你同意摩拜单车按照顾客信用等级进行定价吗？请说明理由。

2）本案例中摩拜企业存在职业道德问题吗？试对上述问题做出你的善恶研判。

3）通过网络或图书馆调研等途径搜集你做善恶研判所依据的行业道德规范。

4）本案例对消费者的启示有哪些？

研判要求： 同第1章"基本训练"之本题型的"研判要求"。

第9章
定价策略

▶ **学习目标**

9.1　新产品定价策略

9.2　价格调整定价策略

9.3　产品组合定价策略

▶ **本章概要**

▶ **基本训练**

▶ **学习目标**

通过本章的学习，你应该达到以下目标：

职业知识　学习和把握各种定价策略的内涵、作用及应用条件等理论与实务知识；能用其指导或规范本章认知活动和技能活动，正确解答"基本训练"中"知识训练"各题型的相关问题。

职业能力　学会分析不同定价策略可能对市场营销行为产生的影响；能够灵活运用学过的定价策略，并选择和实施相应的定价策略，从而为实现公司的定价目标服务；通过搜集、整理与综合"价格调整定价策略"的前沿知识，撰写、讨论与交流《"价格调整定价策略"最新文献综述》，培养"定价策略"中"自主学习"的通用能力。

职业道德　结合本章教学内容，依照行业规范或标准，分析"职业道德与企业伦理9-1～9-2"和章后"女车主愤怒曝光4S店捆绑销售行为"案例中企业或其从业人员行为的善恶，强化企业和员工的伦理道德素养。

学习微平台

延伸阅读9-1

引例　新零售的"黑科技"：根据顾客心情自动定价

背景与情境：在 12 月 20 日召开的"2017 云栖大会北京峰会"上，一家应用"黑科技"的实体店受到人们的关注。据悉，这是阿里云和三只松鼠的最新合作成果——三只松鼠投食店，实现了感知零售的应用，商品可以根据顾客的心情自动定价。

在会上，主办方展示了三只松鼠新一代投食店的应用场景：从消费者进入三只松鼠的线下投食店开始，后台大数据系统便开启设置在店内的摄像头，三只松鼠的会员卡系统就会瞬间启动。当消费者走近货架时，后台系统会通过货架摄像头，对会员的心情、手势以及会员等级进行探知，电子标签则自动为消费者定价。

此外，如果后台系统通过文本语义分析，检测到顾客最近几次来店都心情不佳，松鼠玩偶还会给顾客一个大大的拥抱，甚至送上一份小礼物，让人与人的连接更有温度。

资料来源　佚名. 三只松鼠开了家黑科技门店　商品根据顾客心情自动定价［EB/OL］.［2017-12-20］. http://www.chinasspp.com/News/Detail/2017-12-20/400705.htm. 引文有删减。

可见，案例中根据客户心情自动定价，不仅是人工智能在商业场景中的应用，也是一种新零售业态在加强线下体验中的定价策略。

人们常说策略不仅是一门科学，还是一门艺术。定价策略也是一门艺术，尽管我们总是尽可能地以对价格的精确估算为依据，但实际上我们又不得不常常依靠灵感或直觉做出判断并以此来选择具体的定价策略，这就是人们常说的定价策略的艺术性所在。

策略是什么？策略是一种具体的行动。定价策略就是公司为了实现其战略总目标和各项分目标所采取的一种具体行动。每个具体的定价行动都是针对与之相适应的营销实际背景，在综合考虑各种影响定价的因素的前提下所采用的一种灵活战术。

9.1　新产品定价策略

新产品定价策略适合于产品生命周期处于导入期的新产品的定价。

9.1.1　取脂定价策略

"取脂"或"撇脂"一词来自短语"从生日蛋糕的顶端取出（或撇去）奶油"。**取脂定价策略**，又称撇脂定价策略，它是一种高价格策略，是指厂商在新产品上市的初期把价格定得较高，以便在较短的时期内可以收回全部投资，获得利润。当产品进入生命周期的后期，或高价吸引了更多的竞争者进入市场时，企业就应以低价出售产品，从而进一步扩大市场份额。取脂定价策略可以看成一个时间上的差别定价。在新产品上市的时候，厂商针对收入较高的消费者，向他们索取较高的价格，对于这部分消费者，价格弹性较小。随着时间的推移，厂商再采取逐渐降低价格的策略，以争取大量对价格较敏感的收入较低的消费者，由此获得更高的利润。

通常，取脂定价策略适宜在以下几种场合使用：

第一，产品从设计到实际投产有足够长的时间，当产品以高价出售时，竞争者或替代品来不及很快进入市场。

第二，初期的高价格能给消费者以产品高档、质量可信的印象，使消费者认为高价格是合理的。

第三，适用于创新型产品，具体地说，这种策略适用于技术独特、不易仿制、有专利保护、生产能力不能迅速扩大的新产品。

◆ **同步案例9-1** ◆

干式复印机的定价策略

背景与情境：美国施乐公司1946年研制出了干式复印机——施乐914型复印机。当时市场上所有的复印机均为湿式，湿式复印机在使用时，必须采用专门涂过感光剂的复印纸，印出来的文件还是湿漉漉的，十分麻烦。相比之下，干式复印机就便利得多了，不仅可以直接印出干燥的文件，而且成本也不高。为了打入市场，让更多的顾客了解干式复印机的优点，公司老板威尔逊打算把首批产品以成本价格进行推销。

此时，他的律师建议道："这是倾销，是法律所不允许的。"威尔逊听了很受启发，于是他决定把价格定为29 500美元/台。这个价格比成本高10多倍，似乎"涨"得太多，但威尔逊自有理由。他认为，这是新产品，只有高价才能体现其独特性。

干式复印机以29 500美元/台的高价推出后，竟然14年无人问津。在此期间，公司为该产品耗去了75 000万美元，从而陷入了困境。即便如此，威尔逊仍不放弃最初定下的高价，他坚信干式复印机一定会取代湿式复印机。到了1960年，干式复印机一下子畅销起来，公司拼命生产，仍然供不应求。仅1960年一年，公司出售干式复印机的营业额就高达3 300万美元，市场占有率达15%。5年后，营业额高达39 263万美元，市场占有率达66%。

问题：施乐公司采取的是什么定价策略？为什么能获得成功？

分析提示：施乐公司采取的是取脂定价策略。采取这一策略之所以获得成功，是因为干式复印机在当时具备实行这一策略的一般条件。

9.1.2　渗透定价策略

与取脂定价策略相反，渗透定价策略是指厂商在推销新产品或打入某一新市场时，把价格定得很低，希望由此进入该产品的市场，并占据较大的市场份额。它是一种为了实现长期目标而牺牲短期利润的定价策略。值得注意的是，厂商在采用这一策略之前应该充分考虑到以低价格迅速打开市场的可能性，如果最终低价不能打开市场或遇到强有力的竞争对手，就会造成重大损失。

◆ **同步思考9-1** ◆

企业在什么情况下可以采用渗透定价策略？

答：企业在下述情况下可以采用渗透定价策略：

第一，产品存在着较大的规模经济性，需要大批量生产才能大大降低单位产品成本。

第二，产品的需求价格弹性较大，企业能用一种较低的价格来吸引大量新的消费者，然后诱使消费者支付较高的价格来消费这种产品。

第三，低价格会阻止潜在竞争者的进入，并能阻止替代品的开发。

第四，出于竞争或其他企业战略上的考虑，企业需要用低价格来吸引大量顾客，打开市场或尽快占领市场，扩大市场份额，以谋求有利的市场地位。

学习微平台

延伸阅读9-2

◆ **同步案例9-2**

家乐福的定价策略

背景与情境： 家乐福在北京一开业就采用了低价策略，因而吸引了大量顾客前来购买。通过这些顾客的口碑传播，家乐福的知名度迅速提高。据调查，目前家乐福的知名度高达90%，远远领先于其他几家超市。

家乐福是靠低价策略打开市场的，同样，其市场在一定程度上也要靠不断的低价来维持。家乐福始终有10%左右的低价商品，而这10%的低价商品却带动了其他90%的正常价格商品的销售。这些低价商品以低利润、购买频率高、购买量大的日用化妆品和食品饮料为主，其价格比正常价格低10%~20%。这也正迎合了人们的敏感价格心理，人们在买大件商品时多花几元、十几元也不会太在乎，却会因为几分钱与小贩讨价还价。因为这些低价商品的诱惑，消费者对家乐福更是情有独钟。

问题： 家乐福在北京采取的是什么价格策略？为什么能获得成功？

分析提示： 家乐福在北京采取的是渗透定价策略。采取这种策略之所以能够获得成功，一是因为家乐福具备了采用低价渗透策略的条件，如进货成本较低；二是部分低价日用品迎合了消费者求廉的心理，购物时也带动了其他商品的消费。

◆ **教学互动9-1**

互动问题： 识别以下公司在其产品定价时常采用的策略（是取脂定价策略还是渗透定价策略），并说明理由：（1）格兰仕；（2）沃尔玛；（3）柯达；（4）名士克莱斯麦。

要求： 同"教学互动1-1"的"要求"。

9.2 价格调整定价策略

价格调整定价策略主要是指针对顾客差异及形势变化调整价格的各项策略。

9.2.1 薄利多销定价策略

薄利多销定价策略， 是指企业在商品定价时有意识地以相对低廉的销售价格刺激需求，从而实现长时期的利润最大化或扩大市场占有率的一种定价策略。薄利多销会导致单位产品利润下降，但可以扩大销售，因此反而有可能使企业总利润增加。社会有需求、资源有可能、生产有潜力、价格弹性又比较大的商品适宜采用这种策略。

采用薄利多销定价策略的条件包括：

第一，产品的产量变动幅度要大于价格变动幅度。

第二，有增产的可能，如场地、设备、资金和劳动力有潜力可挖，能够适应不断扩大的销售量。

第三，增产后扣除应纳税金的销售纯收入的增长应大于成本费用的增长。

对于资源紧缺或从政治、经济等方面考虑应限制生产和消费的商品，不宜实行这种策略。

学习微平台

延伸阅读9-3

◆ **同步案例9-3** ◆

低价薄利的销售策略

背景与情境：美国有一家玩具销售店，由于经营得法，很快就成为世界上最大的玩具连锁店，它叫Toys "R" Us。薄利多销是该玩具销售店的经营之道之一。连锁店的创始人查尔斯·劳兹拉斯制定了"一劳永逸的市场占先"策略，即"超低售价"策略——各种玩具，不论淡旺季节，售价一般都比其他商店低25%～30%。现在，Toys "R" Us在美国有313家分店，在国外有37家分店，年营业总额达36亿美元。

问题：该玩具店实行低价薄利的销售策略有什么好处？

分析提示：薄利和减少收入是两码事，每单位商品收入的利少了，但销售多了，因此总收入比厚利少销还要多。这种低价薄利的销售策略不但扩大了销量，还提高了店誉。

◆ **职业道德与企业伦理9-1** ◆

独一无二的产品　卖出独一无二的价格

背景与情境：某地有一家商店进了少量中高档女外套，进价为580元/件。该商店的经营者见这种外套的用料、做工都很好，款式也很新颖，在本地市场上还没有出现过，于是定出1 280元/件的高价，居然很快就售完了。

问题：特高价法可取吗？

分析提示：可取。特高价法是在新产品开始投放市场时，把价格定得大大高于成本，使企业在短期内能获得大量盈利，以后再根据市场形势的变化调整价格。

9.2.2　心理定价策略

心理定价策略是指企业在制定产品价格时，运用心理学原理，根据不同类型消费者的购买心理来制定价格的策略。心理定价策略一般有以下几种方式：

1) 尾数定价

企业在制定产品价格时以非整数为尾数。心理学家的研究表明，消费者习惯于接受尾数为非整数的价格。对于同样的商品，定价为49美分的销售量远比定价为50美分的销售量多，而中国、日本的消费者则一般对末位数是8的价格比较满意。这是因为消费者对整数价格如1元、10元等，往往从心理上认为是概括性价格，定价不准确。而对于非整数价格，消费者则往往认为计算准确，从而产生一种便宜感和信任感。同时，虽然非整数价格与整数价格接近，但给消费者的心理信息是不同的。比如一台电视机，定价不是1 000元而是998元，消费者感觉的便不是上千元的概念，而是几百元的概念，很显然，后者给人的感觉要低得多。

◆ **同步案例9-4** ◆

带"套路"的尾数定价

背景与情境：走进商场，随处可见商品标价99元、199元、9 999元……各个商品的价格不同，但是价格的尾数都是9。这是怎么回事呢？

这是商家运用了心里暗示的方法，让您感觉商品便宜了，而事实上并没有便宜多少。比如，199元一件的衬衣，让您感觉衬衣只是100多块钱。要是再加1块钱，您会感觉，这件衣服要200元了，似乎有点贵了。再举一个例子，标价99.99元的商品和标价100.05元的商品，二者价差不到1毛钱，但前者感觉还不到100元，后者感觉已经100多元了，所以前者更容易让消费者接受。

此外，所有价格里面，很少见到以4结尾的。因为4这个数字的特殊含义，让消费者感觉不吉利，所以价格尾数结尾的多是9、8、6。

资料来源　佚名. 为什么商品价格多是以9结尾？其实全是套路［EB/OL］.［2018-04-08］. https://www.toutiao.com/i6541711409292509710/#p=4.引文有删减。

问题：尾数定价策略能产生哪些特殊的效果？

分析提示：保留尾数可以降低一位数价格，给人一种价格低廉的心理感觉；非整数定价，使人认为价格经精确计算，对商家产生信赖；吉祥尾数的运用，引起消费者的中意；尾数定价商品找零时还可带动其他商品的消费。

2）整数定价

这是指企业在制定产品价格时取整数，而不是零头。这种策略往往适用于一些高档消费品。因为对于某些高档消费品来说，价格往往是辨别质量好坏的"指示器"。消费者往往认为，价格越高，质量越好。"一分钱一分货"就是这种价格心理的具体反映。整数价格会提高产品的"身价"，如果把这部分高档消费品标为非整数价格，反而会不利于销售。

学习微平台

延伸阅读 9-4

3）声望定价

这是针对消费者求名的心理动机而采取的定价策略。例如，如果某商场经过多年经营在顾客心中有了很高的声望，那么这家商场出售的商品的价格就可以比一般商店高一些；如果消费者对某名牌产品产生了信任，那么该名牌产品的价格就可以定得高些。对于那些具有声望价值的商品，如贵重首饰、文物古玩、高级礼品等，买主一般具有较高的收入水平，比较注重心理需求的满足，他们购买这些高档商品是为了显示自己的地位和声望，因此对这类商品的定价宜高不宜低。例如，在1985年巴黎博览会期间，有些外国商人有意购买中国景德镇出产的成套瓷器，但因定价仅300法郎，大大低于其他国家的同类产品，所以不少顾客打消了购买的念头。在此，至少有两个问题值得我们注意：一是价格的背后体现的是商品的质量，"便宜没好货"；二是人们追求时尚的心理，名牌"方显英雄本色"。但采用这一策略时也要慎重，一般商店、一般商品滥用此法，必然会使产品因没有销路而失去市场。

4）招徕定价

招徕定价也称"特价品"定价，即企业有意将少数几种商品的价格降到市价以下，甚至低于成本，以招徕消费者，并增加消费者对其他商品的连带性购买，进而达到扩大销售的目的。采用这种策略时要注意用来招徕消费者的"特价品"必须是大多数家庭必需的，而且其市场价格必须为大多数消费者所熟悉，只有这样，才能使消费者知道这种商品确实低于一般市价，从而招徕更多的消费者。为什么超市能够吸引很多消费者？除了其购买方式的独到之处以外，就是其生活必需品的价格较一般的商店要便宜。

5）习惯定价

有许多日用消费品，如油、盐、酱、醋、米等，由于消费者经常购买，于是就形成了一种习惯价格，即消费者习惯于按此价格购买。销售这类商品宜采用习惯定价，不能轻易而又频繁地变动价格，否则会引起消费者的不满。

9.2.3　折扣与折让定价策略

很多企业都会调整其基本价格，以回报顾客的某些合情合理的行为，如提早付款、批量购买、淡季购买等。这些价格调整就是折扣、折让与返券等。

1）折扣

折扣是指在指定的时间内购买时直接对价格的一种减让。厂商可以针对不同的购买情况，利用折扣来调整价格。其主要形式有：

（1）现金折扣，即给予迅速付款顾客的一种价格减让。典型的例子是"2/10，信用净期为30"，意思是说应在30天内付清的货款，如在10天内付清，可打2个百分点的折扣。这种折扣必须提供给所有符合这些条件的顾客，其目的在于改善厂商的现金流通情况、降低回收欠款的成本和减少坏账。

（2）数量折扣，即给予大批量购货顾客的价格减让。典型的例子是"购货100个单位以下的单价是10元，100个单位以上的单价是9元"。数量折扣激励顾客向某个厂商多订货，使顾客不再寻求其他货源。

（3）季节折扣，即对购买过季商品或服务的顾客提供的价格减让。例如，宾馆、旅游景点等服务行业会在业务淡季向顾客提供价格减让的季节折扣，其目的是使厂商全年都能保持稳定的业务量。

2）折让

折让是从目录价格降价的另一种形式，它一般适用于一些耐用品的销售。例如，以旧换新折让是保证购新货时交回旧货所给予的降价。

促销折让是指为那些参加广告宣传活动以及支持销售计划的厂商提供的价格减让。

3）返券

返券是当购买数量达到规定金额时向顾客返还购物券的一种折扣，如"满300元，送100元购物券"，或者"满500元，送200元购物券"等。

同步案例 9-5

还本销售策略

背景与情境： 昆明市鑫龙工业品贸易公司曾使用过一种还本销售策略，并取得了轰动效应。公司的营业额直线上升，一天的销售额相当于过去1个月销售额的2.5倍。

鑫龙公司的做法是：顾客购买100元以内的商品，3年后持该公司所发的有关单据，并交回所购商品，可以原价收回全部购货款；顾客购买100元以上1 000元以下的商品，5年后持该公司所发的有关单据，并交回所购商品，可以原价收回全部购货款；顾客购买1 000元以上的商品，10年后持该公司所发的有关单据，并交回所购商品，可以原价收回全部货款。例如，用户现购买1台2 286元的彩电，10年后持该公司所发的有关单据，并交回已用旧的彩电，就可以全部退回2 286元货款。

这种新的"折让"策略激发了顾客极大的热情，吸引了大批顾客，也给顾客带来了许多看得见的实惠。正如一位购买冰箱的顾客所说："我本不打算购买冰箱，现在鑫龙公司开展退款销售，我就决定在这儿购买了。"他又说："1台冰箱用10年也差不多该淘汰了，扔了吧又可惜，也没那个经济实力，如果10年后能退款的话，自己添点钱就可以更新换代了，这家公司的做法为我们解除了后顾之忧。"

该公司透露，自实行还本销售后，商场每天的营业额都在25万元以上，是过去每天营业额的70多倍，资金周转速度达到每月3次。该公司家电部经理说："我们公司还拥有9家直属企业，目前没有一分钱外债。公司正在建设中的澄汇鑫龙大酒店马上正式开业，这个酒店总造价1 500多万元，10年后肯定会升值，还有其他一些项目的实施，都是我们这次'退款集资'活动的经济基础和资金保证。"

问题：请从商业发展规律的角度分析这种折让方式的可行性。

分析提示：该商场目前如此销售一定是有利润的。以彩电为例，如果售出1台彩电的毛利在10%以上，按公司现在每月3次的资金周转速度计算，10年后可以赚回12台彩电，其中返还给顾客1台，公司还赚11台。因此，只要筹划得当、经营合理，这种折让方式是完全可行的，信誉也是有保障的。

当然，还本销售必须以不欺骗顾客为前提，还必须遵照国家的有关政策行事。目前，我国已规定不允许采用这种销售方式，主要是因为部分公司以此欺骗顾客。不过，作为一种应变策略，这种方式也有可取之处。

9.2.4 差别定价策略

考虑到顾客、产品、地点等差异，企业经常会调整基本价格。

差别定价，也称价格歧视，是指企业用两种或多种价格销售同一产品或服务，尽管价格差异并不是以成本差异为基础得出来的。差别定价策略主要有以下几种方式：

（1）顾客细分定价，即同一产品或服务以不同价格出售给不同的顾客群。例如，公交公司对学生和老人实行低票价政策。

◆ **同步案例9-6**

纽约百老汇的票价

背景与情境：纽约百老汇的戏票价格不菲，普通老百姓都望而却步。而另一方面，演出也不可能场场爆满，空座要是能在开演前打折卖出，剧院的收入就会提高，普通老百姓也能观看演出。问题是，要是大家都知道最终会有廉价票，那么高端客户就不会提前以高价购票。如何将多余的戏票廉价出售，而又将打算以全价买票的观众隔离开呢？

位于时代广场的票务中心解决了这一问题。票务中心集中出售百老汇的当天票，有的剧院甚至在晚上8点临近开场时，才将多余的票送往票务中心，那里的票价不是5折便是7折，因此每天排队购票的人很多，只是排上一两个小时队，还不知道能否买到想要的戏票。

百老汇给廉价戏票设置了两道障碍：首先，只有当天的演出才打折，你没法从容安排你的时间；其次，打折票并不在各剧院出售，而是集中出售，购买不同戏票的人一起排队，这样既延长了等候的时间，又加大了等候的风险，当你好不容易排到售票窗口时，你要的票也许没有了。而让那些高端客户在街上排队买票，他们是难以接受的。

问题：百老汇运用的是何种定价策略？这种策略可以带来哪些好处？

分析提示：百老汇运用了差别定价策略。低收入者一般愿意排队购买打折票，花费时间成本换来廉价戏票，这样既"有理由"地满足了低收入者的消费需求，又能给百老汇带来相应的经济收入。

（2）产品形式定价，即不同的产品型号有不同的定价。例如，同一品牌不同型号的手机，其定价是不同的。

◆　**同步案例 9-7**　◆

远大公司的葡萄酒

背景与情境：远大公司是一家生产和经营葡萄酒的专业公司，其生产的味美思酒在葡萄酒市场享有较高的声誉，占有率一度达到 20% 以上；另一家公司推出了一种新型葡萄酒，其质量不比味美思差，每瓶的价格却比味美思低 1 元。

该公司的市场营销人员经过深思熟虑后，采取了对方意想不到的策略，即将味美思的价格提高 1 元，同时推出了一种与对方新葡萄酒的价格一样的合意酒和另一种价格更低一些的如意酒。其实，这三种酒的味道和成本几乎相同，但该策略却扭转了该公司的不利局面：一方面，提高了味美思的地位，使竞争对手的新产品成为一种普通的品牌；另一方面，不会影响公司的销售收入，而且由于销量大增，使得公司利润大增，令人拍案叫绝。

问题：远大公司扭转不利局面的定价策略是什么？

分析提示：远大公司采取的是产品形式定价法，即根据产品的不同形式做出不同的定价，从而拓宽了经营商品的影响面。

（3）地点定价，即对不同的购买位置有不同的价格，尽管对每个地点供货的成本是相同的。最明显的例子就是剧院里不同的座位有不同的票价，这是因为不同的观众有不同的座位偏好。

（4）时间定价，即根据季节、月、日甚至小时设定不同的价格。比如保龄球馆等娱乐场所一般规定周末的价格高于平时，晚上的价格高于白天。

◆　**同步案例 9-8**　◆

生意日渐兴隆的中国面馆

背景与情境：日本名古屋有一家中国面馆，其经营思想是为一般顾客着想，并把这种经营思想贯彻到商品定价之中。当时，在日本每碗汤面大约 300 日元，于是这家中国面馆就在这 300 日元的定价上做文章，采取了"变价"的降价策略。面馆的定价如下：星期一卖"中华面"，特价为每碗 185 日元；星期二全部面点多加分量，售价为每碗 200 日元；星期三各种饭类用碗装；星期四买一份菜，米饭管饱；星期五面条用大碗装；星期六清酒、啤酒大减价。此外，每月 14、15、16 日 3 天的面条一律特价每碗 150 日元，因为日本企业的发薪日在每月 20 日左右，这样可以照顾靠领薪水过日子的一般职员。面馆的这种做法大获好评，生意也因此日渐兴隆。

问题：这家中国面馆的生意日渐兴隆的秘诀是什么？

分析提示：这家中国面馆的生意日渐兴隆的秘诀是差别定价策略——时间定价运用恰当。

同步思考9-2

实行差别定价策略要具备哪些条件？

答：实行差别定价策略要具备下列条件：

第一，该市场必须是可以细分的市场，并且每个细分市场必须显示不同的需求特征。

第二，以较低价格购买某种产品的顾客，不可能以较高价格把这种产品倒卖给别人。

第三，竞争者不可能在企业以较高价格销售产品的市场上以低价竞销。

第四，差价幅度不能使顾客产生不满或敌对情绪。

第五，实行这种策略所采取的形式必须合法。

9.2.5 地理定价策略

地理定价策略是指对不同国家或地区的顾客制定不同的价格。

（1）统一运送定价法，即不论客户所处何方，均索取相同的价格，再加上相同的运费。运费价格是根据平均运费成本确定的，其优点是相对来说比较容易管理，而且可以使厂商在全国各地做广告宣传时保持价格一致。

（2）地带定价法，即划定两个或若干个地带，在同一地带内的顾客所付的价格相同，但较远地带的顾客所付的价格要高一些。用此方法，某个定价地带内的顾客就无法从厂商那里得到任何价格优惠。

（3）基点定价法，即将某个城市作为"基点"，向所有顾客收取从该城市到顾客所在地的运费，而不管货物实际上运往何地。如果所有厂商都以同一个城市作为基点，那么所有顾客的交货价格都会是相同的，这就消除了价格竞争。当然，厂商也可以建立多个基点，以便增强灵活性，或者根据离顾客最近的基点城市来开报运费。

（4）运费吸收定价法，即厂商自己负担部分或全部实际运费，以促成交易。这种方法能促成更多的交易，使厂商的平均成本降低，以补偿额外运费成本。这种方法也可以用于市场渗透，或者用于在竞争激烈的市场上巩固阵地。

学习微平台

延伸阅读9-5

同步业务9-1

在当地的超市中选出一类商品，观察一下这类商品的价格和规格型号，看看各个品牌之间在包装规格、重量或所含小包装的数量方面是否相似。找出至少两个例子来说明，制造商为了以较低的零售价出售商品而特意生产较小的包装，这样做有效吗？这种产品较其竞争厂商产品的价格来说，是较高、较低还是一样呢？单价方面的信息是否改变了你对这种策略有效性的看法呢？根据此题，撰写书面业务报告。

业务分析：

本次调研主要是对价格调整定价策略的理解和应用。

业务程序：

首先，将班级学生进行分组，每组确定1个负责人，每组成员就调查内容进行任务分工。

其次，确定所要调研的超市，做好调研计划安排，开展实地调研，搜集相关信息资料。

最后，对调研内容进行归纳整理，结合本节所学理论内容，撰写出相应的书面业务报告。

◆ **教学互动 9-2** ◆

互动问题：中国移动在中国香港的 68 元"超值"套餐被内地网民质疑为消费歧视。随后，中国移动辩称，和内地相差很多的套餐内容，属于跨国企业正常的区域性定价策略，并非消费歧视。据悉，中国移动在中国香港的 68 元"超值"套餐包含 1 700 分钟通话，10 000 条短信，上网流量不限。

对中国移动在内地和香港不同的定价，你怎么看？

要求：同"教学互动 1-1"的"要求"。

9.3　产品组合定价策略

9.3.1　产品系列定价策略

一般企业经营的是产品系列而不是单一的产品，因此企业要为不同的产品设定合理的价格差。厂商要做的是为产品确立明显的质量差别，以突出价格上的差别。

9.3.2　备选产品和附属产品定价策略

许多厂商在销售主产品时，也提供备选产品或附属产品。通常，主产品定价稍低，而备选产品和附属产品定价较高，如汽车零件、剃须刀片、电脑软件等。

9.3.3　产品束定价策略

产品束定价策略是指厂商经常将几种产品组合成一束，降价或涨价出售的策略。例如，计算机销售商在销售个人电脑时加上了有吸引力的软件包。产品束定价策略应能够促进这些产品的销售，即组合后的产品价格必须足够低，能够吸引顾客来购买产品束。

◆ **同步案例 9-9** ◆

普拉斯公司的定价策略

背景与情境：日本有一家名叫普拉斯的公司，专营纸张、文具、图钉、圆形针、尺等文教用品。由于利薄，因此销售状况不佳，该公司老板多次想用涨价的办法来挽救公司，但苦于担心遭到顾客的抵制和社会的谴责，一直不敢轻举妄动。大家都认为该公司已经回天乏术了，只有公司老板幻想着有朝一日会有转机，所以一直在苦苦支撑。

1983 年，该公司招聘了一位名叫玉树法美的职员，她刚从学校毕业。谁也没有料到，就是这位普通的女孩以一个高明的点子改变了整个公司的命运，使公司扭亏为盈、起死回生，并从此生意兴隆。

玉树法美是一个责任心很强而又机敏多思的女孩儿，她通过对购物的顾客进行观察和分析发现，前来光顾的人，不管男女老少，不管是否带小孩，在购买文具用品时都不是买一样东西，而是三件以上一起买。这本来是一个相当平常的现象，但大家都熟视无睹，谁也没在意。玉树法美却从中得到启示，她联想到自己读小学乃至中学时，书包里总是放着钢笔、铅笔、尺子、橡皮、小刀、圆规等，不禁灵机一动，想出了一个好的涨价方式，即将钢笔、铅笔、橡皮、剪刀、卷尺、塑料尺、小订书机、糨糊等放进一个经过专门设计的、精巧而又轻便易携的折叠式盒子里，然后在盒子外印上青少年和儿童喜爱的色彩鲜艳、形象生动的图画，并趁势提高总售价。这样既可以方便顾客，又不易让顾客察觉价格涨了。

那些文具本来就是该公司所经营的商品，不必花较多的投资去改进，只不过是把它们放进精心设计的盒子里。因此，这种策略一经提出，老板立即采纳。该公司把这个盒子定为 2 800 日元，是原来几件文具总价的 2 倍多。这种成套文具一上市，很快就成为热门商品，第一年就销了 300 多万盒，获得了意想不到的利润。之后，玉树法美再接再厉，进一步改变文具组合盒，隐蔽地涨价。例如，为了迎合一些人的高品位，她在盒子里安装了电子表、温度计，使盒子的功能更趋于立体化；又如，根据孩子们的好奇心理，她把盒子设计得五花八门、千姿百态，既受到孩子们的欢迎，家长也乐意多掏钱。此后，公司业务蒸蒸日上。

问题：使普拉斯公司扭亏为盈、蒸蒸日上的高明点子是什么？

分析提示：这个高明的点子是产品束定价策略。

同步业务 9-2

调查当地某商家的滞销商品（假设该商品质量无问题），运用本章所学内容，帮助商家调整价格策略，促进其商品的销售。

业务分析：

要明确商品的市场定位、滞销原因等信息，再做出价格策略的调整。

业务程序：

1）搜集商品的相关资料。

2）确定商品的市场定位。

3）分析商品的滞销原因。

4）拟定商品的定价策略。

职业道德与企业伦理 9-2

iPod 的成功经验

背景与情境：苹果 iPod 是最成功的消费类数码产品之一。第一款 iPod 的零售价高达 399 美元，即使对于美国人来说，也是属于高价位产品，但是有很多"苹果迷"既有钱又愿意花钱，所以纷纷购买。苹果公司认为还可以"撇到更多的脂"，于是不到半年又推出了一款容量更大的 iPod，定价为 499 美元，仍然销路很好。

问题：运用撇脂定价策略的条件有哪些？

分析提示：第一，市场上存在着一批购买力很强、对价格不敏感的消费者；第二，这类消费者的数量足够多，企业有厚利可图；第三，暂时没有竞争对手推出同样的产品，本企业的产品具有明显的差别化优势；第四，当有竞争对手加入时，本企业有能力转换定价方法，通过提高性价比来提高竞争力；第五，本企业的品牌在市场上有传统的影响力。在上述条件都具备的情况下，企业才可以采取撇脂定价策略。

✿ **本章概要**

✿ 内容提要

● 企业的定价策略在很大程度上取决于其自身的目标市场。它是为了实现企业的战略总目标和各个战略分目标而采取的一种具体行动。

● 定价是一个能动的过程。企业可设计一个覆盖全部产品的定价结构，同时针对不同的顾客和形势进行调整。在产品生命周期的不同阶段，定价策略通常会发生变化。

● 在对新产品进行定价时，企业可以采用取脂定价策略，即设定一个原始最高价，从不同的细分市场中获得最高的收益；或者可以采用渗透定价策略，即设定一个原始最低价，以便获得较大的市场份额。

● 企业可根据不同的细分市场和形势运用不同的价格调整策略，如薄利多销定价策略、心理定价策略、折扣与折让定价策略、差别定价策略和地理定价策略。

● 当某产品是一个产品组合的一部分时，企业可设定一组能使整个组合利润最大化的价格，这称为产品组合策略，包括产品系列定价策略、备选产品和附属产品定价策略以及产品束定价策略。

✿ 主要概念和观念

▲ 主要概念

取脂定价策略　薄利多销定价策略　心理定价策略　产品束定价策略

▲ 主要观念

定价策略既是一门科学，也是一门艺术

✿ 重点实务

识别商家的定价策略　制定价格策略

✿ **基本训练**

✿ 知识训练

▲ 简答题

1）如何理解企业的定价策略？

2）企业常用的定价策略有哪些？

3）取脂定价策略适用于哪些情况？

4）渗透定价策略适用于哪些情况？

▲ 选择题

1）价格调整定价策略包括（　　　）。

A.折扣与折让定价策略　　　　　　　B.地理定价策略

C.差别定价策略　　　　　　　　　　D.薄利多销定价策略

E.心理定价策略　　　　　　　　　　F.渗透定价策略

G.取脂定价策略

2）以下属于差别定价策略的有（　　　）。

A.顾客细分定价　　　　　B.声望定价　　　　　　　　C.产品形式定价

D. 地点定价　　　　　　　E. 时间定价　　　　　　　F. 地带定价

3）心理定价策略的种类主要有（　　　）。

A. 习惯定价　　　　　　　B. 声望定价　　　　　　　C. 尾数定价

D. 整数定价　　　　　　　E. 地点定价　　　　　　　F. 时间定价

▲ 判断题

1）取脂定价策略主要适用于对生产技术要求不高、生产能力能迅速扩大的新产品的价格的制定。　　　　　　　　　　　　　　　　　　　　　　（　　　）

2）需求价格弹性大的商品不宜实行渗透定价策略。　　　　　　　　（　　　）

3）薄利低价一定能扩大销售，增加收入。　　　　　　　　　　　　（　　　）

4）对于实行差别定价策略的商品，其价格差异必须反映成本差异。　（　　　）

✿ 能力训练

▲ 案例分析

老乡鸡定价策略的应用

背景与情境：老乡鸡，原名"肥西老母鸡"，2012年改名为老乡鸡，是安徽最大的中式快餐连锁机构。发展至今，老乡鸡已经形成了一套完善的定价体系，并较成功的运用了各种定价策略。

（1）偏差感觉无整数。就餐的客人是奔着实惠来的，所以定价上就要看起来好像显得比较低。比如老乡鸡推出一道菜，起初定价在20元，结果不好卖，后来改成22元，反而一天能卖到30多份，其道理是这样的：22和20当然是22大，但给顾客的感觉却不是这么绝对，20元给顾客的信息是：这个菜20多块钱，不便宜；而22元给客人的信息则是：这个菜价格适中，还不到25元。所以老乡鸡菜价一般没有整数。

（2）设置当天特价菜。每个餐厅都会制作一些小菜牌，里面菜式的价格普遍比精致的菜牌便宜一些。先给顾客看贵的菜单，然后给他们特价菜单，自然大多数顾客都会选择点小菜牌。在广州的粤顺粤德分店新开张后，每天都会推出38元的特价菜，有时是烧鸡，有时是酸菜鱼。顾客吃过一次38元的烧鸡，觉得这道菜不错，还很便宜，下次就想着再来吃这道菜。点了特价菜，当然也会点其他菜，这样一来餐厅在周围的名气也就出来了。

（3）制定菜单，抓住消费者心理。老乡鸡在菜单的制定上，也有技巧，如果是消费者熟悉的菜，比如家常豆腐、鱼香肉丝之类的，菜价要低于他们的心理价位。另一些对消费者来说不太熟悉的菜品，可以把价位定得稍微高一点，再把利润找回来。

（4）大小份对比。老乡鸡在菜单里设置了大小份定价，消费者在点餐时，其实对大小份并没有概念，建议其点了小份后，上的量稍微大一点，即可以造成消费者心理上的惊讶，产生实惠的感觉。其实，餐厅更希望消费者点小份，大份更多的时候只是陪衬。

（5）薄利多销。对快餐店来说，价格是最能影响客人心理的因素。如果食客发现你的价格和大酒店差不了多少，他就会觉得不值，恐怕领教过一次就不会再来了。出于上述食客的消费心理，老乡鸡在制定价格的策略时，也玩一下菜单上的数字游戏。比如，邻近档次相近的餐馆某款常点的菜式定价是20元，老乡鸡就定18元；一些稍高档的菜式，如果人家是30元，老乡鸡就定28元。尽管表面看来，老乡鸡的单项菜式的毛利率低了，但吸引的客人也多了，从而带动了其他菜式的消费，增加了营业额。

资料来源　佚名. 老乡鸡菜价怎么样——菜品定价策略大揭秘［EB/OL］.［2017-06-06］. http：//www.laoxiangjijm.com/jsfx/91.html.引文经过改编。

问题：案例中的老乡鸡商家采取了哪些定价策略？试结合案例分析各定价策略的作用。

分析要求：同第1章"基本训练"之本题型的"分析要求"。

▲　自主学习

自主学习-Ⅴ

【训练步骤】

1）将班级同学组成若干"自主学习"训练团队，每队确定1个负责人。

2）各团队根据训练项目的需要进行角色分工。

3）通过院资料室、校图书馆和互联网，查阅"文献综述格式、范文及书写规范要求"和近三年关于"价格调整定价策略"的学术文献资料。

4）综合和整理"价格调整定价策略"最新学术文献资料，依照"文献综述格式、范文及书写规范要求"，撰写《"价格调整定价策略"最新文献综述》。

5）在班级交流各团队的《"价格调整定价策略"最新文献综述》。

6）在校园网的本课程平台上展出经过修订并附有教师点评的各组《"价格调整定价策略"最新文献综述》，供学生相互借鉴。

☼　善恶研判

女车主愤怒曝光4S店捆绑销售行为

背景与情境：近日，一位刚刚预订了一辆保时捷Macan的读者向本报反映说，绍兴捷顺汽车销售服务有限公司（袍江保时捷4S店）在她订车时增加了很多个性化配置，裸车价是55.8万元，而她最终的订车总额花费了762 100元，现在想想真是做了"冤大头"，她希望该报予以报道，警醒他人。

"车还有几个月才能开回家，现在就收了那么多的钱，不加就说买不到车。"该读者说，她的公司因为业务需要，最近有购置一辆新车的需求，最后决定买一辆保时捷2019款Macan，因为自己工作繁忙，很多事情都是交代员工去代办的，出于对"加价提车"潜规则的了解，她默认了4S店要多收钱才给车的情况。

但是，当她看到捷顺汽车销售服务有限公司出具的一份购车付款清单时，就感觉有点不舒服了，"加价提车"她能接受，但是对方仅用9样"个性化配置"就收了她15万元多，还有贴膜也收了11 800元，完全就是把她当作人傻钱多的"冤大头"。

"我买的又不是一辆壳子车，这些加装的东西真的有必要吗？而且还那么昂贵，还得提前半年交钱。"这位读者说，根据清单，她看见其中所谓的"个性化选配装置"中有桃红木金属漆、黑色和石榴红真皮组件，搭配部分真皮座椅、舒适进车功能、停车辅助系统（前部和后部），包括倒车摄像头、踏脚板、21英寸911 Turbo Design车轮等9样"加装"，清单中的这些已让车辆总价达到了698 400元。而贴膜、镀晶等近2万元的费用还只是手写在清单上。最终她的订车价格超过了76万元，而车子还得等到明年1月份才能提。

该位车主说，高档汽车的车价贵无可厚非，即使"加价提车"的潜规则她也能接受，但是绍兴保时捷4S店仅仅靠几样"加装"就轻松多赚了她那么多钱，"加价提车"的程度让她认为有点过分了。

资料来源　佚名. 绍兴保时捷4S店涉嫌"捆绑销售"？女车主愤怒曝光［EB/OL］.［2018-08-29］. http://zj.news.163.com/18/0829/15/DQCSTI5Q04098FDR.html.引文有删减。

问题：

1）4S店的捆绑销售属于什么定价策略？该策略有什么作用？

2）本案例中存在哪些职业道德问题？试对上述问题做出你的善恶研判。

3）通过网络或图书馆调研等途径搜集你做善恶研判所依据的行业道德规范。

4）本案例对消费者的启示有哪些？

研判要求：同第1章"基本训练"之本题型的"研判要求"。

第10章
价格信息与价格预测

▶ **学习目标**
10.1　价格信息
10.2　价格预测
▶ **本章概要**
▶ **基本训练**

▶ 学习目标

通过本章的学习，你应该达到以下目标：

职业知识　学习和把握价格信息的概念及类型、价格信息的搜集与整理、价格预测的概念及内容、价格预测的方法与步骤等理论与实务知识；能用其指导或规范本章认知活动和技能活动，正确解答"基本训练"中"知识训练"各题型的相关问题。

职业能力　掌握价格信息加工的步骤、传递方式以及价格预测的方法；能够为企业的价格决策提供依据；通过"某商品价格未来变化趋势预测"的实训操作，训练学生的专业操作技能。

职业道德　结合本章教学内容，依照行业规范或标准，分析"职业道德与企业伦理10-1 ~ 10-2"和章后"开发商如何用话术挑动购房者神经"案例中企业或其从业人员行为的善恶，强化企业和员工的伦理道德素养。

学习微平台

延伸阅读10-1

引例　2018年上半年物价形势分析与全年走势预测

背景与情境：2018年以来，我国物价在波动中呈平稳运行态势，居民消费价格同比涨幅先升后降，总体呈"倒V"形走势；工业生产者价格同比涨幅先降后升，总体呈"V"形走势。1—5月，CPI上涨2.0%，PPI上涨3.7%，根据当前物价运行形势，初步判断，上半年CPI上涨2.0%，PPI上涨3.8%。未来数月，中美贸易摩擦加剧、劳动力成本刚性上扬、价格改革稳步推进等因素支撑价格上涨；但货币环境相对偏紧、需求总体偏弱、主要农产品供给充裕等因素将抑制物价涨幅。综合考虑诸因素影响，初步判断下半年CPI上涨1.9%，全年上涨2.0%；下半年PPI上涨2.2%，全年上涨3.0%。建议实施稳健中性的货币政策、妥善应对中美贸易摩擦、保障农产品稳定供给、推进重点领域价格改革。

资料来源　张前荣. 2018年上半年物价形势分析与全年走势预测［J］. 中国物价，2018（7）. 引文有删减。

可见，我国政府部门经常对物价做出详细的分析和预测，掌握这些信息对企业进行价格决策乃至经营决策十分重要。

当今社会已进入信息时代，各种经济信息在生产经营活动中日趋重要。其中，价格信息直接关系到资源的配置及其效率的高低，关系到企业经营的成败。所有价格形成主体都应注意搜集和运用价格信息，对市场价格的变动趋势进行准确预测，从而为正确的价格决策提供科学依据。

10.1　价格信息

企业决策者在进行价格决策时，必须借助有关的价格信息，才能做出正确的决策，因此，企业决策者需要搜集有关商品的价格信息。

10.1.1　价格信息的概念和类型

1）价格信息的概念

价格信息是以情报、消息、数据、指令、报告等形式反映商品的价格特征及变化状态的陈述。价格信息包括的内容比较广泛，凡是能够反映价格特征及其变化状态的信息，都属于价格信息。

2）价格信息的类型

价格信息的类型主要有：价格政策信息、价格动态信息、价格监督检查信息、价格构成变化信息和国际价格信息。

（1）价格政策信息。价格政策信息主要包括：国家有关价格的法规和指令，这类信息通常以法律、文件的形式出现；价格管理的有关原则和方法，如重要商品的定价原则及定价方法、商品价格的审批报价制度、价格监督和协调的程序、价格分工管理的权限、商品各种差率的制定原则等；价格研究信息，即指导和完善价格管理的理论信息，一般以报刊、简报和研究资料等形式出现。

（2）价格动态信息。价格动态信息主要包括具体价格动态信息、价格总水平动态信息、差比价动态信息、价格管理形式动态信息等。

（3）价格监督检查信息。价格监督检查信息包括各级价格监督检查的情况、各地价格违法案件的查处情况等，这类信息对于企业加强价格管理工作十分必要。

（4）价格构成变化信息。价格构成变化信息主要包括生产成本信息、流通费用信息、税收信息、利润信息等，这类信息主要是为制定和调整价格提供依据。

（5）国际价格信息。国际价格信息包括国际市场价格、主要商品出口换汇成本、汇率变化以及国外价格管理制度和办法等。我国加入世界贸易组织（WTO）后，国际价格信息对国内市场的影响很大。

◆ **同步思考10-1** ◆

价格信息有哪些特征？

答：价格信息具有时效性、广泛性、系统性、客观性、经济性等。

◆ **同步案例10-1** ◆

近期北京市主要农副产品价格动态信息

背景与情境：2018年5月，北京市主要农副产品价格稳中有降。其中，蔬菜价格季节性回落；猪肉批发价格恢复性上涨，零售价格下降；鸡蛋价格小幅上涨；牛羊肉及粮油类价格基本稳定。5月份，北京市农产品批发价格环比和同比指数分别为94.48和105.88，环比持续回落，同比小幅上涨。

（1）蔬菜价格季节性回落。5月份，受蔬菜产地转换影响，北方产区蔬菜上市量增加，流通成本降低，带动蔬菜价格下降。7家批发市场25种蔬菜月平均批发、超市价格分别为每500克1.15元、2.78元，环比涨幅分别为−8%、−10.9%，同比涨幅分别为26.37%、18.8%。批发市场日均交易量1 771.72万千克，环比减少3.33%，同比减少1.3%。

（2）牛、羊肉价格稳中微涨。牛肉月平均批发、超市价格分别为每500克24.83元、37.11元，环比涨幅分别为0%、0.08%，同比涨幅分别为7.49%、5.91%。羊肉月平均批发、超市价格分别为每500克28.7元、41.06元，环比涨幅分别为0.53%、0.44%，同比涨幅分别为16.34%、9.64%。

资料来源　北京市价格监测中心. 5月份北京市主要农副产品价格走势情况分析［EB/OL］. ［2018−06−24］. http://www.sohu.com/a/237517535_796952.引文有删减。

问题：案例中价格环比与同比分别表示什么意思？农副产品经营企业为什么需要关注这些信息？

分析提示：环比与同比是统计术语，环比是本期统计数据与上期比较（本案例中是本月统计数据与上月数据比较），同比是本期发展水平与去年同期发展水平对比。农副产品经营企业需要及时关注这些信息，并在此基础上预测今后价格的变动情况，以此作为企业经营中价格决策的参考。

10.1.2　价格信息的搜集和整理

1）价格信息搜集的重要性及原则

凡是有价格的地方，就会存在大量的价格信息。但是要把这些价格信息变成处理对象，让它服务于价格管理，就必须经过信息专业人员有意识的搜集，从而使价格信息处理的后续环节有工作对象，因此价格信息搜集是价格信息处理的第一步，也是以后各阶段工作的基础。价格信息搜集要符合以下原则：

（1）全面原则。价格信息的分布是不均匀的，在不同的地区和部门，以及经济活动的不同环节，价格信息的生成量各不相同。因此，只有价格信息的搜集面足够宽，才能防止重要价格信息的遗漏。在搜集时，既要着重对经济活动中的价格进行直接的调查，也要善于通过间接的方式从各种文件、动态资料中搜集价格信息，以保证原始信息搜集的全面性。

（2）真实可靠原则。如果搜集的原始价格信息是不真实可靠的，将会给企业的价格信息处理工作带来巨大困难，甚至会使企业决策者在价格决策时失误。因此，在信息搜集过程中要随时注意鉴别，舍弃那些不真实的和不可靠的信息资料，以保证所搜集的信息资料的真实性和可靠性。

（3）连续性和系统性原则。这是指对某一价格活动变化的一系列动态状况和变化特征进行连续性和系统性的搜集，以便于对价格变化及其发展趋势进行客观的分析和评价。

2）价格信息搜集的内容

价格信息搜集的内容主要包括三个方面：

（1）环境对价格系统的输入向量的状态及变化。这主要包括社会科学技术进步与劳动生产率的变化对价格的影响，产品生产与消费的特点及其生命周期状况的变化，市场竞争格局的变化，国际市场价格及其他相关商品价格状况的变化，货币供应量与信用状况的变化，销售渠道的变化，国家经济政策和价格政策的变化等。这些因素都会直接影响市场价格的变化，因而在搜集价格信息时对这些因素应该予以高度重视。

（2）价格系统内部构成元素及其结构变化。这主要包括单个商品的价格构成要素即成本、流通费用、税金和利润的变化，比价、差价体系状况及其变化，价格总水平状况及其变化。显然，搜集和掌握这些价格系统内部运行状况的变化信息是价格信息搜集的主要内容。

（3）价格系统对环境的输出向量的状态及变化。这主要包括价格变动对相关商品价格和供求的影响；价格变动的市场效应，如需求反应、竞争者反应等；价格变动的社会效应，这种社会效应一方面表现为经济集团利益的再分配以及由此引起的生产要素的重新组合和生产、流通、消费的变化，另一方面表现为社会、政治和心理的反应。

3）价格信息的加工

价格信息的加工是指企业将搜集到的价格信息按照一定的程序和方法进行登记、检查、校对、排序、筛选、分类、合并、比较、计算等，使价格信息便于使用和存储。

学习微平台

延伸阅读 10-2

◆◆ 同步思考 10-2

价格信息为什么要进行加工呢？

答： 第一，无论通过什么样的途径获得的信息，在未加工前，都是一种初始的、零乱的、无序的、彼此孤立的价格信息。这种价格信息只有经过整理、加工，变成有序的、系统的、彼此相互联系的价格信息，方能使用、传递和存储。第二，价格信息的加工过程是一个去粗取精、去伪存真的过程。通过对搜集来的价格信息进行分析、比较、计算和研究，加工者可以鉴别和去除不真实的、不准确的价格信息，从而提高价格信息的真实性和可靠性。第三，通过对价格信息的加工，可以产生新的更有价值的信息，这类信息往往比原始信息更具有指导意义和参考价值。

（1）价格信息加工的基本原则。价格信息在加工过程中一般应坚持以下原则：

①简明准确。这是对价格信息加工的基本要求。在价格信息加工的过程中，加工者应采取提炼和浓缩的办法，同时又要注意忠实于原始资料，不能因加工者的感情、意气、好恶而对价格信息任意做出取舍。

②及时。及时即价格信息的加工要保证时效。因此，必须提高加工效率，特别是对一些时效性较强的信息，应及时加工，以便迅速有效地将信息传递到使用者手中，发挥价格信息应有的作用。

③适用。为了使加工后的价格信息符合不同层次的价格决策者的需要，加工者在加工过程中应针对不同的使用者编写不同内容的价格信息。例如，为企业上层决策者编写的价格信息内容要概括，并侧重于总体的价格变动情况；为基层决策者编写的价格信息要尽可能具体。这样才能满足不同层次决策者的需要，从而更好地发挥价格信息的作用。

（2）价格信息加工的基本步骤。价格信息加工一般包括以下基本步骤：

①登记，即对搜集到的价格信息进行第一次登记。当价格信息被确定留下来后，还需要进行第二次登记。

②检查和校对，即对搜集到的价格信息进行检查和校对，以确定其可信程度。

③筛选，即对搜集到的价格信息进行必要的取舍，舍弃不可靠的和利用价值不大的价格信息。筛选的结果通常有舍弃、需要进一步加工整理和可以直接使用三种情况。

④分类，即对搜集到的价格信息按不同的需要进行分类，排列成序。分类的关键在于分类体系的选择，分类体系可以从不同的角度或根据不同的部门建立。

⑤计算，即对搜集到的价格信息采取一定的方法进行加工运算，从中取得所需要的新的数据，这实际上是对价格信息进行的定量分析。

⑥比较，即用搜集到的价格信息与管理的需要相比较，判断其质和量是否能够满足需要，如果不能满足需要，则要进行补充搜集和进一步分类整理。

⑦整理，即用推理、分析、归纳等方法对价格信息进行定性研究，从信息资料中探索新的、富有指导作用的价格信息。

⑧编写，即对经过加工整理的价格信息用文字、图表的形式系统地、规范地记载下来。其结果就是价格信息加工的基本产出。

10.1.3 价格信息传递的原则和方式

价格信息的传递是指将经过加工整理后的价格信息传递给需要价格信息的有关部门和决策者的过程。

1）价格信息传递的原则

价格信息的传递应遵循以下原则：

（1）质量要好，即价格信息在传递过程中可信度要高，不能失真，以保证信息的质量，提高决策水平。

（2）速度要快，即价格信息应在尽可能短的时间内传递出去，以保证价格信息的时效。

（3）信息量要大，这是对价格信息传递的量的要求。在一定的条件下，传递的信息量应尽可能地大，以最大限度地满足决策者的需要。

（4）传递过程要经济，即价格信息的传递要讲求经济效益，尽可能以最少的费用传递尽可能多的价格信息。

2）价格信息传递的方式

价格信息传递的方式按不同的标准划分有不同的类型。

（1）按价格信息流向的不同，价格信息传递的方式可分为单向传递、反馈传递和相向传递三种类型。

①单向传递，即发送者向接收者单向发送信息，发、收信息的身份不能互换。例如，国家价格管理部门向地方价格管理部门下达某种商品的调价指令，地方价格管理部门向国家价格管理部门报告某种商品在当地市场的价格变动信息等都属于单向传递。

②反馈传递，即发送者应接收者的要求，有针对性地选择信息传递，以满足接收者的某种具体的需要。由于这是发送者对接收者所发出的要求的一种信息反馈，故称为反馈传递。例如，国家价格管理部门要求地方价格管理部门将本年度价格指数计划完成情况上报国家价格管理部门，地方价格管理部门按此要求发出价格指数报告，传递价格信息。

③相向传递，又称双向传递，即发送者和接收者在价格信息传递过程中都向对方发出价格信息，双方共同参与价格信息的传递过程。在这种价格信息传递的过程中，发送者同时又是接收者，接收者同时也是发送者，发送者和接收者的身份是可以互换的。例如，两个企业互相交换某种商品在当地的市场价格信息。

（2）按价格信息传递集中程度的不同，价格信息传递的方式可分为集中式传递和连续式传递两种类型。

①集中式传递，即在一定的时间内，集中传递一定数量的价格信息。其传递的价格信息从时间上看相对集中，发送信息量比较大，能全面、系统地反映一定时期内价格的变动情况。

②连续式传递，即以连续的方式传递信息。这种传递方式有利于保持价格信息传递的及时性和系统性，能够从各个不同的角度反映价格的变化情况，是目前经常使用的一种传递方式。

◆ 职业道德与企业伦理 10-1

差以毫厘　失之千里

背景与情境：有一年夏天，一家日用品店进了一批货，以每件 10 元的价格销售，可购买者并不多。无奈之下，商店只好决定降价，但考虑到进货成本，只降了 2 角，价格变成每件 9.8 元。想不到这 2 角之差竟使局面陡变，购买者络绎不绝，货物很快销售一空。售货员欣喜之余，慨叹一声，只差 2 角呀！

问题：非整数定价策略值得借鉴吗？

分析提示：非整数定价策略确实能够引起消费者良好的心理呼应，获得明显的经营效果。因为非整数价格虽然与整数价格相近，但它带给消费者的心理信息是不一样的。

10.2　价格预测

10.2.1　价格预测的概念和作用

1）价格预测的概念

价格预测是指根据价格运动变化的规律性，通过对构成和影响价格变化的各种因素的分析，对商品价格的未来变化和趋势做出判断和推测。价格预测的主要任务是：观察和掌握当前市场价格的变化情况，展望和预测未来市场价格的变动趋势，从而为科学地进行价格决策服务。

2）价格预测的作用

从企业价格决策的角度来认识，价格预测具有以下作用：

（1）有利于指导社会生产，满足消费者的消费需要。在市场经济条件下，生产与消费之间的矛盾除了通过供求关系表现外，还可以通过价格信息进行反映，也就是供不应求价格上涨，供过于求价格下降。因此，价格的变化反映了某种（或大类）商品的供求总量和结构的变化，进而反映了生产与消费之间的适应程度。通过价格预测，这些信息能够被及时地反馈给生产部门，有利于指导企业的生产，从而使社会生产的规模和结构更好地满足社会需要。

（2）有利于编制价格计划，制定价格决策，控制价格运行，加强价格管理的科学性和可行性。现代管理理论认为，企业是一个相互联系和相互制约的有机整体，对这个有机整体进行科学管理的核心是决策，而决策的基础是预测。在编制价格计划、制定价格决策的过程中，企业会遇到许多不确定的因素。价格预测的作用就在于减少这种不确定性，增强决策的科学性，从而使计划和决策符合客观实际，提高企业价格工作的科学性和可行性。

（3）有利于提高企业的经济效益，增强企业的竞争能力。企业的经济效益表现为企业投入与企业产出之间的比较关系。企业投入是投入要素价格与其数量的乘积，企业产出是产品价格与其数量的乘积。因此，价格从这两个方面直接或间接地影响企业的经济效益。企业通过对价格信息的捕捉和对商品价格行情的预测，寻找市场"利基"，选择最佳的投入产出组合，及时组织生产和销售，能够为企业经营决策提供重要依据，从而提高企业的经济效益，增强企业的竞争能力。

10.2.2　价格预测的类型和内容

1）价格预测的类型

价格预测按照不同的标准划分，有不同的类型。

（1）按照时间的长短，价格预测可以分为长期价格预测、中期价格预测、短期价格预测和近期价格预测。后两类有时称为市场行情预测。

长期价格预测一般是指对5年以上的市场价格变化及其发展趋势的预测。这种预测能够反映商品价格在一个比较长的时间内的发展变化趋势，从而为国民经济管理的重大决策、价格的长远规划、产供销比例关系的统筹安排以及企业重大价格决策的确定提供重要的决策依据。

中期价格预测一般是指对1~5年的市场价格变化及其发展趋势的预测。这种预测能够反映商品价格在 1 年至 5 年计划期内的运动趋势，并为确定完成企业的中期计划所应采取的价格策略及其措施提供决策依据。

短期价格预测一般是指对 3 个月至 1 年的价格变化趋势的预测。这种预测是制订企业年度或季度计划和发展任务的依据。

近期价格预测一般是指以日、周、旬、月为单位对 3 个月以下的价格变化趋势的预测。这种价格预测为制订企业月、旬计划和近期价格战术及其他经济活动提供了决策依据。

（2）按照价格预测范围的大小，价格预测可以分为宏观价格预测和微观价格预测。

宏观价格预测主要是指对各类商品价格及全社会价格总水平的一种预测，通常是由国家有关部门组织进行的。

微观价格预测主要是指对单个或某种商品的价格变化趋势的一种动态的预测。这种价格预测通常是由企业组织进行的，如对原材料价格变动趋势的预测、对本企业商品的供求关系变化趋势的预测、对市场竞争状况的预测、对相关商品价格变化趋势的预测、对人们消费习惯和消费构成变动趋势的预测等。

（3）按照预测方法的不同，价格预测可以分为经验判断价格预测（定性预测）和数学模型价格预测（定量预测）。

经验判断价格预测是指预测人员根据调查的资料和已有的经验，对价格变化趋势做出的估计判断。这种预测方法主要适用于以下情况：第一，决策者只需要了解未来价格的大体走向，而不需要了解具体的变动幅度；第二，因缺乏建立数学模型所必需的充分数据而无法采用定量预测；第三，资料数量呈无规则状分布，随机变动性大而无法建立数学模型。

数学模型价格预测是指利用统计资料和数学方法，求得未来价格变动趋势的具体数值的一种价格预测方法。这种预测方法主要适用于以下情况：第一，不可控因素较少的预测；第二，发展趋势比较稳定且具有一定规律性的预测；第三，精度要求比较高且资料数据较为充分的预测。

在实际的价格预测活动中，人们往往将数学模型价格预测和经验判断价格预测结合起来运用，使定量分析建立在定性分析的基础上，使定性分析定量化。

（4）按照商品类别的不同，价格预测可以分为工业品价格预测、农产品价格预测、劳务价格预测、国际行情预测等。按照这种分类方法进行的价格预测对编制国民经济各部门的经济计划和指标、保持国民经济各部门的协调发展具有重要的意义。

2）价格预测的内容

价格预测的内容包括影响商品价格主要因素变化趋势的预测、价格水平变化趋势的预测、价格结构变化趋势的预测、价格效应的预测等。

（1）影响商品价格主要因素变化趋势的预测。这又可具体分为以下几种情况：

①成本变化预测。成本作为商品价值的主要部分的货币表现，是制定和调整价格的主要依据，因此成本预测就显得十分重要了。成本的变化趋势受多种因素的影响，大体上可分为生产性因素和分配性因素两大类。其中，生产性因素主要包括先进技术的应用、生产力的合理布局、专业化协作程度、综合利用状况等宏观方面的因素，以及企业固定资产的利用状况，原材料、燃料的消耗状况，企业经营管理水平等微观方

面的因素；分配性因素主要表现为生产要素（原材料、辅助材料、机器设备、劳动力、资金、信息等）价格的变化趋势。上述因素的变化均会引起商品成本的变化，从而影响商品价格的变化。

②货币流通量的变化趋势预测。货币流通量包括纸币、辅币、活期存款、定期存款等因素。货币流通量的变化会影响币值的变化，进而影响价格的变化趋势。

③供求变化预测。供求关系是影响商品价格变化的又一个重要因素。对供求变化的预测主要包括供求总量预测、供求结构预测、供求弹性预测和商品生命周期预测。

④国家政策变化预测。国家政策特别是直接的价格政策的变化对商品价格具有重要影响，因此，对国家政策的分析和把握是价格预测的一个重要方面。

⑤国际市场商品价格变化趋势预测。随着对外经济贸易的发展，国际市场商品价格体系对国内市场商品价格体系的影响越来越大，因此在对国内市场商品价格水平的预测中，国际市场商品价格的变化趋势就成了一个重要的参照系。对国际市场商品价格变化趋势的预测主要包括两个方面：一方面是对国际市场商品价格总水平的预测，进一步涉及对国际价值、世界供求、经济周期及垄断等因素的分析和预测；另一方面是对人民币汇率的预测，进一步涉及对国际收支、价格状况、银行利率、国家外汇政策等因素的分析和预测。

对上述影响商品价格主要因素变化趋势的预测，一般主要采用因果关系分析法或相关因素分析法。

（2）价格水平变化趋势的预测，即通过对价格水平的时序分析，预测价格水平的未来发展变化趋势，它既包括对一种商品价格水平的预测，也包括对商品大类的价格水平以及价格总水平的预测。测定价格水平的运动规律和变化幅度，可以为价格水平的合理性分析、制定相应的价格调控措施及选择价格变动时机提供必要的依据。对价格水平变化趋势的预测在实际工作中一般采用时序分析法。

（3）价格结构变化趋势的预测，主要表现为对相对价格的研究，它可分为三个层次：一是价格内部四个要素构成变化的预测。通过对四个要素的观察，分析其比重结构的变化，人们可进一步揭示影响价格变化的主要因素，从而实施一切必要且有效的价格控制措施。二是价格变动的连锁反应的预测。价格变动的连锁反应是指当一种商品的价格发生变化时引起的横向和纵向的有关商品价格的连锁反应。横向连锁反应主要表现为各种各样的替代商品和补充商品价格的变化，引起的商品价格的连锁反应；纵向连锁反应主要表现为某种商品或某个流通环节价格的变化，引起的前后连锁商品或前后流通环节价格的连锁反应。一般来说，具有连锁反应关系的商品价格变化往往呈同向性。三是价格体系结构变化趋势的预测。通过分析和预测，人们可以从整体上把握各个产业部门、各流通环节及各种价格形式在价格体系中所处的地位及发展趋势，从而为国家实施宏观调控和企业选择投资方向提供重要的决策依据。

对价格结构变化趋势的预测一般采用因果分析法或结构分析法。

（4）价格效应的预测，即价格变化对收入分配结构的影响及由此引发的对生产、流通和消费影响的预测。从某一时点来看，价格的变化只会引起各利益主体既得利益的转移，而不会增加或减少国民收入总量；从动态来看，利益再分配的结果会引起资产存量和流量的变化，使重组的生产要素创造出与以前不同的收益，产生

正效应或负效应。因此，科学地评估和预测价格变化对国民经济可能产生的影响，是决定重大价格改革方案能否出台的重要依据。对价格效应的预测应在定性分析的基础上力求定量预测。

10.2.3　价格预测的方法和步骤

价格预测的方法按其在价格预测分析中的不同作用，可分为定性分析——定性预测方法、时序分析——定时预测方法、因果分析——定量预测方法和结构分析——定比预测方法等。

1）定性分析——定性预测方法

定性预测方法也称经验判断预测法，即依靠预测者个人的主观经验、知识和直观材料，对市场价格的未来发展趋势做出性质和程度上的判断和预测的方法。这种方法比较简便易行，尤其是在缺乏可靠数据或情况极为复杂时常被采用。但这种方法往往带有较强的主观性，预测的准确程度主要取决于预测者的个人素质。这种方法在运用时往往采用加权、打分等形式，使定性信息转化为定量信息，以提高预测的精确度，比较适用于新产品价格预测和价格变化趋势的预测。其具体方法有以下三种：

（1）类推法，即依据类推性的原理，把预测目标同其他类似的事物加以对比分析，来推断其发展趋势的一种预测方法。

◆ 同步案例 10-2 ◆

矿产品价格的预测

背景与情境：江西省物价局在预测本省矿产品的价格发展趋势时，由于缺乏本省矿产品价格指数，因此根据全国采掘业产品价格指数进行预测。1987年全国采掘业产品价格比1978年上升77%，同期零售物价总指数上升45.5%，二者的比例为1.7∶1，同时设定本省1988—1990年、1991—1995年、1996—2000年零售物价指数年递增率分别为10%、9%、6%，得出本省矿产品价格预测结果，见表10-1。

表 10-1　　　　　**江西省矿产品价格预测表**

项目	1988—1990年	1991—1995年	1996—2000年
零售价格年递增率（%）	10	9	6
零售价格累计上升（%）	21	54	34
矿产品价格累计上升（%）（零售价格累计上升×1.7）	35.7	91.8	57.8

注：以各规划期第一年价格为100。

问题：江西省物价局对本省矿产品价格的预测采用的是什么方法？

分析提示：类推法。

（2）集合意见法，又称主观概率法，即参加预测的人员凭借自己的经验对某种事件出现的可能性做出估计，然后将这些估计意见集中起来，形成预测的意见。这种方法是企业在短期、近期价格预测中最常用的方法。

（3）专家意见法，即以专家为索取价格信息的对象，根据专家的知识和经验进行价格预测。这种方法一般适用于新产品价格预测或由于情况复杂而难以进行定量分析的价格预测，其具体形式又可分为专家会议法和专家小组法两种。

专家会议法是指企业或价格管理部门邀请有关方面的专家，通过会议的形式进行讨论分析和做出判断，最后综合有关专家的意见形成一个价格的预测结论。这种方法的优点是意见容易集中，节省时间，节约费用，专家们聚集在一起可以互相启发，从而弥补了个人的许多不足，得到的结论比较客观准确。这种方法的缺点是参加的人数受到一定的限制，难于广泛征集有关的意见，权威人士的主观意见可能会左右会议的意见，使最后形成的综合意见并不能完全反映全体参加者的正确而客观的意见。

专家小组法是指预测的组织以匿名的方式和调查表的形式，通过轮番征询专家的意见（即预测的结果），将这些意见及时反馈给参加的专家，请他们在参考其他专家的意见后再次做出预测，如此反复几次，最后得到一个相对集中或一致的意见，这个意见就是预测的结果。这种方法最早是由美国的兰德公司于20世纪40年代提出的，该公司以古希腊传说中的预测之神阿波罗的神殿所在地德尔菲为此方法命名，因而专家小组法也称"德尔菲法"。

◆ 同步思考 10-3 ◆

专家小组法有哪些特点？怎样理解？

答：这种方法的主要特点是：①匿名性，这是为了避免集体讨论法中权威的意见左右其他参加者的意见；②反馈性，这是为了弥补独立判断法不能集思广益的缺点；③趋同性，由于专家小组法要进行多次意见的反馈，因此当某一专家发现自己的意见与大多数专家的意见不同，并且对自己的意见又不太肯定时，就有可能改变自己的意见，从而使各位专家的预测结果趋于一致，当然，如果这位专家坚信自己的意见是客观的、准确的，那么这位专家就必须拿出自己的理由来说服其他专家，使其他参加者思考并修改自己的预测结果。

专家小组法的步骤一般为：①预测准备。此步骤主要是选择专家和拟定调查表。所邀请的专家以 10～50 人为宜，一般应选择对预测问题具有某种专门知识和丰富经验的人员；调查表的设计应简单明了，问题准确，多采用填空或选择的方式供专家回答，并可以留一定的空栏供专家说明自己的意见。②轮回反馈。主持人将拟定的调查表和必要的背景材料送给各位参加的专家，请专家们在互不通气的条件下，在规定的时间内，对所提的问题做出独立回答，主持人将专家们的意见进行汇总，并将整理后的意见和第二轮调查表送给各位专家，请他们比较自己与其他专家的意见，再次做出预测意见，并充分说明理由，如此往复数轮，当专家们的预测意见趋于一致时，便可结束这一步骤。③确定预测结果。主持人运用一些统计方法，将专家的预测意见加权汇总，得出预测结果。

专家小组法的优点是通过匿名的形式和有控制的定向反馈，最大限度地发挥参加预测的各位专家的聪明才智和分析判断能力，对于某些模糊性大的问题的预测往往比较客观准确。但这种方法的缺点也是很明显的，如耗时太长，专家们的意见很难在比较短的时间内达成一致，特别是对一些重大问题的预测，所需时间就更长。

2）时序分析——定时预测方法

定时预测方法又称时间序列分析法，即以历史的时间序列数据作为预测的论据，通过统计分析或建立数学模型，来预测商品价格的未来发展趋势的方法。这种预测方法的假设条件是，过去和现在对价格起作用的因素在未来仍然起作用，因而可以根据这种作用的延续做出外推预测。但由于未来的发展有许多的未知和可变因素，因此未来的价格变化不可能是历史的简单重复，在运用这种方法时，必须结合影响未来价格变化的各个因素的变化对价格预测值进行适当的修正。定时预测方法主要有移动平均法、指数平滑法、季节指数法和趋势外推法等。

【例 10-1】某市 2008—2018 年的价格指数见表 10-2，试用一次指数平滑法（a 分别取 0.4 和 0.8）计算 2008—2018 年的理论预测值，并预测 2019 年的价格指数。为比较预测效果，分别计算 a 取 0.4 和 0.8 时的均方误差。

表 10-2 　　　　　　　　　　某市 2008—2018 年的价格指数

年份	2008	2009	2010	2011	2012	2013	2014	2015	2016	2017	2018
指数	130	132	135	138	142	145	143	138	136	132	129

设 2008 年的初始预测值：

$S_{2008} = X_{2008} = 130$

根据公式 $S = aX + (1-a) S$

当 a=0.4 时，2009 年的预测值为：

$S_{2009} = 0.4 \times 130 + 0.6 \times 130 = 130$

同理，2010 年的预测值为（$S_{2009} = 130$，$X_{2009} = 132$）：

$S_{2010} = 0.4 \times 132 + 0.6 \times 130 = 130.80$

其余类推。经过计算，当 a=0.4 时，均方误差为 25.90；当 a=0.8 时，均方误差为 12.91。可见，a=0.8 时的预测效果较好。在实际预测时，为了提高预测的精确度，我们可以通过比较 a 在不同取值下的预测效果（可用均方误差等指标衡量），最后确定比较合适的 a 的取值（见表 10-3）。

表 10-3 　　　　　　　　　　不同取值下的预测效果比较

年份	价格指数	a=0.4		a=0.8	
		预测值	误差平方	预测值	误差平方
2008		130		130	
2009	130	130	0	130	0
2010	132	130.80	4	131.60	4
2011	135	132.48	17.64	134.32	11.56
2012	138	134.69	30.47	137.26	13.54
2013	142	137.61	53.44	141.05	22.43
2014	145	140.57	54.55	144.21	15.59
2015	143	141.54	5.92	143.24	1.46
2016	138	140.12	12.55	139.05	27.48
2017	136	138.47	17.10	136.61	9.29
2018	132	135.88	41.89	132.92	21.25
2019	129	133.13	47.36	129.78	15.38
合计			284.92		141.98
均方误差			25.90		12.91

3）因果分析——定量预测方法

定量预测方法是指通过统计分析和建立数学模型，定量反映价格与其他经济变量之间的因果关系和影响程度，并据此进行价格预测的方法。这种方法主要适用于中、短期价格预测。其预测步骤一般为：①确定预测目标；②通过市场调查和所掌握的历史资料，寻找并分析影响价格变化的相关因素；③从相关因素中筛选出主要的影响因素；④搜集整理预测目标与主要影响因素之间的时序或空间分布序列统计资料；⑤选择并建立回归预测模型，可供选择的预测模型主要有一元线性回归模型、二元线性回归模型、多元线性回归模型、一元非线性回归模型、多元非线性回归模型、自回归模型等；⑥进行拟合优度和显著性检验，拟合优度检验主要是考察所建模型与调查所得资料的吻合程度，在实际工作中一般采用相关系数检验；⑦进行自变量的先期预测；⑧把自变量的未来估计值代入回归预测模型，求解预测目标未来可能发生值；⑨进行定性分析。

【例 10-2】某地区 2013—2018 年的价格指数见表 10-4，试用最小平方法计算参数并预测 2019 年该地区的价格指数。

表 10-4　　　　　　　　某地区 2013—2018 年的价格指数

年份	2013	2014	2015	2016	2017	2018
价格指数	125	126	126	127	128	129

列出最小平方法求参数计算表，见表 10-5。

表 10-5　　　　　　　　最小平方法求参数计算表

年份	实际值（y）	年序数（t）	t²	ty
2013	125	−5	25	−625
2014	126	−3	9	−378
2015	126	−1	1	−126
2016	127	1	1	127
2017	128	3	9	384
2018	129	5	25	645
合计	761	0	70	27

因为 t 之和为零，则：

a=761÷6=126.83

b=27÷70=0.39

所以，该地区价格指数预测模型为：

y=a+bt=126.83+0.39t

令 t=7，则 2019 年该地区价格指数的预测值为：

y_{2019}=126.83+0.39t=126.83+0.39×7=129.56

答：该地区价格指数预计在 2019 年为 129.56。

4）结构分析——定比预测方法

在价格体系中，各种商品价格之间不仅存在着因果式的单向关系，而且存在着互为因果的双向或多向的关系。例如，煤炭价格的变化会影响电价的变化，电价的变化反过来又会影响煤炭价格的变化。在现实生活中，像这样存在着因果关系的商品价格是很多的，故需要运用结构分析方法，即采用定比预测方法，才能较好地解决这个问题。定比预测方法主要有投入产出法和经济计量法。

【例10-3】某市2014—2018年分季价格指数见表10-6，试用比率分析法测算季节指数。若预测2019年的价格指数为132，试用按季平均法求得季节指数，以预测2019年各季的价格指数。

表10-6　　　　　　　　　　某市2014—2018年分季价格指数表

年度\季度	第一季度	第二季度	第三季度	第四季度	全年平均
2014	102.19	106.58	89.85	101.39	100
2015	89.91	121.38	71.43	117.28	100
2016	107.12	98.59	78.64	115.65	100
2017	105.94	119.63	62.64	112.18	100
2018	107.98	126.66	56.83	108.53	100
合计	513.14	572.84	359.39	555.03	500
季节指数（平均数）	102.63	114.57	71.88	111.01	100

第一季度的价格指数预测值=132×102.63%=135.47

第二季度的价格指数预测值=132×114.57%=151.23

第三季度的价格指数预测值=132×71.88%=94.88

第四季度的价格指数预测值=132×111.01%=146.53

5）预测方法的选择

预测方法的选择，除了要考虑预测目标的要求外，还要考虑各种预测方法的特点和适用范围，以及运用各种预测方法进行预测的误差比较。各种预测方法的比较分析见表10-7。

表10-7　　　　　　　　　　各种预测方法的比较分析

预测方法	所需信息条件	预测成本	预测精度		
			短期	中期	长期
集合意见法	以座谈或填表形式来搜集信息	低	优	优	差
专家意见法	以会议形式搜集信息	中等	优	良	中等
专家小组法	通过多次反馈搜集信息	中等	良	优	优
移动平均法	两年以上的历史数据（按季、月）	低	良	差	差
指数平滑法	同上	低	优	良	差
季节指数法	同上	低	优	良	中等
趋势外推法	多年历史数据	低	良	良	中等
因果分析法	同上	低	良	良	良
投入产出法	多方面的技术经济参数或统计资料	高	优	良	良
经济计量法	广泛的经济知识、统计资料、数学方法	高	良	优	优

　　另外，预测方法的选择也可以通过比较误差来确定，即通过对同一预测对象采用不同的预测方法进行预测，从中选择拟合程度高、预测误差小的方法。一般来说，预测结果可以用平均误差、平均绝对误差、均方误差、均方根误差加以度量。人们通常把具有最小均方误差的预测方法作为理想的预测方法。

◆ **教学互动 10-1** ◆

　　互动问题：选择某商品（或股票），搜集其价格信息，运用本章所学内容，对该商品（或股票）的未来价格走势做出预测，并阐明分析过程。

　　要求：同"教学互动 1-1"的"要求"。

◆ **职业道德与企业伦理 10-2** ◆

数字的妙用

　　背景与情境：国外市场调查发现，在生意兴隆的超级市场中，商品定价所用的数字按其使用的频率排序，依次是 5、8、0、3、6、9、2、4、7、1。这种现象不是偶然出现的，究其根源是顾客消费心理的作用。带有弧形线条的数字，如 5、8、0、3、6 等似乎不带有刺激感，容易被顾客接受；不带有弧形线条的数字，如 1、7、4 等，比较而言就不大受欢迎。所以，在超级市场商品的销售价格中，8、5 等数字经常出现，而 1、4、7 等数字的出现次数较少。

　　问题：定价中的数字有哪些内涵？

　　分析提示：数字在价格中的应用应结合我国的国情。很多人喜欢 8 这个数字，认为它会给自己带来发财的好运；数字 4 因为与"死"同音，故被人忌讳；对于数字 7，人们一般感觉不舒心；因为中国老百姓有"六六大顺"的说法，所以数字 6 比较受欢迎。

❋ **本章概要**

✿ 内容提要

　● 价格信息是以情报、消息、数据、指令、报告等形式反映商品的价格特征及变化状态的陈述。价格信息的类型主要有价格政策信息、价格动态信息、价格监督检查信息、价格构成变化信息和国际价格信息。

　● 价格预测是指根据价格运动变化的规律性，通过对构成和影响价格变化的各种因素的分析，对商品价格的未来变化和趋势做出判断和推测。价格预测的方法按其在价格预测分析中的不同作用，可分为定性分析——定性预测方法、时序分析——定时预测方法、因果分析——定量预测方法和结构分析——定比预测方法等。

✿ 主要概念和观念

▲ 主要概念

价格信息　价格预测

▲ 主要观念

价格信息的加工与传递　价格预测的定性分析与定量分析

✿ 重点实务

价格信息的搜集和整理　商品价格预测

✤ **基本训练**

❀ 知识训练

▲ 简答题

1）什么是价格信息？价格信息的来源有哪些？

2）为什么要对价格信息进行加工？

3）什么是价格的定性预测？具体有哪些方法？

4）定量价格预测法和定性价格预测法的适用条件各有哪些？

5）怎样进行价格信息的搜集？价格信息整理、加工时应注意哪些问题？

6）价格信息是如何传递的？

7）简述价格预测的主要内容。

8）简述价格定量预测的方法。

▲ 选择题

1）价格政策信息主要包括国家的（　　　）。

A.价格法律　　　　　B.价格法规　　　　　C.价格指令　　　　　D.价格比率

2）价格信息搜集的原则有（　　　）。

A.全面原则　　　　　B.真实可靠原则　　　C.系统性原则　　　　D.经济性原则

3）价格信息搜集的具体方式有（　　　）。

A.第一手资料　　　　B.询问法　　　　　　C.观察法　　　　　　D.资料法

4）以价格预测的范围大小为标准，价格预测的类型有（　　　）。

A.宏观价格预测　　　　　　　　　　　　B.微观价格预测

C.长期价格预测　　　　　　　　　　　　D.中、短期价格预测

5）企业对近期价格预测通常采用的方法有（　　　）。

A.类推法　　　　　　B.集合意见法　　　　C.专家意见法　　　　D.移动平均法

6）用专家小组法预测价格的一般步骤是（　　　）。

A.建立模型　　　　　B.轮回反馈　　　　　C.预测准备　　　　　D.确定预测结果

▲ 判断题

1）对价格效应的预测应在定性分析的基础上力求定量分析。　　　　　（　　　）

2）运用定时预测方法预测价格走势时，应结合影响价格因素的变化趋势对预测结果进行必要的修正。　　　　　　　　　　　　　　　　　　　　　　　（　　　）

3）搜集、加工价格信息是进行价格预测和决策的基础性工作。　　　　（　　　）

❀ 能力训练

▲ 案例分析

小麦价格上涨幅度喜人，后期涨幅空间十分有限

背景与情境：目前全国各地的小麦基本上都已经收割完成，受到冬天冻害以及收获时节阴雨天气的影响，小麦有所减产，各地小麦价位自从开始收获就进入了不断上涨状态，从收获之初的每斤1.15元，涨到而今优质小麦每斤1.4元。

从买卖的角度来说，购买者通常有买跌不买涨的消费心理，而今年的小麦市场可以说有些看不大懂了。不过小麦上涨的态势已经放缓，而近几日的小麦价位基本上停

滞了，应该说，当前小麦价位已经比较高了，专家认为当前的小麦涨幅已经不小了，后期涨幅空间十分有限。

6月份临储库存小麦量为7 400万吨，与去年同期增加了1 648万吨，可以说小麦库存量处在上升状态，根据国家粮食供给侧结构调整的目标，小麦去库存是必经之路。也就是说未来的小麦市场还将会由政策主导。

今年小麦的托市价格已经是连续第二年下调了，从政策上看，未来取消托市收购也并非完全没有可能。在临储量已经比较大的情况下，未来临储拍卖可能性较大。

这一波小麦价位上涨也有市场供给短缺的因素，临储方面表示6月18日起暂停临储小麦拍卖，对于面粉加工企业来说，粮食供给来源也只能是市场采购，这样会导致小麦临时性的供给短缺。而未来如果小麦价位继续上涨的话，一只无形中的手恐怕就会再度伸出，对于当前小麦价位进行打压。

因此，专家认为，当前小麦价位已经相对较高，未来涨幅有限，对于粮食贸易商来说，切莫盲目囤积，而对于农民朋友来说，也要适可而止，切莫重蹈今年囤积玉米的覆辙。

资料来源　佚名. 从麦收至今小麦价格上涨幅度喜人，后期涨幅空间十分有限［EB/OL］.［2018-06-22］. https://item.btime.com/m_9a63c876488276f3c.引文经过改编。

问题：总结本案例中预测小麦价格后期涨幅有限的原因。

分析要求：同第1章"基本训练"之本题型的"分析要求"。

▲　实训操练

实训项目：搜集当地某种商品最近一段时间的价格变化资料，然后预测该商品未来价格的变化趋势。

实训步骤：

1）将班级学生分成若干小组，每组确定1个负责人。

2）各组学生结合操练项目，进行分工协作。

3）各组学生以本章"价格预测的方法和步骤"实务教学内容为业务规范，进入角色，体验本项目模拟实训的全过程。

4）各组学生记录本次模拟实训的情境与步骤，总结实训操练的成功经验、存在的问题及解决的办法，在此基础上撰写《某商品价格未来变化趋势预测的实训报告》。

5）在班级讨论交流、相互点评与修订各组的《某商品价格未来变化趋势预测的实训报告》。

6）在校园网的本课程平台上展出经过修订并附有教师点评的各组《某商品价格未来变化趋势预测的实训报告》，供学生相互借鉴。

☼　善恶研判

开发商如何用话术挑动购房者神经

背景与情境："房子抢不到，开发商把客户分成四人一组打麻将，谁先胡牌谁买房""杭州奔一线，新房源价格直接上调5 000元/平方米""限购第一天，外地客户一次性认筹68组酒店式公寓"……几乎每天我们都能从社交平台上看到这些房地产开发商、中介有意无意散布的信息。在楼市不断上扬的行情下，购房者对房价或是与房产相关的事件是极其敏感的，开发商就是利用了购房者这样的心态，传播一些似真若假的信息来炒热度、吸眼球。

G20 峰会召开后，有一张中央电视台的新闻截图在朋友圈中流传，内容是杭州与北京、上海、广州被同时罗列在一线城市名单中。事实上，这张图片是几年前某次新闻播报中的截图，图中的杭州二字是经过图片处理后覆盖了原来的文字，当时新闻中播报的是深圳与其他几座一线城市的房价涨跌情况。

然而，置业顾问们拿着这张假新闻的图片，向购房者解释为什么又涨价了；中介经纪人不断地告诉客户"杭州已经成为一线城市，房价还会继续涨"。峰会刚刚结束，杭州成为热点，许多楼盘正处于"封盘"状态以上调价格，朋友圈就在此时出现了这张看上去十分权威的截图。许多不明真相的购房者被误导，成为了不实信息的传播者，开发商则为自己新一轮涨价找到了理由，也让项目再次赚到了关注度。

9 月 18 日的限购政策出台前，朋友圈有这样一则传言：雅居乐国际花园因房源紧缺，组织客户打麻将，谁先胡牌谁买房，还配上了客户在案场打麻将的照片。事后，雅居乐国际花园进行了辟谣，表示该事件与项目销售没有任何关系，也不是项目本身设计的一次事件炒作。这则消息在房产圈内流传甚广，不少圈内人士以此力证杭州房源紧俏。然而，这完全是个大乌龙。照片上打麻将的购房者事实上是已经购买了雅居乐国际花园的业主，他们正在参加楼盘组织的"雀神大赛"。

还有一种房企惯用的手法是抓住一些事件或信息，大肆鼓吹、渲染，为自己的涨价、炒作制造话题和支撑。

本周二下午余杭的土拍会上，未来科技城成交了一宗加油站地块，楼面价为98 837 元/平方米，溢价率 1 218%。在此之前，杭州曾有 2 宗加油站地块的价格超过10 万元/平方米，周二成交的这宗加油站地块一没有创造历史最高价，二和住宅用地完全没有关系，却再一次成为开发商炒作的工具。当天下午，这宗地块成交后，朋友圈内就有不少房产从业人员转发起了地块的成交信息，包括价格、溢价率等，并配上"杭州的地价疯了"或者"还要涨"这样的评价。

资料来源　楼肖桑. 开发商如何用话术挑动购房者神经［EB/OL］.［2016-09-22］. http：// zzhz.zjol.com.cn/system/2016/09/22/021307588.shtml. 引文有删减。

问题：

1）为什么一些房地产经营者炒作或者散播虚假的房价信息？

2）本案例中存在哪些职业道德问题？试对上述问题做出你的善恶研判。

3）通过网络或图书馆调研等途径搜集你做善恶研判所依据的行业道德规范。

4）本案例对消费者的启示有哪些？

研判要求：同第 1 章"基本训练"之本题型的"研判要求"。

第11章
价格管理

▶ **学习目标**
11.1 政府对价格的管理
11.2 企业价格管理
▶ **本章概要**
▶ **基本训练**

▶ **学习目标**

通过本章的学习，你应该达到以下目标：

职业知识 学习和把握政府和企业加强价格管理的必要性和重要性，政府对价格管理的形式与手段、企业定价的权利和义务等理论与实务知识；能用其指导或规范本章认知活动和技能活动，正确解答"基本训练"中"知识训练"各题型的相关问题。

职业能力 明确企业定价的有关制度及企业内部各部门在价格管理方面的职责，掌握明码标价制度、价格检查和监督会制度、价格保密制度的内容；能够及时、准确地领会政府出台的价格法规、政策，并为企业的价格管理工作出谋划策；通过搜集、整理与综合"政府对价格的管理"的前沿知识，撰写、讨论与交流《"政府对价格的管理"最新文献综述》，培养"价格管理"中"自主学习"的通用能力。

职业道德 结合本章教学内容，依照行业规范或标准，分析"职业道德与企业伦理11-1~11-2"和章后"零购官网买东西不要钱？"案例中企业或其从业人员行为的善恶，强化企业和员工的伦理道德素养。

学习微平台

延伸阅读 11-1

引例 盘点震惊的天价消费事件

背景与情境： 2015年10月4日，有网友爆料称，在青岛市乐凌路"善德活海鲜烧烤家常菜"吃饭时遇到宰客事件，该网友称点菜时已向老板确认过"海捕大虾"是38元一份，结果结账时变成是38元一只，一盘虾要价1 500余元。

2016年2月25日，杭州姑娘小朱走进一家"丝雨美容美发店"，本想只是洗个头，没想到店内工作人员开始介绍起点痣项目，点一颗痣要140元，再加上修眉和护肤品，一来二去不到半小时的功夫就花了2.3万元，让小朱顿时就傻眼了。小朱看了看拿到的护肤品：一瓶用于点痣后修复的产品，要价2 800多元；一小支修眉后的修复产品，要价700多元。而两样产品在网上的价格都不贵，和店里的售价差了十几倍。

2016年3月13日的《扬子晚报》报道，南京市消费者协会秘书长许明说他自己就曾经看到过"天价马"。有一次在一个景区游玩，旁边放着一块牌子"骑马1元"，有游客觉得便宜就上马骑了几分钟，结果被收了好几百元，因为这马居然是按秒来收费的。他还说眼下一些商家的口头禅是"有本事你告我去"。

资料来源 佚名. 震惊全国的天价消费事件［EB/OL］.［2016-03-17］. http://www.sohu.com/a/63914542_215064.引文有删减。

案例中部分经营者明码标价不清晰，涉嫌价格欺诈。为了维护市场价格秩序，保障消费者的合法权益，我国政府部门应依据价格管理的相关法律法规，加强对市场的监管。

目前，绝大部分商品的价格是市场调节价，但这并不排斥有关部门对商品价格进行一定程度和某种方式的管理。价格管理是国民经济管理的重要组成部分，是社会主义市场经济体制不可或缺的内容之一。价格管理既包括政府对价格的管理，也包括企业内部的价格管理。政府对价格进行管理，目的是保证市场机制的正常运行，促进国民经济持续健康发展，保持价格总水平的相对稳定，保护消费者的利益，安定人民生活。企业对价格进行管理，旨在指导企业的营销活动，提高企业的管理水平和市场竞争力。

11.1 政府对价格的管理

11.1.1 政府对价格管理的机构、形式与手段

1）政府价格管理机构及其任务

我国的政府价格管理机构在统一领导、分级管理的原则下，经过多次调整，逐渐趋于完善，目前已形成了从中央到地方、从政府主管部门到业务主管部门的价格管理机构体系。

（1）综合价格管理机构。1993年国务院机构改革后，原国家物价局撤销，划归国家计委领导，并相应地设立价格管理司负责管理全国的价格工作，这是全国价格管理的最高权力机关，主管全国的价格工作。2003年3月政府机构进一步改革后，国家计委改为国家发展和改革委员会。各省（直辖市、自治区）和地区（市）、县及大城市的区级人民政府根据当地政府机构设置和经济发展的具体情况，相应设立了同级物

价局（委）或其他专门机构，受同级地方政府和上一级综合价格管理机构的双重领导，按价格分工和管理权限，管理和监督本辖区的价格工作。县级人民政府物价局（或其他专门机构）在所辖重要集镇设价格管理所，作为县物价局（或其他专门机构）的派出机构，负责本集镇的价格管理工作。一般乡镇在乡镇人民政府内设专职（或兼职）的价格管理人员，负责本乡镇的价格管理工作。

（2）业务主管部门的价格管理机构。各级政府的业务主管部门，包括主管生产和流通的各部、委、局，根据各自的机构设置情况，设立相应的价格管理机构，受同级人民政府价格管理机构和本系统上级价格管理机构的双重领导，负责管理和监督本部门、本系统的价格管理工作。

政府价格管理机构的任务，从根本上说是使价值规律的作用得到更好的发挥，促进社会主义市场经济的健康发展。其具体包括以下两个方面：

①保证政府定价、政府指导价的制定，调整和执行符合经济发展的总体要求，充分发挥价格杠杆的调节作用，促进资源的合理配置。

②对市场调节价进行有效的监督和检查，纠正和打击价格方面的违法行为，保障企业定价的权利和义务的履行，建立良好的市场秩序，保证人民生活的安定。

2）政府对价格管理的形式

政府对价格管理的形式是价格管理体制的重要内容之一。我国的价格管理形式随着经济管理体制的不断改革，经历了一个不断演变的过程，目前已形成了政府定价、政府指导价和市场调节价三种形式并存的价格管理体制。

（1）政府定价。**政府定价**又称政府统一定价，或称指令性价格，是指由县级（含县级）以上各级人民政府价格管理部门、业务主管部门按照政府规定权限制定商品价格和收费标准的一种价格管理形式。实行政府定价的商品，大部分都是关系国计民生的生产资料、消费品和劳务，主要涉及重要农产品的收购价格和销售价格、重要生产资料的出厂价格和销售价格、交通运输价格和邮政电信资费、重要消费品的产销价格、行政事业性收费等。政府定价一般具有以下特点：宏观性、稳定性和指令性。

同步思考 11-1

政府定价为什么具有宏观性、稳定性和指令性？

答：政府定价是政府按照价值规律，根据国民经济的整体利益制定的，它考虑的是较长时期内商品的供求状况和国家政策的要求，从宏观上兼顾国家、集体和个人三个方面的利益，因此这种价格形式具有很强的宏观性。政府定价在一定时期内是相对稳定的，在短时期内一般不会随着市场需求的变化而频繁地、大幅度地发生变化，它的调整是由政府依据一定时期内劳动生产率的变化与供求状况以及国家财政、企业和消费者的承受能力等情况，在保持市场价格总水平基本稳定的前提下，有计划、有步骤地进行的，因此这种价格形式具有稳定性。政府定价的制定和调整必须按照政府规定的价格管理权限和程序执行，任何地区、部门、单位和个人，都不得超越权限擅自变动，调价方案要按照管理权限报主管部门批准后方可执行，执行时不得早调、迟调、多调、少调或不调，因此这种价格形式具有较强的指令性。

（2）政府指导价。**政府指导价**是指由县级（含县级）以上各级人民政府价格管理部门、业务主管部门按照政府规定权限，通过规定基准价格和浮动幅度、差价率、利润率、最高限价和最低保护价格等形式，指导企业制定商品价格和收费标准的一种价格管理形式。政府指导价主要有浮动价格、最高限价和最低保护价格三种形式。

第一，浮动价格。它是指由政府规定某些商品的基准价格和浮动幅度，企业可以根据市场的供求状况，在一定的范围内自行制定和调整价格。这种价格管理形式既有利于稳定市场价格，又有利于企业根据产销情况灵活掌握商品价格。

第二，最高限价。它是指由政府对某些商品规定最高限价，企业只能在政府规定的价格限度内出售或购买商品。这种价格管理形式是加强价格管理、制止哄抬价格、保持市场价格基本稳定的重要手段。

第三，最低保护价格。它是指由政府对某些商品规定最低价格，企业只能以高于政府规定的价格限度出售或购买商品。这种价格管理形式主要用于收购某些重要的农产品，目的在于保护生产者的积极性，扶持地区经济发展。

除了以上三种形式外，政府还对某些商品的价格通过规定差价率和利润率的方法进行指导，具体价格则由生产者和经营者自行制定。

政府指导价是介于政府定价与市场调节价之间的一种价格，它既具有宏观的计划性，又具有市场调节的灵活性。

同步案例11-1

2018年小麦和稻谷最低收购价执行预案正式发布

背景与情境： 国家粮食和物资储备局等6部门近日联合印发《小麦和稻谷最低收购价执行预案》（下称"预案"）。今年，三等小麦、早籼稻、中晚籼稻和粳稻最低收购价分别为每50千克115元、120元、126元和130元。

预案规定，当粮食市场收购价格持续3天低于国家公布的最低收购价格时，由中储粮分公司会同省级粮食、价格、农业等部门和农业发展银行等单位提出启动预案的建议，经中储粮集团公司报国家粮食和物资储备局批准后，即在省（区）内符合条件的相关地区启动预案。启动预案地区，当市场收购价格回升到最低收购价水平以上时，要及时停止预案实施，充分发挥市场机制作用，支持各类企业积极开展市场化收购。

与往年相比，今年最低收购价预案启动条件有了明显变化，将更多地交由市场收购，国储则主要以托底收购为主。

资料来源　佚名. 2018水稻最低收购价开始执行［EB/OL］.［2018-10-11］. http://www.sohu.com/a/258795026_740061.引文有删减。

问题： 国家制定粮食最低收购价格，意义何在？

分析提示： 国家制定的粮食收购价格是最低保护价格，属于政府指导价。其意义在于保持合理的粮价水平，保护种粮农民的利益，稳定发展粮食生产。

（3）市场调节价。**市场调节价**是指在商品交换过程中由买卖双方自行制定商品价格和收费标准的一种价格管理形式。市场调节价的主要形式有企业定价和集市贸易价格。

市场调节价完全受市场竞争和供求状况的影响，具有灵活性和波动性。但它并不是放任自流的，国家对其仍然要实行以经济手段为主的间接控制。

3）政府对价格管理的手段

政府对价格的管理需要借助一定的手段，在社会主义市场经济条件下，政府对价格管理的手段主要有经济手段、法律手段和行政手段，分析这些管理手段的性质、特点和功能，可以使我们正确认识和理解政府的价格方针政策，自觉做好价格工作。

（1）价格管理的经济手段。价格管理的经济手段是指政府为影响价格的形成和运行，控制价格水平的变动，而采取的一系列配套的经济政策和经济措施。经济手段的运用在于通过改变价格影响因素的结构或它们对价格作用的力度，来实现对价格变动和价格水平的有效控制。

价格管理的经济手段具有以下几个方面的特点：

第一，经济手段对价格的管理是通过对其他经济变量的操作或控制而间接实现的。整个过程表现为：各项经济政策的实施→市场供求变动→价格水平变动。可见，政府用经济手段管理价格是以市场供求的变动为媒介来实现的，因此它是一种间接手段。价格管理的经济手段虽然是一种间接的手段，但是它有可能从根本上消除各种各样的因素对价格变动的非正常干扰，使价格稳定真正建立在一定的经济基础之上，因此它是一种标本兼治的方法。这也是价格管理的经济手段成为管理价格的主要方法的原因。

第二，价格管理的经济手段的实施效果往往是相对滞后的。这主要是由于价格管理的经济手段以市场供求为媒介影响价格，其过程要经历一个生产者根据市场信息改变生产结构，调整产品品种、产量和消费者改变消费习惯的过程，从而使价格管理的经济手段的实施对价格产生的影响存在时间上的滞后现象。

第三，各种价格管理的经济手段应配合使用才能收到综合治理的效果。由于社会经济的整体性，价格管理的经济手段对某一经济变量的调节往往会产生系列的反应，其间既有我们所希望出现的影响，也会在一定的条件下产生我们不希望出现的反应。因此，各种价格管理的经济手段应配合使用才能收到综合治理的效果。

第四，价格管理的经济手段是通过对被调节对象诱之以利，来引导其自觉或不自觉地调整自身的经济行为实现的。利用经济手段进行价格调节和管理，是以承认生产者和经营者各自的经济利益为前提的，通过利率、增减税收等手段来调整其经济利益，使其自觉或不自觉地按照政府预定的目标调整自己的经济行为。

政府价格管理的经济手段的主要形式如图 11-1 所示。

```
                        ┌ 财政手段税收、国债、投资
                        │ 价格补贴
                 财政手段 ┤
                        │ 政府采购
                        └ 转移支付
                        ┌ 法定存款准备金率
                        │ 存贷款利率
        经济手段  金融手段 ┤ 公开市场业务
                        │ 再贴现
                        └ 再贷款
                                  ┌ 供不应求，向市场投放
                 调节性物资储备手段 ┤
                                  └ 供过于求，收购充实库存
```

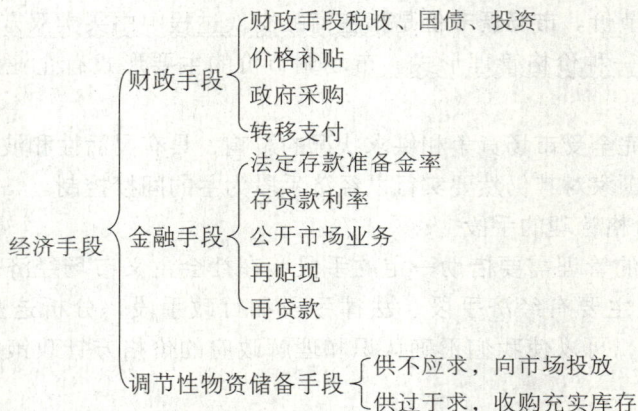

图 11-1　政府价格管理的经济手段的主要形式

（2）价格管理的行政手段。价格管理的行政手段是指政府依靠行政组织，运用行政命令或行政法规，下达统一的价格或实行带有强制性的措施、方法，以及相应建立的一整套行政管理制度的总称。价格管理的行政手段在调节关系国民经济全局利益、长远利益的经济活动方面，起着不可或缺的特殊作用。

价格管理的行政手段的特点是：第一，强制性。行政手段以行政法规或行政命令的形式，明确规定当事人必须做一些事或不能做一些事，对当事人具有不可抗拒的效力。第二，直接性。行政手段不需要借助其他任何经济媒介，就可以以行政命令或行政法规的形式直接作用于管理对象，并很快收到效果。第三，局部性。行政手段对经济或价格的管理可以局限在特定的对象或范围内，而与之相联系的对象或范围则不受其影响。总之，行政手段在价格管理中有其特殊的作用，在一定的条件和范围内是必要的和有效的。但用行政手段管理价格毕竟有其局限性，随着经济手段的不断完善和作用的不断加强，应逐步缩小行政手段的使用范围，使之逐步成为一种辅助手段。

价格管理的行政手段的主要内容有：

第一，制订价格计划，对市场价格总水平实行目标控制。

第二，编制价格分工管理目录，实现政府对重要商品价格的分级管理。政府对价格的行政管理，在价格形式上，主要是通过政府定价和政府指导价等形式来体现的。政府对这两类定价商品实行统一领导、分级管理。为了明确各级价格部门和各系统价格管理机构的管理权限与分管的商品种类，编制价格分工管理目录就成为价格部门对价格进行行政管理的重要内容之一。价格分工管理目录由国家价格管理部门或授权省、直辖市、自治区人民政府价格管理部门制定和调整，其内容主要包括商品类别、编号、商品名称、等级、规格、牌号（商标）、价格管理部门和管理市场等。凡列入价格分工管理目录的商品，其价格的制定和调整均应由目录规定的部门统一进行。

第三，市场出现供求异常时，进行临时性的价格行政干预。当国民经济的发展出现不正常情况时，市场价格就会出现不正常波动，如不及时采取有力的措施，就可能引起经济生活的动荡，影响城乡居民的生活水平，因此政府有必要对一部分商品的价格实行行政干预。干预的措施有暂时冻结价格，通过调整价格分工管理目录将某些实行市场调节价格的商品重新由政府定价，规定最高限价或最低限价，规定进销差率或加价率，规定差价率的计算办法和计价环节等。

第四，通过规定"提价申报和调价备案"等制度，加强对市场调节价的管理。所谓提价申报制度，是指某些由企业定价的比较重要的商品，在提价前必须向有关价格管理部门申报，价格管理部门根据经济条件的许可和控制价格总水平的需要，可以批准、制止或推迟企业的提价申请。为了加强管理，各地价格管理部门都制定和颁布了实行申报制度的重要商品的目录，并规定了申报的期限和相应的程序。调价备案制度是指价格管理部门对部分实行市场调节价的商品，规定企业在调价后，应将调价商品的品种、调价的理由、调价的幅度等资料报送给价格管理部门备案的一种管理制度，这种制度包括需备案的商品及企业、备案的内容、备案的程序、备案管理的措施等内容。

第五，实行企业定价许可证制度，加强对企业定价的管理。企业定价许可证制度规定，凡享有定价权的企业都必须接受价格管理部门的资格审查，建立与企业价格管理相适应的组织机构和制度，以及企业价格行为的自我约束机制等。具体做法是采取"培训-验收-发证"三个步骤。发证后，价格管理部门还要对领证企业进行长期的经常性的检查监督，对于不符合规定条件和具有价格违法行为的企业，价格管理部门有权收回企业定价许可证，并取消其定价资格。

（3）价格管理的法律手段。价格管理的法律手段是指政府通过制定价格法律和法规的形式，来规范价格决策主体的权利与义务、价格制定与调整的依据和程序、价格管理的形式和办法、价格的监督与检查、违法行为的处理与制裁等价格行为，使之具有法律的规范性和稳定性。

价格管理的法律手段的特点是：第一，规范性。价格法律或法规以法律条文的形式将价格决策主体的权利和义务、价格形式的依据和程序等价格行为明确地规定下来，使人们在制定、调整或管理价格等活动中有一个共同遵循的准则，做到有法可依、执法有据，按照法律规定的权利和义务从事各自的价格活动。第二，稳定性。价格法律反映的是市场经济条件下价格运动的一般规则或原则，以及在价格管理中长期行之有效的、应用范围广泛的基本政策规定和办法，并通过严格的立法程序加以确定。修正、变更或废止价格法律的内容或条文，也必须经过严格的立法程序，因此价格法律一经确立，就具有相对的稳定性。第三，严肃性。价格法律是国家意志的体现，一经确立便具有不可违抗的严肃性，任何违法行为都会受到法律的制裁。价格管理的法律手段的严肃性可以有效避免价格管理中行政约束力不强、个人滥用职权等弊端，增强价格的严肃性和约束力。

价格管理的法律手段的内容主要包括关于价格在社会主义市场经济中的职能、地位和作用的规范，关于价格决策主体权利和义务的规范，关于价格管理形式和管理层次的规范，关于价格决策程序的规范，关于公平价格的规范，关于价格监督、检查的规范和关于价格违法行为处罚的规范等。

◆ **同步案例11-2** ◆

上海将在部分行业实行临时价格干预

背景与情境：首届中国国际进口博览会将于11月在上海举行。上海市政府15日发布通告，根据价格法的有关规定，将对上海的酒店旅馆、网约出租汽车和部分公共停车场（库）实行临时价格干预措施。

根据通告，临时价格干预措施实施期间为 2018 年 10 月 26 日至 11 月 14 日，涉及的范围包括上海全市所有具有《旅店业特种行业经营许可证》的酒店旅馆及其客房销售企业，全市所有网约出租汽车，以及举办地国家会展中心（上海）周边 6 个区内实行市场调节价的公共停车场（库）。

根据要求，上海全市所有酒店旅馆销售的临时价格干预措施实施期间各类客房的实际交易价格（包含线上、线下所有交易渠道），不得高于 2017 年 10 月 1 日至 11 月 30 日期间该酒店旅馆同等房型、同等服务条件客房的最高交易价格。

在通告施行前（通告自 15 日起施行）已在沪运营的网约出租汽车平台，其在临时价格干预措施实施期间各类车型运价（包括各运价组成部分的价格），不得高于通告施行前一日该平台实际执行运价（包括各运价组成部分的价格），同时，不得新增其他收费项目。各平台经营者应当在通告开始施行后 10 个工作日内，将通告施行前一日本平台运价表及临时价格干预措施实施期间拟实行的运价表，报送上海市价格主管部门。

资料来源　周蕊. 上海将在部分行业实行临时价格干预 [EB/OL]. [2018-08-16]. http://www.xinhuanet.com/mrdx/2018/08/16/c_137394107.htm. 引文有删减。

学习微平台
延伸阅读 11-2

问题：上海市政府为什么在国际进口博览会期间实行临时价格干预？

分析提示：在进口博览会期间，住宿及出行等需求增加，为保持博览会期间价格稳定、营造良好的价格秩序和环境，维护消费者的合法权益，上海市实行了临时价格干预。

（4）各种价格管理手段的比较。各种价格管理手段在社会主义市场经济条件下存在着共同之处，即所遵循的规律、所要达到的目的和运用的主体等是相同的。各种价格管理手段的不同之处也是很明显的，具体见表 11-1。

表 11-1　　　　　　　　　　　　　价格管理手段比较

价格管理手段	特　点	方　式	重　点
行政手段	强制性、直接性、局部性	财政、金融手段	命令的服从
经济手段	间接性、滞后性、涉及面广，以及各种经济手段需要配合使用	利益诱导	价格总水平的变动
法律手段	规范性、稳定性、严肃性	法律规定	人们的价格行为

11.1.2　国家对价格的监督与检查

1）价格监督的目标

价格监督的目标是通过监察和督导，促使形成和保持一个相对合理完善的价格决策制度，在贯彻党和政府的方针政策、法律法规的同时，充分发挥价格机制的作用，促进社会生产力的发展，促进社会主义市场经济的良好发展。

2）价格监督的主体

目前，我国价格监督的主体是：

（1）各级人民代表大会。

（2）各级政府价格监督检查执法机构。

（3）社会监督机构与组织。这些机构与组织主要是工会、妇联、共青团、行业协会、工商业联合会、街道群众价格监督站等。

（4）企业价格部门、人员或价格监督组织。其主要职责是对本单位在经济活动中执行价格法律法规、方针政策的情况进行内部自我监督，对与本企业购销业务有关的经济组织的价格行为进行监督，特别是要对交易方各企业以各种形式商定非法垄断价格的行为进行监督。

3）价格监督的客体

价格监督的客体是指价格运动及其当事人。对价格运动的监督主要包括对价格总水平实际运行状况的监督、对相对价格水平的监督和对市场上各类具体商品价格变动情况的监督。

◆ **同步思考11-2** ◆

为什么说价格监督更为重要的对象是隐蔽在价格表象之后的有关当事人的价格关系和价格行为？

答：这一方面是因为价格的运动受人的操纵、驾驭和驱动，只有对当事人的行为进行监督，才能有效监督好价格运动；另一方面是因为监督往往伴有处罚手段，而处罚总是针对特定人的具体行为做出的。

4）价格监督的依据

（1）价格监督的法律依据。价格监督的法律依据是《价格法》以及与价格行为有关的其他法规。

（2）价格监督的行政依据。价格监督的行政依据主要是国家行政机关依法制定的以行政命令下达的与价格行为有关的规则，如提价申报制度、调价备案制度、价格听证会制度、商品和服务实行明码标价制度等。

（3）价格监督的经济依据。价格监督的经济依据是由立法机关、行政机关或有关部门规定应当达到的价格指标等。

（4）价格监督的社会依据。价格监督的社会依据是国家立法机关或有关部门规定的应满足的社会对价格的要求，如不准价格歧视、必须质价相符等。

5）价格监督的程序

政府对价格监督的程序如下：

（1）确定各种价格监督的规范标准。

（2）监测检查，取得相应的信息，根据不同的需要，采取多种多样的价格监督检查形式。

（3）在分析偏差的基础上采取纠正措施。

◆ **职业道德与企业伦理11-1** ◆

背景与情境：2018年，天猫制定了双十一的价格规则，要求商家参加活动申报价不高于2018年9月15日到2018年11月10日最低成交价的90%，双十一活动结束后15天内（2018年11月12日00：00：00-2018年11月26日23：59：59）为价格保护期，其销售价格不得低于双十一活动价格，如有违反的，天猫将按照《天猫规则》相关规定，予以一般违规行为扣六分处理。活动后15天内消费者实付款的金额不能低于双十一当天的实付款金额，如有违反的，消费者有权申请差价补偿。

问题：天猫网制定的双十一价格规则有何意义？

分析提示：天猫网制定的双十一价格规则，能加强商家内部的诚信经营与价格自律，切实维护网购消费者的合法权益。

◆ 教学互动11-1

学习微平台

延伸阅读11-3

互动问题：请你结合自己过去一年的消费经历，谈谈有无遭遇价格欺诈行为。如果有，事后是怎么解决的？政府应该采取什么措施管制这些违法行为？

要求：同"教学互动1-1"的"要求"。

11.2　企业价格管理

企业价格管理是指企业对自身生产经营的商品的价格和收费标准的制定、调整及监督检查等一系列活动的总称。企业价格管理工作对企业做出科学的经营决策、提高经营管理水平，具有重要意义。

11.2.1　企业价格管理的机构设置与任务

1）企业价格管理的机构设置

企业价格管理是企业管理工作的重要内容，理应由专门的机构或人员负责。但由于企业的性质、规模、业态、条件、特点等方面的差别，企业价格管理机构的设置也不尽相同，目前主要有以下三种情况：

（1）设置专门的价格管理机构，如一些规模较大的企业设置物价科室。

（2）配备专职物价人员，即不设置专门的价格管理机构，而在有关部门（如业务部门、财务部门或其他部门）配备专职人员，负责企业的日常价格管理工作。

（3）配备兼职物价人员，即既不设置专门的价格管理机构，也不配备专职物价人员，而由熟悉业务的相关人员兼做价格管理工作。

2）企业价格管理的任务

在市场经济条件下，绝大多数商品的价格和劳务收费都由企业自行确定，企业真正成了价格决策的主体，因此企业价格管理的任务比在计划经济体制下加重了。企业价格管理的任务主要是：

（1）正确执行国家的价格方针、政策，遵守国家的价格法律、法规。

（2）严格执行政府定价的商品价格和收费标准。

（3）科学制定和调整自主定价的商品价格和收费标准。

（4）建立和健全企业的各项价格管理制度。

（5）适时开展企业价格检查，并配合政府价格管理部门做好专项价格检查工作。

11.2.2　企业定价的权利与义务

1）企业定价的权利

企业的定价权利是指企业在制定商品价格时所享有的法定权力和利益。

（1）企业享有定价权利的必要条件：

①享有定价权利的企业是具有法人资格和经营自主权的经济实体。

②企业定价的权利属于企业自主经营权的范围，它在国家的宏观调控下形成，企业在定价权利范围内有权制定商品价格和调整商品价格。

③企业定价的权利必须得到法律认可，并受到法律保护。

（2）企业定价权利的内容。根据《价格法》的规定，企业在定价方面享受下列权利：

①制定实行市场调节价的商品价格和收费标准。

②对实行政府指导价的商品和服务收费项目，按照有关规定制定商品价格和收费标准。

③对经有关部门鉴定确认、价格部门批准实行优质加价的产品，在规定的加价幅度内制定商品价格；按照规定权限确定残损废次商品的处理价格。

④在政府规定的期限内制定新产品的试销价格。

⑤对实行政府定价、政府指导价的商品价格和收费标准的制定、调整提出建议。

⑥检举、控告侵犯其依法自主定价权利的行为。

2）企业定价的义务

根据《价格法》的规定，企业在价格方面应当承担下列义务：

（1）遵守并执行国家的价格法律、法规、方针、政策，执行政府定价、政府指导价。

（2）如实上报政府定价、政府指导价的商品的有关定价资料。

（3）服从物价部门的价格管理，接受价格监督检查，如实提供价格检查所必需的凭证、账簿等有关资料。

（4）执行物价部门规定的商品价格和收费标准的申报、备案制度。

（5）零售商业、餐饮行业、服务行业等，必须按照规定实行明码标价。

同步思考 11-3

企业定价为什么要承担一定的义务？

答：企业定价要承担一定的义务的原因主要有以下几个方面：

（1）有利于国家对企业定价的管理。政府通过企业实现管理价格的职能，要求企业必须承担一定的义务，即遵守和执行国家的价格法律、方针、政策，从而保证社会主义市场经济能够有序、健康、协调、可持续地发展。

（2）有利于社会资源的合理分配和使用。企业定价应从长远着想，从社会整体利益出发，在价格制定中要承担维护资源合理使用的义务，从而避免定价偏高所造成的盲目生产和经营，导致社会资源的浪费和破坏；当然，定价也不能偏低，否则就会造成企业不愿生产和经营，导致消费者的需求得不到满足，还会使社会资源闲置。

（3）有利于建立正常的经济秩序。在社会主义市场经济条件下，应贯彻等价交换、公平竞争的原则，以维护正常的经济秩序，这就要求企业的定价行为必须承担一定的义务，即保证企业制定的价格公平合理。

（4）有利于维护消费者的利益。企业既是生产经营者，又是消费者，维护消费者的利益也就是维护生产经营者自身的利益。这就要求企业在定价时必须承担维护消费者利益的义务，从而真正杜绝变相涨价、缺斤少两、质价不符、哄抬物价等违法行为。

◆ **同步案例11-3**

低价倾销的判断

背景与情境：2017年，A啤酒有限公司（以下简称A公司）两次向山东省某市物价局举报B啤酒有限公司（以下简称B公司）存在低价倾销行为，称B公司自2016年11月起采取赠酒、瓶盖投奖、累积奖励等多种方式低价倾销，抢占某市啤酒市场，损害了举报人的经济利益，要求调查处理。经查，B公司在成立之初就确定了市场战略，即2016—2018年为市场导入期，通过低价占领市场，自2019年开始为市场成熟期，实现销量与利润双丰收。经计算，B公司在经营过程中，啤酒的实际售价低于其进货成本。随着销量的增加，B公司的亏损额也不断增加，2016年销售2 800万升，亏损976万元，2017年1—5月销售1 900万升，亏损730万元。

问题：B公司实施的是低价倾销吗？这样的竞争策略是正当的吗？

分析提示：《关于制止低价倾销行为的规定》第二条指出，构成低价倾销行为应同时具备三个要件，并且不属于法定除外情节。这三个要件包括：第一，主观上具有排挤竞争对手、独占市场的目的；第二，客观上表现为以低于个别成本的价格倾销商品；第三，结果是损害国家利益或者其他经营者的合法权益。

11.2.3 企业价格管理制度

1）工业企业内部价格管理制度

（1）价格管理岗位责任制

①价格管理部门职责：贯彻执行《价格法》及其他有关价格法规、方针政策，制定企业产品价格和向上级管理层呈报的建议价格，负责企业价格工作的综合平衡和监督检查工作，制定企业定价的管理办法。

②财务部门职责：提供所有产品和半成品的实际成本资料，提供各种外购原材料和配件的实际采购成本资料，提供原材料和半成品的实际用料差率资料，编制外购原材料、配件的厂内计划价格。

③物资或供销部门的职责：提供各种产品的原材料消耗定额，统计各种产品的原材料实际消耗数量并与原材料消耗定额进行分析对比，及时提供原材料价格水平，提供市场销售信息及用户对产品和价格的意见。

④技术部门的职责：提供产品名称、规格、型号、主要技术参数、主要用途以及专用工装项目及工装费估价资料，提供产品工艺流程、图纸和图纸明细等资料，提供配套的零部件和工具清单，提供自制半成品项目和半成品加工等级标准。

⑤劳动工资部门的职责：提供每件产品、零部件的工时定额资料，提供平均工资和计件超额率等资料。

⑥生产部门的职责：提供各种产品的生产能力和现有产量水平。

（2）价格档案管理制度

①产品简历表：包括产品单价、单位产品生产成本、利润率和税率等内容。

②定价依据的资料：原材料消耗定额、劳动工时定额、计划生产成本和历史平均成本、上年度的实际成本、定价依据的利润率和税率、每小时费用率的测算依据、上报上级价格管理部门的建议定价报告、上级主管部门批复的有关价格文件。

③市场信息资料：与同类产品在技术上、成本上、质量上的比较，用户对产品质量、服务、价格等方面的意见，市场供求发展趋势和竞争情况，价格的发展趋势预测资料。

④技术资料：产品图纸，产品规格、型号、代号、技术参数、主要特点和主要用途，与国内外同类产品技术水平的比较，质量标准达到的水平。

⑤经济效益资料：产品销售利润资料、生产成本利润资料、利润率资料等。

2）商品流通企业内部价格管理制度

（1）商品编号制度

要求做到一种商品价格统一由产地批发企业编制一个统一的代号，代号一经编制就不要轻易改变。若需要重编、修改或销号，则应编制新旧代号对照表，并及时通知执行单位。

（2）商品价格登记制度

根据经营规模的大小，建立价格登记簿和单项使用的价格卡片，登记的内容主要包括商品编号、名称、产地、规格、牌号、计价单位、进价、批发价、批零差率、地区差率、定价或调价的主要依据、执行日期、价格批准部门等。价格登记作为企业管理和价格检查的依据应该做到及时、准确和完整，便于长期保存和随时查询。

（3）商品价格联系制度

商品价格联系制度是商品流通企业制定和调整价格时与有关地区和单位互通情况、交流经验、加强协作、及时交换资料的一种制度，其内容主要包括商品流通企业与生产企业之间的价格联系、各地区批发企业之间的价格联系、批发企业与零售企业的价格联系、企业内部之间的价格联系。

（4）价格检查和监督制度

价格检查和监督制度的主要内容是检查和监督政府规定的各类商品的作价和计算方法及政府规定的价格管理制度和价格纪律是否被遵守执行，检查和监督企业是否按照政府规定的价格管理权限及时、准确地制定和调整价格，检查企业在执行中有无迟调、漏调、错调或擅自乱调的行为，检查和监督企业有无随意提价或降价的行为，检查和监督企业内部的管理制度是否健全、各种度量衡及商品标价是否准确并实行明码标价，检查和监督原来确定价格的依据是否合理，分析研究各种商品的成本、质量、费用、销售量以及市场情况有无变化等。

3）明码标价制度

《价格法》第十三条规定："经营者销售、收购商品和提供服务，应当按照政府价格主管部门的规定明码标价，注明商品的品名、产地、规格、等级、计价单位、价格或者提供服务的项目、收费标准等有关情况。经营者不得在标价之外加价出售商品，不得收取任何未予标明的费用。"这规定了经营者必须履行明码标价的义务并承担相应的法律责任，明码标价作为我国价格行政管理的基本形式和一项强制性行政措施，是一个法律上的概念。2000年10月31日，原国家发展计划委员会发布施行《关于商品和服务实行明码标价的规定》，详细规定了明码标价制度的内容、适用范围、要求、违法责任等，要求企业建立明码标价制度。企业应当印制和使用正式的商品价格目录，坚持做到每新定一个商品单价或调整一个商品单价，都应立刻对商品价格目录中的价格进行补充或修改。

4）价格自检和奖励制度

（1）价格自检制度

企业价格主管部门应自觉学习国家有关价格的法律、法规、方针、政策，对照检查本企业的执行情况，及时纠正偏差，根据国家价格政策和新公布的原材料价格，检查本企业有无需要调整的商品价格；价格主管科室检查企业定价产品价格的执行情况，搜集顾客对商品价格的意见；价格主管部门和财务部门通过对产品的成本进行分析和了解，验证产品价格是否适当；价格主管部门根据各有关科室检查出的问题，提出建设性意见，写出书面报告提供给企业领导者，供其参考。

（2）奖励制度

企业对于下述内部职工可进行适当的物质和精神奖励：①对违反政府价格政策的行为进行坚决抵制的个人；②对严格执行政府价格政策、认真钻研价格工作并能制定出恰如其分的商品价格的突出贡献者；③对价格的制定和调整及时提出有价值的建议者。

5）价格保密制度

对企业成本保密；对搜集到的有关价格信息保密；对企业价格决策目标保密；对企业已定但尚未执行的价格保密。

◆ 同步业务 11-1 ◆

去一个企业，了解该企业在价格方面的管理制度，根据自己所学的知识，对该企业的价格管理制度进行分析，看看这一制度是否符合国家的有关规定。

业务分析：

用相关法律法规衡量企业价格管理制度的合法性。

业务程序：

首先，确定所要调查的企业，明确调查的方案、任务分工等事项。

其次，实地搜集企业的价格管理制度，注意与企业价格管理人员的沟通方式。

最后，做好汇总整理，并对照我国现行的价格管理法律法规进行分析，撰写分析报告。

◆ 职业道德与企业伦理 11-2 ◆

背景与情境： 媒体上经常曝出我国的信息化产品如软件等的交易价格存在"供应商陷阱"。例如，供应商通过炒"创新概念"和"强大功能"故意抬高价格；供应商不惜恶意竞争，过分压低价格；供应商提供虚假承诺和违规操作等。

问题： "供应商陷阱"有什么危害？对此应该怎么办？

分析提示： 这种现象主要是由于我国的信息化产品交易市场不规范、缺少监管机制造成的，它严重影响了企业信息化产品交易价格的公平性。对此，我们应该充分运用政府监管职能和行业自身力量，建立交易价格监管机制。

✿ 本章概要

❄ 内容提要

● 政府对价格的管理主要有经济手段、行政手段和法律手段。同时，政府还应对价格进行监督和检查。

● 企业对价格管理既有权利也有义务，并且要执行企业价格管理的各项制度。

❄ 主要概念和观念

▲ 主要概念

政府定价　政府指导价　市场调节价

▲ 主要观念

价格管理的经济手段　企业定价的权利和义务

□重点实务

运用价格政策研判企业价格行为

✿ 基本训练

❄ 知识训练

▲ 简答题

1）企业对价格管理有哪些权利和义务？

2）价格管理的经济手段有哪些特点？其主要内容是什么？

3）价格管理的法律手段有哪些特点？其主要内容是什么？

4）价格管理的行政手段有哪些特点？其主要内容是什么？

5）工业企业内部价格管理制度的主要内容有哪些？

6）商品流通企业内部价格管理制度的主要内容有哪些？

▲ 选择题

1）政府对价格管理的手段有（　　　）。

A.经济手段　　　　　　　B.法律手段　　　　　　C.行政手段　　　　　　D.自我约束手段

2）我国价格监督的主体是（　　　）。

A.各级人大　　　　　　　　　　　　B.地方各级物价检查所

C.企业物价机构　　　　　　　　　　D.政府

3）市场调节价的特点包括（　　　）。

A.受供求状况的影响大　　　　　　　B.波动性

C.灵活性　　　　　　　　　　　　　D.经济性

4）我国价格监督的法律依据主要有（　　　）。

A.《公司法》　　　　　　　　　　　B.《合同法》

C.《价格法》　　　　　　　　　　　D.与价格行为有关的其他法规

▲ 判断题

1）市场经济条件下的商品价格在交换中自发形成，政府不应管理。　　（　　　）

2）价格管理的行政手段具有见效快的特点，因此应将其作为价格管理的主要手段。   （   ）

3）按照《价格法》的有关规定，商业零售企业应实行明码标价，其他行业无须实行。   （   ）

4）企业对价格进行管理，目的是适应政府对价格管理的要求。   （   ）

5）企业成为价格决策的主体以后，价格管理的任务减轻了。   （   ）

☆ 能力训练

▲ 案例分析

三亚发布2017年春节标准客房售价上限

背景与情境：2017年春节临近，三亚向全市旅游饭店下发了《关于2017年春节期间旅游饭店标准客房实行政府指导价管理的通知》，要求各酒店制定的2017年春节期间标准客房价格（含各类手续费、服务费）不得突破2016年春节期间的价格，在不高于6 000元/间的基础上制定具体的销售价格；套房、别墅根据供求情况，实行市场调节价。

近日，三亚市多部门对100多家旅游饭店的春节售价情况进行了明查暗访，物价部门尚未发现酒店标准客房售价超出政府指导价。但在各大网络预订平台上，执法人员发现销售价格超过6 000元的三亚美高梅度假酒店、三亚文华东方酒店、金茂三亚亚龙湾丽思卡尔顿酒店、三亚亚龙湾瑞吉度假酒店4家酒店标准客房包含了接送机、餐食等产品的打包价格，标准客房裸价未超过6 000元。同时，暗访人员还发现个别网络预订平台涉嫌有强制性消费行为，三亚旅游、物价、工商等部门已介入调查。

资料来源　阳奕. 三亚2017春节标准客房售价不得超过6000元/间 [EB/OL]. [2017-01-18]. http：//www.sohu.com/a/124613346_114731.引文有删减。

问题：你认为三亚市的这种做法有没有侵犯企业的定价权？如果企业不服从怎么办？

分析要求：同第1章"基本训练"之本题型的"分析要求"。

▲ 自主学习

自主学习-Ⅵ

【训练步骤】

1）将班级同学组成若干"自主学习"训练团队，每队确定1个负责人。

2）各团队根据训练项目的需要进行角色分工。

3）通过院资料室、校图书馆和互联网，查阅"文献综述格式、范文及书写规范要求"和近三年关于"政府对价格的管理"的学术文献资料。

4）综合和整理"政府对价格的管理"最新学术文献资料，依照"文献综述格式、范文及书写规范要求"，撰写《"政府对价格的管理"最新文献综述》。

5）在班级交流各团队的《"政府对价格的管理"最新文献综述》。

6）在校园网的本课程平台上展出经过修订并附有教师点评的各组《"政府对价格的管理"最新文献综述》，供学生相互借鉴。

☆ 善恶研判

零购官网买东西不要钱？

背景与情境：市民李女士告诉记者，她的一些朋友在微信上发布"零购官网"的链接，上面有上百种商品，很多商品的标价都为零元，消费者只要自愿承担10多元至几十元不等的运费，便可获得商品。

"这里商家的很多商品都免费送，邮费也不贵，这不是亏本的买卖吗？其靠什么运营呢？"李女士对此感到不可思议，"这个平台还有发展会员的政策，只要你发展的会员在平台上购物了，每单生意你还会得到几角钱的奖励。"李女士最初认为这个网站根本就是只收钱不发货的，但她没想到，身边已经有几个朋友加入了该平台，全部都已购买商品并收到货，还得了一两次奖励的钱。

按照李女士的介绍，记者发现网上不少贴吧都有这个平台的宣传：零元购物平台，买东西不要钱，只需要付邮费，分享出去还可以挣钱。不需要你去做思想工作，也不需要你投资，也不需要做熟人市场，未来的前景可以媲美淘宝……

记者进入了这个公众号的零元购物平台，发现在售的零元商品品种很多，但点击进去购买时发现运费需要10多元至几十元不等。然而，记者对比了几款运费为10多元的商品，其中一款运费为10元的煎蛋模具四件套，淘宝等购物网站上仅要9.2元、9.9元便可包邮；另一款海贼王草头娃娃陶瓷盆栽2个一组，物流费为16元，而在淘宝上，同款一个包邮的盆栽只要4.8元；还有一款苹果托盘削皮器，零购官网上的邮费为22元，而同款商品在淘宝上16.5元包邮。以此方式对照发现，零购官网上很多零元商品的运费都比淘宝等网站上的包邮价还贵出不少。

在这个平台上一款化妆品的评论中，记者发现不少人给出了差评，原因也是很多消费者发现算上邮费的价格并没有比其他平台便宜，而且商品质量无法保障。

资料来源　佚名. 零购官网买东西不要钱？零元购物　赚的就是邮费［EB/OL］.［2016-01-09］. http://www.yiersansi.com/shehui/272056.html.

问题：

1）案例中的商家违反了价格管理相关法律规定吗？

2）本案例中存在职业道德问题吗？试对上述问题做出你的善恶研判。

3）通过网络或图书馆调研等途径搜集你做善恶研判所依据的行业道德规范。

4）本案例对消费者的启示有哪些？

研判要求：同第1章"基本训练"之本题型的"研判要求"。

成功的定价案例——小贵大惊喜　低价不掉价

背景与情境： 在众多餐饮企业中，有两家独树一帜，最终都成为了行业标杆。第一家是越卖越贵的西贝，近几年西贝的菜单价一直在上涨，从50元~60元到80元~90元，可还是有很多人心甘情愿排长队等餐。涨价的日子里，西贝年营收从5亿元增长到21亿元，年复合增长率达30%。第二家是越卖越便宜的外婆家，琳琅满目的菜单，人均三四十块的价格，比起几年前还要实惠，但外婆家的单店年营收都在千万元以上，并且每年还在以30%~40%的惊人速度攀升。

一、西贝：为何敢涨涨涨？

很多餐饮人都有这样的体会：不敢随便涨价，即使各种成本都在上涨，也要撑到无法再撑下去的时候再小心翼翼调整价格。那为什么西贝就有底气涨价呢？而且西贝的涨价已然在网上引起粉丝吐槽，但他们依旧我行我素。背后的原理就在于：价格是一个品牌的顶层设计，贾国龙打造西贝这个品牌的目的就是要实现高价格。

从顾客角度来看，他们是通过价格看价值的，这跟餐饮老板的思维恰好相反。做老板，习惯根据价值来定价格：好东西要卖得贵一点。但顾客的想法是反过来的：贵的东西就是好的。比如168元/份的雕爷牛腩面和30元/份的普通牛腩面放到顾客面前，他们肯定会认为前者是好的——经典营销理论中，顾客都是通过价格看价值的。

在营销方面，从2012年《舌尖上的中国》"黄馍馍进城开卖"到2014年《舌尖上的中国2》后600万元买断"张爷爷的手工空心挂面"，再到西贝莜面走进联合国，这一套组合拳下来，不仅赚足了眼球，也让顾客感觉这钱花得值。西贝为了赢得消费者的信任和重复购买，建立起一整套的信任体系，如："闭着眼睛点，道道都好吃""所有的菜只要说句不好吃，立马端走不要钱""承诺15分种上齐菜的沙漏""红冰箱"问题菜等承诺话术。

这就是西贝敢一直涨价的原因所在——客户体验超过预期。顾客其实并不在乎花了多少钱，如果就餐体验不好，50元钱都觉得不值；如果体验好，500元都是超值的。

二、外婆家：为什么低价进行到底？

与西贝的高价截然相反，外婆家掌门人吴国平曾说"你花钱买一张3万元的意大利沙发放在包厢里，或者用50万元年薪请了钓鱼台国宾馆的大厨坐镇，对理性的消费者来说没有意义。只有顾客眼中的价值，才是真正的价值。"

除了低价，外婆家还有两大绝招：环境和服务。华丽吊灯、藤编木椅、青砖墙、装饰画……这种优质的就餐环境再加上店内"人工＋智能"的服务，外婆家就这样给自己塑造了一个"低价不掉价"的形象。简单来说就是花100元的钱享受200元的服务，这个低价不掉价本质上就是一种客户体验超过预期！所以，和西贝一样，在外婆家就餐，客户体验也超过了预期。天天排长队，全国近百家店每店一年营收超千万元也就不难解释了。

很多人一直质疑外婆家的营利能力：价格定那么低，利润从哪里来？主要原因如下：

（1）因为价格便宜，原料消耗大、需求量大，外婆家所有原材料都外包给了供应商。供应商负责将洗净、切好、包装了的菜和酱料送到配送中心，外婆家由此获得了几大优势：采购成本低，比如单店一斤白菜采购价2元，而外婆家可能只要0.5元；后厨人员数量减少；不需要大厨，只需熟练的操作工就可以了；节约了厨房面积就等于解放出更多营业面积。

（2）低价带来了高翻台、高人流，例如，外婆家有一道3元钱的麻婆豆腐，开业十几年从未涨过价，虽然价格低，但因为吸引了较多的客源，很多商场主动租给外婆家店面，所以租金只有市场行情的1/5。

三、两者成功的根本：超出顾客预期

顾客预期就是指顾客希望企业提供的产品或服务能满足其需要的水平，达到这一期望，顾客会感到满意；否则，顾客就会不满。那么"超过顾客预期"，顾名思义就是指"比满意更满意"。有了"超过顾客预期"这个概念，就不难理解西贝、外婆家天天排队，顾客趋之如鹜的原因了。长期以来西贝给人塑造的品牌形象是"小贵大惊喜"，而外婆家给人的印象就是"低价不掉价"。

同理，海底捞的菜品口味并不是最好的，但它提供了超出顾客预期的服务，让你不得不对殷勤为你服务的小哥点赞；星巴克的咖啡总是有点小贵，但它的消费场景和格调溢价，会让你觉得一杯30元的咖啡带来的享受远比普通饮品要强得多；而就凭这一点，你会愿意再来，也愿意为服务买单。再看沃尔玛，更是直接把"永远提供超出顾客预期的服务"定为自己的发展理念。所以，成功的企业，背后的逻辑总是惊人地一致。

资料来源　佚名．越卖越贵的西贝和越卖越便宜的外婆家，餐饮市场如何站住脚？[EB/OL]．[2018-11-09]．https：//www.toutiao.com/a6621853799537443335/．引文经过改编。

问题：

1. 案例中西贝和外婆家在定价过程中，是如何进行定价分析的？
2. 西贝和外婆家都采用了哪些价格策略？分析这些定价策略的特点。
3. 从西贝与外婆家成功的定价实例中，你能得到哪些启示？

综合案例2

宜家的价格策略

背景与情境： 2012年9月以来，宜家有近300个产品大幅降价，如热销的原价49元的思库布储物盒降到29.9元。在部分消费者看来，宜家某些产品的价格已经低得不

可思议，如17件套的普塔食品保鲜盒仅售19元，闻闻看几乎没有塑料的异味，说明质量还不错，这么大一套保鲜盒在商超里起码要上百元。

为什么宜家的货品有降价的空间呢？在消费者得到实惠的时候，有谁的奶酪被动过吗？

"宜家创始人英格瓦·坎普拉德（Ingvar Kamprad）的经营理念是提供老百姓买得起的家居用品，这就决定了我们在追求产品美观实用的基础上要保持低价格策略。"宜家中国地区（零售业务）总裁吉丽安（Gillian Drakeford）对《第一财经日报》表示："优势在于，我们控制了供应链的所有环节，能使每个环节都有效降低成本，并将降低成本的理念贯穿于从产品设计（造型、选材等）到 OEM 厂商的选择/管理、物流设计、卖场管理的整个流程。"

一、低价战略的背后

与其他家具设计师仅考虑产品的样式新颖相比，宜家的设计师不仅仅考虑此因素，也将设计作为直接影响产品的选材、工艺、储运等成本的关键环节。

以邦格杯子的设计为例：为了以低成本生产出符合要求的杯子，设计师必须充分考虑材料、颜色和设计等因素，如杯子的颜色选择绿色、蓝色、黄色或者白色，因为这些色料与其他颜色（如红色）的色料相比，成本更低；为了在储运、生产等方面降低成本，设计师把邦格杯子设计成了一种特殊的锥形，因为这种形状使邦格杯子能够在尽可能短的时间内通过机器，从而更能节省成本。后来宜家再次将这种杯子的高度、杯把儿的形状作了改进，可以更有效地进行叠放，从而节省了杯子在运输、仓储、商场展示以及顾客家中碗橱内占用的空间。

不断采用新材料、新技术来提高产品性能的策略，也是宜家不断创新以降低成本的手段。比如，对于椅子，宜家的设计师采用复合塑料替代木材；后来，为了进一步降低成本，宜家将一种新技术引入了家具行业——通过将气体注入复合塑料来节省材料并减轻重量。

宜家还发明了"模块"式家具设计方法（宜家的家具都是拆分的组装货，产品分成不同模块，分块设计，不同的模块可根据成本在不同地区生产，有些模块在不同家具间还可通用），这样不仅使设计成本得以降低，而且产品的总成本也能得以降低。

在储运方面，宜家采用平板包装，以降低家具在储运过程中的损坏率及对仓库空间的占用率；更重要的是，平板包装大大降低了产品的运输成本，使得在全世界范围内进行规模化布局生产成为可能。

在宜家，我们几乎看不到导购员。吉丽安表示，这是因为宜家把顾客也看作合作伙伴，顾客翻看产品目录、挑选家具并可以亲自体验，然后自己在自选仓库提货。由于大多数货品采用平板包装，因此顾客可以很方便地将货品运送回家并独立进行组装。这样做的结果是，顾客节省了部分费用（提货、组装、运输），享受了低价格；宜家则节省了成本，保持了产品的低价优势。

二、"逆向定价"战略

尽管顾客对宜家的接受程度尚可，但是宜家的一份品牌资产调查显示，在中国，有56%的宜家顾客并不认为宜家的所有产品都是低价的。

"消费者预期与实际价格相比确实有差距。"在吉丽安看来，这是制约更多中国消费者了解和使用宜家产品的障碍，中国消费者的收入水平不能与欧美消费者的收入水平相比。

吉丽安透露，为了让产品具有持续的降价空间，宜家中国正全力打造一个全方位、整合的商业模式。这包括新建了宜家工业集团，致力于研发和打造中国市场的产品；在上海建立研发中心，与中国供应商一起开发适合当地的产品；优化目前的供应链，如目前58%的产品直接从供应商到商场或者终端消费者，而到2020年，这个比例将达到75%。要知道，物流成本占到宜家产品成本的1/3。

宜家还从与供应商的合作中找到解决方法。从零售反馈来看，产品卖得越好、量越大，供应商越有动力进行工业化、机械化生产改造，这会形成一个"正循环"。同时，宜家也正准备帮助供货商进行信息系统改造，使其能根据宜家商场每天的卖货动态，规划其发货计划和生产计划，从而缩短了整个供应链的周期，降低了成本。

而宜家能保持价格优势的另一个原因是其独特的"逆向定价"战略。与传统的成本定价法不同，吉丽安表示，"我们最先设计的是价签"。设计师在设计产品之前，宜家就已经为该产品设定了比较低的销售价格及成本，然后在此之内，尽一切可能做到精美、实用。

有意思的是，宜家产品的推出很多时候来自于供货商。比如 Trysil 卧室五件套，中国零售商了解到当地消费者的需求后，参考市场上同类竞争产品的价格，设计出有竞争力的销售价格（有时宜家销售部门还需要参考所有宜家商店的销售记录，按照"价格矩阵"确定价格，从而保证某类产品利于销售）；然后，研发部门与供货商一起，结合市场需求设计出能够满足当地消费者需求的产品。也就是说，在设计之前，宜家就确定这种五件套产品的价格能够真正击倒所有竞争对手。如今，这种方式正在中国发挥效力。

资料来源　刘琼. 宜家低价战略背后：完整控制供应链 [EB/OL]. [2012-10-19]. http：//www.yicai.com/news/2012/10/2167089.html.

问题：

1.根据本书的理论学习内容，结合案例实际，总结宜家能运用低价策略的条件。你得到了哪些启示？

2.宜家"逆向定价"战略的竞争优势体现在哪里？可能存在哪些缺点？

综合案例3
亚马逊公司的差别定价试验

背景与情境：

一、亚马逊公司实施差别定价试验的背景

1994年，当时在华尔街管理着一家对冲基金的杰夫·贝佐斯（Jeff Bezos）在西雅图创建了亚马逊公司，该公司从1995年7月开始正式营业，1997年5月股票公开发行上市。从1996年夏天开始，亚马逊极其成功地实施了连属网络营销战略，在数十万家连属网站的支持下，亚马逊迅速崛起成为网上销售的第一品牌。到1999年10月，亚马逊的市值达到了280亿美元，超过了西尔斯和卡玛特两大零售巨人的市值之和。亚马逊的成功可以用以下数字来说明：

根据 Media Metrix 的统计资料，亚马逊在2000年2月在访问量最大的网站中排名第8位，共吸引了1450万名独立的访问者，亚马逊还是排名进入前10位的唯一一个纯粹的电子商务网站。

根据PC Data Online的数据，亚马逊是2000年3月最热门的网上零售目的地，共有1480万名独立访问者，独立的消费者也达到了120万人。亚马逊当月完成的销售额相当于排名第2位的CDNow和排名第3位的Ticketmaster完成的销售额的总和。在2000年，亚马逊已经成为互联网上最大的图书、唱片和影视碟片的零售商，亚马逊经营的其他商品类别还包括玩具、电器、家居用品、软件、游戏等，品种达1800万种之多。此外，亚马逊还提供在线拍卖业务和免费的电子贺卡服务。

但是，亚马逊的经营也暴露出了不小的问题。虽然亚马逊的业务在快速扩张，但亏损额也在不断增加。在2000年头一个季度中，亚马逊完成的销售额为5.74亿美元，较前一年同期增长95%，第二季度的销售额为5.78亿美元，较前一年同期增长84%。但是，亚马逊在2000年第一季度的总亏损达到了1.22亿美元，相当于每股亏损0.35美元，而前一年同期的总亏损仅为3600万美元，相当于每股亏损为0.12美元，亚马逊在2000年第二季度的主营业务亏损仍达8900万美元。

亚马逊公司的经营危机也反映在其股票的市场表现上。亚马逊的股票价格自1999年12月10日创下历史高点——106.6875美元后开始持续下跌，到2000年8月10日，亚马逊的股票价格已经跌至30.438美元。在业务扩张方面，亚马逊也遭遇到了一些老牌门户网站如美国在线、雅虎等的有力竞争。在这一背景下，亚马逊迫切需要实现盈利，而最可靠的营利项目就是它经营最久的图书、音乐唱片和影视碟片。实际上在2000年第二季度，亚马逊就已经从这3种商品上获得了1000万美元的营业利润。

二、亚马逊公司的差别定价实验

作为一个缺少行业背景的新兴的网络零售商，亚马逊不具有巴诺（Barnes & Noble）公司那样卓越的物流能力，也不具备雅虎等门户网站那样大的访问流量，亚马逊最有价值的资产就是它拥有的2300万注册用户，因此亚马逊必须设法通过这些注册用户实现尽可能多的利润。因为网上销售并不能增加市场对产品的总的需求量，所以为了提高在主营产品上的盈利，亚马逊在2000年9月中旬开始了著名的差别定价实验。亚马逊选择了68种DVD碟片进行动态定价试验，在试验中，亚马逊根据潜在客户的人口统计资料、在亚马逊的购物历史、上网行为以及上网使用的软件系统确定对这68种碟片的报价水平。例如，名为《提图斯》（Titus）的碟片对新顾客的报价为22.74美元，而对那些对该碟片表现出兴趣的老顾客的报价则为26.24美元。通过这一定价策略，部分顾客付出了比其他顾客更高的价格，亚马逊因此提高了销售的毛利率。但是好景不长，这一差别定价策略实施不到1个月，就有细心的消费者发现了这一秘密，并通过在名为DVDTalk（www.dvdtalk.com）的音乐爱好者社区的交流，使成百上千的DVD消费者知道了此事，那些付出高价的顾客当然怨声载道，纷纷在网上以激烈的言辞对亚马逊的做法进行口诛笔伐，有人甚至公开表示以后决不会在亚马逊购买任何东西。更不巧的是，由于亚马逊前不久才公布了它对消费者在网站上的购物习惯和行为进行了跟踪和记录，因此这次事件曝光后，消费者和媒体开始怀疑亚马逊是否将其搜集到的消费者资料作为其价格调整的依据，这样的猜测让亚马逊的价格事件与敏感的网络隐私问题联系在了一起。

为了清除日益凸显的不利影响，亚马逊首席执行官贝佐斯只好亲自出马做危机公关，他指出亚马逊的价格调整是随机进行的，与消费者是谁没有关系，价格试验的目的仅仅是测试消费者对不同折扣的反应，亚马逊"无论是过去、现在还是未来，都不会利用消费者的人口资料进行动态定价"。贝佐斯为这次事件给消费者造成的困扰向消费者公开表示道歉。不仅如此，亚马逊还试图用实际行动挽回人心，亚马逊答应给所有在价格测试期间购买这68种DVD的消费者以最大的折扣。据不完全统计，至少有6 896名没有以最低折扣价购得DVD的顾客，已经获得了亚马逊退还的差价。

至此，亚马逊公司的差别定价试验以完全失败而告终，亚马逊不仅在经济上遭受了损失，其声誉也受到了严重的损害。

资料来源 佚名. 亚马逊案例分析［EB/OL］. ［2012-05-22］. http：//wenku.baidu.com/link?url=dhfN7OFIGQkKHRa8kLWWWq4siwAIJHjQn6gmidCRXcSLaHaU-3WAZZ-Cpes_TEW_ucVk1HcxU_mwhKjYFdzxFLaB0LdXMosNOSdYTQQV-DC.

问题：

1.亚马逊公司差别定价试验失败的原因是什么？企业实施差别定价策略时面临的风险是什么？

2.从亚马逊公司的差别定价试验中你得到了哪些启示？企业在实施差别定价策略时可以实施哪些可能的风险防范措施？

综合案例4
楼盘的开盘定价策略

背景与情境：

没有卖不出去的房子，只有卖不出去的房价。

"在其他行业，用成本法来定价的企业很多，但房地产与其他产品不一样。"北京理工大学博士生导师韩伯棠教授表示，"比如做鞋，价格没有定准可以再定，但房地产不一样，消费者对地产项目的认知和楼盘的定价紧密相连。价格体系一旦出来，消费者对项目的认知也基本确定，定错了价钱，以后就很难通过重新定价翻身了。"

正因为这样，房地产项目的定价策略是整个房地产营销的重中之重，也是开发商到开盘最后一刻也不肯轻易透露的"高度机密"。"价格策略其实也是企业和消费者之间的一场心理战。如果消费者买房后，感到房子的价值大于定价，那么楼盘的定价就获得了很大的成功；反之，消费者肯定感到不满意。"一位曾在知名楼盘任职、多次成功使用价格策略的职业经理人如是说。

一、大折扣

某楼盘新一期单位开盘，选择"所有单位半价销售"的策略。当时，该楼盘周边的竞争性产品很多，消息一出，马上引起市场轰动，加上该楼盘当时的定价确实比周边的楼盘要低一些，因此销售情况不错。

专业人语：一般来说，市场上很少见到低于9折的大幅度折扣，"内部认购期间，最高可获7折优惠""一口价单位最高8折"等煽动性的语言，往往很吸引眼球。这样的定价策略很容易给消费者带来心理上的满足感，认为捡到了大便宜，对销售往往有所促进。不过，这样的定价策略不是所有楼盘都适用的，如豪宅楼盘的买家群对此就不一定"感冒"。

二、高价开盘

有的楼盘在开盘之初，不跟随周边市场的价格，以较高售价推出市场。比如珠江新城某楼盘开盘时号称要以2万元/平方米的定价进行销售，而当时周边楼盘的定价不到1.5万元/平方米。

专业人语：使用这样的定价策略可以避开价格战，利用"一分钱一分货"的心理，向客户传递楼房高素质、高品质及强大的升值能力，特别是对于中高档楼盘，大多数购买者为二次置业，这种定价方式可以强调楼盘的保值、升值作用。此外，高价还可以吸引消费者的注意，提高楼盘的知名度。

使用这种策略的楼盘针对的主要是高收入人士，价格对买家的购买欲影响不大。但只适合实力雄厚的开发商在销售高档楼盘时使用，且在竞争激烈时，容易被对手抢走客户。高价也增加了楼盘销售的难度，因此回笼资金速度较慢。

三、差距定价

"均价"的高低一向是人们判断楼盘价格的标准，但不少楼盘都采用了拉开高低价格距离的"差价"营销方式。比如广州天河区某楼盘，同为洋房产品，价差达3 000元/平方米以上，价格跨越幅度大，南向和北向单位相差达数十万元。据开发商介绍，这样的定价策略能够使更多的消费者挑选到自己中意的单位，也使得客户层面进一步拓宽。

专业人语：这种定价策略可以拓宽楼盘的客户层面，还可以提高开发商对销售进度的控制能力。房管部门严格监控开发商的"捂盘"行为，所有单位一旦拿到预售证就必须销售，但开发商完全可以通过刻意提高某些暂时不准备卖出去的单位的定价来达到控制销售进度的目的。另外，由于部分单位用的是高定价，也很容易形成价格参照体系，让购买低价单位的人获得很大的心理满足。当然，什么才是合理的价差，对开发商的定价水平有较高的要求。

四、低开高走

低开高走是不少楼盘都采用的定价策略。开发商为了吸引顾客，以较低的价格开盘、以聚集人气，形成热销局面，随后根据施工进度和销售情况把售价提高，从而达到最终的销售目的。

专业人语：这种做法的优点是每次价格上涨都能给前期购房者以信心，还可以刺激未购房者尽快购房，但并非每个项目都可使用。首先，楼盘的开发商必须有足够的实力，只有优秀的物业才会受到买家追捧。其次，必须控制好升价的幅度，升幅不能过多、过快，否则销售后期应预留的升价空间减少，容易被竞争对手夺走顾客。

资料来源　佚名. 揭开房地产开发商楼盘定价机密［EB/OL］.［2014-09-03］. http://www.china-10.com/zhishi/135740.html.

问题：

1.请对以上楼盘的开盘定价策略进行理论评述。

2.请上网查找政府对楼盘开盘价格的管理政策，并对其进行理论评述。

综合实训

综合实训1

调查我国电冰箱（或其他商品）的市场价格情况，分析测算其需求价格弹性，预测其价格走势，并提出该商品的价格调整方案。

综合实训2

要求：

1.进一步调查你所在的城市当年月饼市场价格情况，并仿照本调查报告及其附表编制月饼出厂价格构成表及商场销售价格构成表。

2.根据自己调查的情况与感受，结合国家发展改革委价格司的调查报告分析"天价月饼"形成的原因。

3.如何遏制"天价月饼"这一现象？请提出你的建议。

月饼成本价格调查报告

2004年中秋节期间，"天价月饼"现象在社会上引起了强烈反响。国家发展改革委价格司组织各地价格主管部门成本调查队对全国有代表性的91家月饼生产企业和116家大中型商场（超市）开展了月饼成本价格专项调查。调查结果表明：月饼市场绝大多数为中低档月饼，"天价月饼"只是个别现象；月饼包装过度现象普遍存在，包装成本明显过高；部分企业的广告与销售费用偏高；月饼价格和市场有待规范。

一、月饼成本价格调查实施情况

在设计调查方案时我们发现，由于各地的消费习惯、口味不同，月饼这种传统食品的原料千差万别，很难在全国范围内按原料类型对月饼进行分类和统计汇总。在前期对北京地区月饼生产企业和销售企业实地调查摸底的基础上，我们采取了按月饼价格水平进行分类和调查月饼成本中各项费用构成比例的方法。实践表明，这种方法是合理可行的。具体的分类方法是：按每500克单位价格将月饼分为低档、中档、高档和"天价月饼"四个档次。其中，50元以内（含50元）为低档月饼，51~250元为中档月饼（实际调查时又划分为51~150元和151~250元两档），251~500元为高档月饼，500元以上为"天价月饼"。需要说明的是，价格达万元甚至数十万元的"超天价月饼"没有纳入本次调查范围，因为这已经不是传统意义上的月饼了，它不具有典型性。为了保证调查数据的代表性，此次调查采用重点调查方法，91家生产企业均为各地月饼的主要生产厂家，116家商场也均为各大中城市的大中型商场（超市）。

各地价格主管部门高度重视这项调查工作，积极与有关部门、行业协会沟通，及时组织部署。各地成本调查队深入到企业、商场，反复宣传调查目的和意义，消除生产厂家和经营者的顾虑，使大多数被调查单位能够较好地配合调查，如实填报相关数据。在取得原始数据的基础上，各地成本调查队认真测算、严格审核，有时为几个数据而多次到企业进行核实，确保了调查数据的真实性、准确性。

二、月饼市场构成情况

调查表明：无论是从月饼生产量还是从月饼销售量来看，中低档月饼都占绝大多数，高档月饼和"天价月饼"比重极小。

从生产量来看，91家月饼生产企业2004年共生产月饼8 358.2吨，其中，中低档月饼的产量占总产量的99.4%，高档月饼只占0.5%，"天价月饼"仅占0.1%。这说明2004年全国月饼消费市场基本正常，"天价月饼"只是个别现象。

从销售量来看，被调查的116家商场（超市）2004年中秋节共购进月饼1 375.2吨，售出1 282.8吨，售出率为93.3%。其中，中、低档月饼的销售量占总销售量的98.2%，销售收入占总销售收入的87.6%；"天价月饼"的销售量占总销售量的比例不到0.1%。

三、月饼成本和价格构成情况

调查表明：月饼档次越高，原料费用比重越低，包装费用比重则越高，利润也越大。在中低档月饼的成本中，费用比重最大的是原料费；而在高档月饼和"天价月饼"的成本中，费用比重最大的则是包装费。各档次月饼中均存在过度包装现象，档次越高越明显。月饼价格主要取决于生产企业，部分商场的不合理收费行为也抬高了月饼价格。月饼的生产利润率较高，高档月饼和"天价月饼"利润丰厚。

（一）主要费用情况

1.原料费。原料费占生产成本的比重，低档月饼、中档月饼、高档月饼和"天价月饼"分别为48.1%、38.2%、31.9%和31%；原料费占出厂价格的比重，低档月饼、中档月饼、高档月饼和"天价月饼"分别为37.7%、28.2%、21.5%和20.6%。高档月饼和"天价月饼"的原料费只占出厂价格的1/5左右，有的企业生产的天价月饼的原料费仅占出厂价格的4%。

2.包装费。包装费占生产成本的比重，低档月饼、中档月饼、高档月饼和"天价月饼"分别为18.9%、29.7%、43.1%和47.1%，高档月饼和"天价月饼"的包装费几乎占生产成本的一半；包装费占出厂价格的比重，低档月饼、中档月饼、高档月饼和"天价月饼"分别为14.8%、22%、29%和31.3%。许多国家规定，包装成本不应超过产品出厂价格的15%，超过15%则属于"过度包装"。按此标准衡量，国内市场中档以上月饼的包装费比例均超过15%，均存在过度包装问题，并且价格越高，包装费比例就越大。有的厂商生产的"天价月饼"的包装费（为便于调查，我们将高档月饼和"天价月饼"礼盒中搭售的其他物品的进货成本一并计入包装费）比例高达51.5%。低档月饼同样存在过度包装现象，个别企业生产的低档月饼，包装费比重甚至也高达42%。

3.广告费。月饼生产的丰厚利润和激烈的市场竞争推动各月饼生产厂家大打广告战，加上许多媒体的广告价位越来越高，广告费在月饼生产成本中所占比重较大。所有被调查企业的广告费占生产成本的比重基本都在4%以上，有些企业甚至高达9%。

4.销售费。许多月饼生产企业反映，一些月饼价格之所以较高，并非生产成本高，而是一些大中型商场和超市利用市场优势地位向企业收取进店费、返利等不合理费用，企业有苦难言，导致销售费增加很多。中低档月饼销售数量多、占用场地面积较大，而销售价格又相对较低，因此销售费对成本影响较大。有的低档月饼的销售费占出厂价格的比例高达25.7%。

（二）损耗

月饼的消费期很短，加之市场竞争激烈，企业难以把握市场风险，因此总会有一部分月饼不能销售出去，客观上存在一定的损耗。调查表明，中档月饼和高档月饼损耗较多，占生产量的比例均为3.7%，而低档月饼和"天价月饼"的损耗率相对低一些，分别为2.8%和2.7%。

（三）利润

1.生产企业利润。调查表明，月饼生产是具有较高利润的行业，低档月饼和中档月饼的平均净利润率分别达到10.8%和15.1%，在食品加工行业中已属于较高水平，高档月饼和"天价月饼"的净利润率更是分别高达20.5%和22.4%。随着档次的提升，企业生产月饼的净利润率越来越高。某企业生产的低档月饼的净利润率仅为4%，而"天价月饼"的净利润率却高达43%。这也是许多企业竞相推出"天价月饼"的重要原因。

2.销售企业利润。调查表明，月饼销售环节大幅度加价现象并不多见，大多数商场（超市）月饼销售加价率维持在20%左右的正常水平，低档月饼、中档月饼、高档月饼和"天价月饼"的平均进销差率分别为21%、19.9%、22.8%和18.9%。

附件1：月饼出厂价格构成表

附件2：月饼生产成本构成表

附件3：月饼销售加价率情况表

附件1

月饼出厂价格构成表

项　　目	单位	月饼档次			
		50元以内（含50元）	51~250元	251~500元	500元以上
一、产量	吨	5 658.7	2 646.4	46.2	6.9
二、销售量	吨	5 066.9	2 356.2	39.2	5.0
三、平均出厂价格（含税）	元/500克	22.0	110.9	283.6	846.8
四、出厂价格构成	%	100.0	100.0	100.0	100.0
（一）生产成本	%	78.4	73.8	67.2	66.5
1.原材料	%	37.7	28.2	21.5	20.6

续表

项　目	单位	月饼档次			
		50元以内（含50元）	51～250元	251～500元	500元以上
2.直接人工	%	8.2	6.6	4.0	3.8
3.包装费	%	14.8	22.0	29.0	31.3
4.广告费	%	3.6	4.0	2.7	2.6
5.管理费	%	3.1	3.1	2.4	2.2
6.销售费	%	7.4	6.7	5.2	3.6
7.其他费用	%	3.6	3.2	2.4	2.4
（二）税金	%	8.0	7.4	8.6	8.4
（三）损耗	%	2.8	3.7	3.7	2.7
（四）净利润	%	10.8	15.1	20.5	22.4

注：调查了91家企业。

附件2

月饼生产成本构成表

项　目	单位	月饼档次			
		50元以内（含50元）	51～250元	251～500元	500元以上
生产成本					
1.原料	%	48.1	38.2	31.9	31.0
2.直接人工	%	10.4	9.0	5.9	5.7
3.包装费	%	18.9	29.7	43.1	47.1
4.广告费	%	4.5	5.4	3.9	4.0
5.管理费	%	4.0	4.3	3.6	3.3
6.销售费	%	9.4	9.0	7.7	5.5
7.其他费用	%	4.7	4.4	3.9	3.4

附件3

月饼销售加价率情况表

项 目	单位	月饼档次			
		50元以内（含50元）	51～250元	251～500元	500元以上
进货数量	吨	907.9	439.9	22.9	4.5
平均进货价格	元/500克	22.4	123.6	289.4	541.7
销售数量	吨	866.6	393.1	19.3	3.8
平均销售价格	元/500克	27.1	148.2	355.4	643.9
销售加价率	%	21.0	19.9	22.8	18.9

注：调查了116家企业。

资料来源　国家发展改革委价格司.月饼成本价格调查报告［EB/OL］.［2005-07-25］. http：//www.cpic.gov.cn.

综合实训3
动感地带（M-ZONE）定价策略分析

要求：从"动感地带"定价策略的制定、执行及试验等方面提出对移动通信产品定价的启示。

一、定价策略分析背景简介

2003年3月，中国移动通信全面推出"动感地带"（M-ZONE），这是与"全球通"和"神州行"并列的GSM数字移动电话服务品牌，其目标用户群非常明确，即15岁到25岁的年轻一族，ARPU值（每用户月花费值，average revenue per user）中低，但数据业务比重高。M-ZONE是中国移动的第一个"客户品牌"，这一品牌的推出对于中国移动的业务组合及市场竞争态势产生了重要的影响。"动感地带"是因移动通信市场的发展及竞争对手的动向而产生的。一方面，"客户品牌"是为了吸引新客户，扩大市场份额，"圈"住消费者；另一方面，这也是应对竞争对手的（如小灵通、联通）市场侵蚀、开创中国移动的"试验基地"的需要。究其根本原因，则是在移动通信行业中，巨大的用户基数是支撑运营商发展的关键因素。首先，为了实现技术设备的充分利用和成本的节约，运营商需要有足够的用户数来保持设备的运营水平，这也是运营商之间进行资费竞争的基础。其次，根据网络效应原理，移动通信服务的价值及对网外用户的吸引力会因市场份额的扩大而呈指数级增长。最后，足够的用户基数可以为将来通过数据增值服务或其他新的服务方式激发ARPU值增长打下基础。因此，出于扩大用户基数的目的，中国移动开始打造"动感地带"这一全新品牌。所谓移动通信新品牌，实际上是对传统移动电信服务的重新定义和包装。"动感地带"的主要卖点在于品牌内涵、服务和价格。而其目标顾客——大约15～25岁的以学生为代表的年轻群体所能自由支配的费用有限，对价格较敏感且数据业务使用量大，因此如何运用定价策略，吸引并圈定这部分顾客，是中国移动各举措中最重要的一环。"动感地带"通过灵活的定价措施对目标市场进行了有效细分，而其短信"批发"及分级定价方式也在有效提高用户基数的同时增强了运营商的获利能力。

二、"动感地带"定价策略分析

（一）细分定价模式

1.根据消费者类型细分业务和定价

"动感地带"首创"短信批发"业务，成功细分出价格敏感度高、短信使用量大的目标市场。但仅仅做这样的细分是不够的，因为即使是年轻一族，其性格习惯、需求特征也存在很大程度的差异。

为此，"动感地带"根据目标市场的消费习惯，在套餐组合上做了进一步的细分，针对不同的细分群体，量身定做了"学生套餐""娱乐套餐""时尚套餐""情侣套餐"，每种套餐除了基本的业务功能外，还包含4种或6种可选功能。"动感地带"在定价策略方面也充分利用了细分定价的原则，对不同的套餐、不同的群体，设计了不一样的资费标准，具体见下表：

"动感地带"套餐组合业务功能及资费标准

套餐类型	每月基本资费	套餐基本结构	基本通话费（漫游状态）	特色计划
学生套餐	20元	200条网内短信+20分钟本地通话	0.6元	熄灯计划
娱乐套餐	20元	300条网内短信	0.8元	GPRS计划
时尚套餐	30元	200条网内短信+60分钟本地通话+10分钟IP电话	0.8元	工作漫游计划
情侣套餐	30元	300条网内短信+时段免费通话（晚8点—早8点）	0.8元	分时段免费通话

对于价格敏感度最高的学生一族，"动感地带"保留了最基本的短信费用，并且适应大学生寒暑两假的现实降低了漫游通话费用；"娱乐套餐"则针对时下的"手机玩家"，减少通话优惠，增加短信优惠量，以满足这一群体对移动QQ聊天、最新资讯搜集的需要，并引入以流量计费的GPRS计划；"时尚套餐"主要面对的是办公室时尚白领，针对其语音业务使用量较大的情况增加了本地通话及IP话费优惠；"情侣套餐"则针对目标市场通话频繁的需要，对套餐内的两个号码实行时段免费通话优惠。

2.基本业务"细分"收费模式

"动感地带"采取了细分业务的多部分定价模式，即数据业务、语音业务和新业务各自计费，具体公式如下：

"动感地带"资费=超值套餐资费+自选套餐外梦网服务资费+通话费+新业务功能费

这样的计费方式使得这几部分业务的利润可以进行区别，客户也有了更大的选择空间。例如，"动感地带"将来电显示费用在新业务功能费中进行独立收费，这与移动通信商的传统做法是不同的。由于这项业务较为普及，如此分开收费，可以从原先花费较少（业务费推销少）的顾客处收足这部分费用。当然，对于认为自己不需要此项业务的人来说，这也是选择权的增加。可以说，"动感地带"的多部分定价法在保留了最基本的短信包月套餐收费的同时扩大了顾客的选择范围，提高了运营商对各个价格敏感度不同的市场子群体的获利能力。

（二）"批发"的短信套餐

在"动感地带"的资费收取模式中，"超值套餐"以"批发短信"的形式推出，消费者必须在运营商所提供的短信套餐中进行选择并在月初进行交费，而其余服务资费及通话费则按用户实际使用或开通情况交付。以广东地区"动感地带"短信套餐为例，其内容具体见下表：

广东地区"动感地带"短信套餐

套餐类别	资　费	服务内容
20元短信套餐	20元/月	可发送300条中国移动网内点对点短消息（超出部分按0.1元/条，不足300条按20元收取）
30元短信套餐	30元/月	可发送500条中国移动网内点对点短消息（超出部分按0.1元/条，不足500条按30元收取）
梦网组合套餐	20元/月	可自选组合20元的精彩梦网服务（如移动男女、移动QQ、体坛快讯、娱乐新闻等）

以套餐形式推出短信使客户一次性批量购买，是"动感地带"的一个成功之处。运营商可以对用户的消费量有一个大致的预期，这有利于运营商稳定用户的消费量。同时，预收顾客的使用费也使运营商获取了资金的时间价值。

"动感地带"用户每月初以20元或30元订下整体平均价格为0.07元/条（20÷300）、0.06元/条（30÷500）的批量短信，实际上是享受中国移动提供给"短信一族"的订单折扣。与入网用户0.1元/条、神州行用户0.15元/条的"零售"价格相比，"批发"短信对于使用频率高者更为有利。"20元买300条短信"的形式可使消费者不自觉地假定自己已经充分享有了"动感地带"所提供的折扣，即每条短信的价格为0.07元或0.06元。实际上，用户往往忽略了以下两个因素：

（1）只有当实际使用完了300（500）条短信，短信单价才会是0.07（0.06）元/条。短信发送的平均价格是随着实际使用量变化的，如果当月用户只发1条短信，那么对于用户来说，这条短信的价格是20（30）元；对中国移动来说，其服务成本只限于用户的实际使用数，无论用户是否用尽了消费额度，运营商都已经获取了满额消费的收入。

（2）"动感地带"的每月套餐除了短信包月费外，还包括自动开通的6元来电显示费。"动感地带"与神州行不同，来电显示费是单列出来收费的服务项目，而不是被摊销在短信及其他业务中的，这在无形中提高了消费者对短信套餐经济价值的认知，但实际上这6元还是用户每月的基础支出项目。

运用SPSS软件根据用户实际使用量对"动感地带"20元、30元短信套餐的平均单价进行分析可以看出，在规定使用额度内，"动感地带"短信的平均单价呈现出随用户的使用量增加而下降的趋势。实际上，只有当用户的短信发送量超过某一临界值时，"动感地带"的短信单价才会真正比神州行、全球通、联通CDMA等优惠。下面对"动感地带"短信套餐与其他一般自由计费形式短信的单价进行比较：

以20元短信套餐为例，"动感地带"用户只有在发送超过174条短信之后，在短信业务方面才会比神州行用户得到更实质的优惠；而要真正比全球通、CDMA等入网用户的短信资费优惠，其使用量必须超过260条。不过，即使用户刚好使用了300条短信定额，由于来电显示费的存在，最终用户为每条短信的平均付出应为0.09元而非0.07元。以上情形在30元套餐中也同样存在。

因此，短信包月形式使消费者感觉中所得到的优惠大于实际所得到的优惠，其成功之处在于拉大包月优惠和自由计费的差距，使消费者的注意力集中在一次性购买的数量与价格的对比上，从而提高了感觉中的经济价值。

（三）利用网内、品牌内分级定价营造网络效应

经济学理论认为，当一种产品对某用户的价值取决于该产品其他用户的价值时，这种产品便显示出网络外部性，即网络效应。移动通信服务是典型的网络效应产品，其价值会因市场份额的扩大而呈指数级增长。处于一个通信网络中的顾客越多，这一网络对外界的吸引力就越大，因为在不同的网络中进行通信会增加双方的支付成本，这就是为何经常通话的亲朋好友会倾向于选择同一电信服务商。当某一运营商通信网所"圈住"的市场越大，后来者加入这一网中的可能性也就越大。移动电信产品具有明显的"门槛效应"，即当其实际市场份额达到一定值时，消费者购买的欲望开始大幅上升，其市场份额也开始急速扩展。分析"动感地带"的价格结构可以发现，"动感地带"的数据和语音通话业务的定价体现出了利用网外、网内和品牌内的三级价格差"圈住"用户群体的意图，具体内容见下表：

"动感地带"网外、网内和品牌内三级价格差

通话区域	通话类别	资费（元/分钟）
本地通话	品牌内通话	0.15
	网内通话	0.20
	网外通话	0.40
省内漫游	网内通话	0.50
	网外通话	0.70
省际漫游	网内通话	0.60
	网外通话	0.80

注：发送中国移动网外短信不包含在短信套餐内，按0.15元/条收费。

利用网外、网内及品牌内三级定价，中国移动使得"动感地带"子网内的用户互相都不愿放弃原有服务，因为这会使彼此间联系的成本加大；同时，为了节省通信成本，与动感用户联系密切的人也会倾向于选择这一品牌。

"动感地带"是中国移动最先尝试品牌内优惠的子网品牌，这一定价方式提高了用户对于"动感地带"这一"子网"的忠诚度，实际上也就提高了用户对于中国移动这个大网的忠诚度。运营商通过分级定价把自己的用户一群群地圈在一个个子网中，并利用子网不断吸引周围的潜在用户，以产生"跨门槛效应"，最终达到"以小网稳

大网"的目的。

（四）"动感地带"的优惠与促销计划

"动感地带"在推向市场后，中国移动针对市场有计划地推出了多项优惠措施与促销计划。首先，促销与优惠是"动感地带"网罗新顾客、推进业务计划的重要手段。其次，在这种目前顾客基数不是很大的细分市场上对某些新措施进行试验，可以测定市场反应，以决定是否向其他子网推广，降低改革风险。另外，小范围的促销与优惠也为其提供了低成本管理竞争信息的平台，因为可以有选择地向竞争对手发出某些竞争信号，以测试竞争对手的反应。以广东地区为例，"动感地带"的促销及优惠手段主要有：

（1）IP电话折扣。

（2）分时段定价。

（3）赠送话费。

（4）免初月使用费。

（5）免短信使用费和来电显示费。

可以看出，在以上各种优惠措施中，中国移动多将价格作为直接的促销手段。其中，前两项优惠措施是在小灵通进入广州以及联通调整其长途资费时推出的，明确地向对手表明了其态度，以最快的速度回应了竞争对手的价格挑衅。同时，这两种优惠措施也给以"短信批发"而闻名的"动感地带"以更具实际意义的优惠，拉近了其与消费者之间的距离。

分时段定价措施实际上是"动感地带"实施的一个非常有效的收益管理措施，它同时考虑了成本及市场价格敏感性。首先，在0：00~7：00时段，长途电话的使用相对较少，长途电话设备利用率较低。在这个时段打折，既提高了生产能力的利用率，又不会影响为愿意付全价的顾客服务，从而带来利润的增加。

免初月使用费则是针对已经加入其他网的手机用户而提出的。从已有网络转入"动感地带"要更换手机号，这需要一定的转换成本，因为用户要通知所有亲朋好友自己的新手机号码。为了降低这种转换成本，"动感地带"用户在激活的第一个月免交基本费用，即完全免费发送300条短信并享受来电显示功能。也就是说，转换网络的用户可以利用这段时间来实现低成本换号，从而在一定程度上降低了用户的价格敏感性。

资料来源　李昊. 动感地带（M-ZONE）定价策略分析［J］. 市场周刊，2011（4）.

综合实训4

拼多多的"低价狂奔"

要求： 分析拼多多的低价策略存在哪些问题，从拼多多的运营模式中，总结实行低价策略的条件和启示。

最近每天凌晨3点多，河南中牟县刁家乡的蒋中宝、陶凤英夫妇就得从被窝里爬起，赶到田地里。今年，这对夫妇种了8亩大蒜，其中早熟蒜有3亩，这两天已经成熟。蒋中宝说，这几亩地是他家的主要收入来源。

河南中牟县是我国大蒜之乡，每年销售量在10万吨以上，其中出口量一度占比高达1/3。4月25日，《南方都市报》记者在刁家乡田间看到，类似蒋中宝这样的蒜农手持小铲在田间挪动，挖蒜、剪蒜秆、去蒜根、装袋，其中大都是中老年人。

往年，12小时后，这些刚出土的鲜蒜，将会被贩子收走，在全国各个批发市场短暂集散后，送达超市、菜市场。蒋中宝家的收成都寄托在蒜贩子口中浮动的数字上。不过，根据农业农村部数据，今年4月，国内大蒜批发均价下跌了59.11%，而国内最大的批发市场——北京新发地的数据显示，目前鲜蒜的价格已经跌到8毛一斤。

面对恶化的行情，以低价和拼单等营销模式在微信朋友圈中壮大的拼多多，似乎给了他们一条新的出路。4月25日，中牟大蒜2 000亩的出口级优质大蒜在拼多多公益项目"一起拼农货"中，以5斤9.6元的价格上线。

这个充斥着9.9元包邮商品的极具乡土气息的电商购物平台，近期和抖音一起成了千万流量级网红。在多份数据报告里，拼多多2017年的GMV规模已经仅次于手机淘宝和京东两大巨头，排名第三。这个平台甚至被业内解读为冲破广大价格敏感型用户圈层的破壁者。但另一方面，在消费者口口相传的社交渠道中，拼多多又与刷单、售假、质量差、山寨假货等铺天盖地的负面评价形影不离。

互联网从来都不缺现象级产品，但从产品质量到商业模式在业内评价中都呈现两极分化的拼多多也实属罕见。拼多多，究竟是网红，还是"网骗"？

一、压缩到极限的成本：0.3～0.5元的利润

15元包邮15个猕猴桃，当"五环内"消费者还在质疑争论这个产品价格真假的时候，他们的父母或许每天在微信群发的正是类似的这种拼团链接。这正是拼多多得以迅速崛起的法宝：以低价团购形式，用户自发地在微信拉人拼团，获取流量；用户自发在微信分享爆款引流商品，把更多在意价格的用户吸引过来。

《南方都市报》记者上线拼多多APP发现，该平台的价格确实惊人，9.9元包邮的T恤，7.8元包邮的2盒铁观音，9.8元的空调凉被，6.9元的日本进口拖鞋，19.9元的英国进口时尚腕表赫然陈列在醒目位置。男装牛仔裤拼单价格普遍不超过30元，甚至最低的包邮价格仅为19.9元，而在淘宝APP上，男装牛仔裤最低也需69元。

在上游原材料、人工成本普遍水涨船高的当下，拼多多的低价从何而来？

"通过拼单，如果能形成单品爆款，商品订单达到一定的规模，就能提高议价能力"，4月25日，在河南省中牟县，河南以果农业科技有限公司总经理张银杰这样告诉《南方都市报》记者。这意味着，爆款销售可以促进供应链集约化，从而降低各类仓储、物流成本。

《南方都市报》记者了解到，4月25日当天，24小时内，河南中牟县5斤9.6元的大蒜，最终完成了46 943个订单，销售额55.7万元，销售大蒜33.64万斤。

"大蒜的收购价每斤约1元，物流费3.5元，人工费0.4元，包装费1.3元。"张银杰向南都透露。

乍看之下，5斤9.6元的大蒜成本似乎超出了拼团销售价。对于这一疑问，张银杰在南都记者的追问下坦承，由于大量发货，这些大蒜的包装材料、包装尺寸较为稳定单一，更方便管理，在物流上往往可以得到优惠，物流和包装费用可以拿到协议价，"一单大蒜到最后还是有0.3～0.5元的利润空间。"而南都记者了解获悉，蒋中宝、陶凤英这样的农户，今年每斤大蒜的收购价比市价高出了0.15元。

二、经营风险转嫁物流

3.5元/单是快递发货成本，"一单拼团价3.5元，包括商品价和快递费，这种单一般不赚钱，有的更是亏本贴钱，目的是为了把买主引流到自己的商店，让买主消费其他产品"。拼多多的一位商家近日告诉《南方都市报》记者，在这些成本当中，快递费因地方而异，比如说深圳华强北，每天如果有50~100单，快递费可以谈到3~3.5元/单；而如果每天的订单量达到1 000单以上，可以谈到2.6~2.8元/单。"这种价格，大多数快递公司都可以谈得到，比如三通一达、百世汇通。""拼多多也会把部分广告费作为物流补贴，奖励给部分商家。"物流专家徐勇告诉《南方都市报》记者。

不过，快递网点并不欢迎拼多多这样的订单。"3.5元是我们一单快递的发货成本价，这个根本赚不了钱，现在我们不接拼多多的单了"。越秀区一家中通快递的网点负责人向南都记者透露，对于这种不赚钱的单，快递商家也"基本不做售后，包裹丢了都不会有人跟进，也没人管"。

根据国家邮政总局披露的数据，2017年，全国快递服务企业业务量累计为400.6亿件，同比增长28%；业务收入累计为4 957.1亿元，同比增长24.7%。收入增速再度低于业务增速，这意味着，快递的件均收入继续逐年降低。

《南方都市报》记者查询资料发现，申通2013—2015年的单件收入水平分别为3.34元、2.43元和2.92元；而圆通、中通2016年上市之初，每单收入分别是2.43元和2.06元，每单分别赚0.236元和0.415元。

"近几年快递企业的成本不断上升，包括人工、面单原料、租金等成本都在上升，快递企业的日子很难过。在这个状态下，快递价格还一直下降，正是价格战恶性竞争导致的"。有物流业人士透露，2017年春节过后，中国快递瘫痪被大面积曝光，快递员不跑快递，都去送外卖了，特别是没有归属感的快递加盟企业，末端站点的不稳定性，成为了传统快递发展的软肋。

"快递业粗放式的低价竞争使得快递企业亟待转型。事实上，快递领域单件的最低运营成本在2.5元左右，这意味着，快递业现在的低价竞争几乎逼近红线了"。上述不愿透露姓名的物流业人士表示，从这个角度来说，那些长期依靠低价快递支撑的网上商家，需要加快转型速度。

有乳业品牌相关负责人告诉《南方都市报》记者，"就品牌来说，拼多多并不适合我们这种低毛利的产品，物流成本太高了。而且我们所有平台都是控价的，拼多多一味强调低价，并不适合我们这种已经形成品牌的企业，除非是新品的一次性促销"。

三、价格管控下的代价

商家产品质量堪忧，"商家看中的是拼多多的流量，如果上架的商品成了爆款，商家在短期内能做大订单规模，争取到更大的议价能力。"一位拼多多商家向《南方都市报》记者表示，与传统电商相比，首先，拼多多的进入门槛不高，传统电商流量太贵，但如果不投钱做排名，订单量就很少；其次，传统电商平台比较成熟，除非投入大笔营销费用，否则也很难实现短期爆发、大量订单、少SKU的模式。而拼多多在初始阶段，为吸引商家入驻，曾开出了"零保证金""零门槛"等条件。

"拼多多的进入门槛不高，但在之后的运营过程中，隐性成本还是让人吃不消"。上述商家向南都记者透露，商家一般不会有太多的库存现货，但如果拼多多上架的商品突然成了爆款，库存就很容易不够，中小型的商家就会出现货不够发单的情况，这时就会受到拼多多平台的罚款。

《南方都市报》记者在拼多多商家后台规则中心发现了一系列的处罚条目与规则：售假、描述不符、服务不达标、延迟发货、虚假发货、欺诈发货等项目，均被列入处罚范围。比如，未在约定时间（48小时）内发货，或者超时没有揽件记录会判定为延迟发货，将处罚一张3元无门槛现金券（赔付给每个消费者）。

"拼多多之所以要出这么严格的一个规则，是因为没有这样的时间窗口去做品牌治理。我们只能用一个相对比较激烈的方式，让好的（产品）更快地上去，让差的产品更快地淘汰。你既然伤害了消费者，就应该去赔付和补偿给消费者。"拼多多有关负责人达达这样向《南方都市报》记者解释。

但不少商家则认为，惩罚制度太苛刻，"利润才几毛钱，一个消费者一张3元的无门槛现金券，就相当于是一张订单的几倍利润"。更何况，"拼多多上的订单往往成百上千，很难一次性备足货。而物流环节，又是由第三方快递公司控制的，有些违规并不是商家主观造成的"。

显然，拼多多的隐性成本超出了平台商家当初的预期，但即便要退出平台，退出门槛也较高，尤其是对于被罚款过的商家。"不仅所有订单要完成发货，并且30天内没有售后纠纷，平台才会退回押金，整个过程大概2~3月，很容易导致资金周转问题"。

四、在成本"悬崖边走路"：质量"掺水"，消费者吃闷亏

有拼多多内部员工告诉《南方都市报》记者，拼多多对于价格管控很严格，更低的价格更容易拿到更高的流量。

但是，"在如此低的毛利下，商家要遵守拼多多"条件近乎苛刻"的管理规则而不受处罚，简直是'在悬崖边走路'，这需要相当成熟的运作模式和供应链资源整合能力。"一位零售业分析人士表示，但就目前来说，拼多多平台上的商家大部分是中小企业或个体经营者，并不具备这样的管理能力。

那么，面对这么大的成本压力，拼多多的商家会怎么办？

"牛仔裤少一些铆钉和皱褶就可以把价格压低很多，对于很多三四线城市的消费者而言，价格才是他们考虑的主要因素。"拼多多员工向《南方都市报》记者透露。此外，也有商家表示，采购一些色牢度、甲醛检测不达标的布料，也是降低成本的手段。

对此，拼多多有关负责人达达告诉《南方都市报》记者，拼多多的主要用户定位并不是用惯了高价高质产品的中高收入用户，而是那些平时逛京东天猫都有可能嫌贵，甚至不会使用网购的人。"28包29元的纸巾与德宝相比自然是质量差，但与许多农村小商铺卖的粗糙产品相比却已经是物美价廉。质量有保障这件事平台还可以控制，但质量高低的评价却受个人预期影响很大"。

不过，还有一部分商家选择了山寨、假冒伪劣、三无产品。《南方都市报》记者发现，拼多多平台上一款3.3元的红茶，无生产日期和生产厂家，虽然有QS食品生产许可证，但在国家食品药品监督管理局官网无法查到这串证书编号。

还有一款拼购价9.9元的儿童纸尿裤，从包装到名称看起来都神似"帮宝适"

（Pampers），但它的实际名称为"Paonmepors"。而"米家新品 U 盘"，实际上是品牌为"米家新品"出品的 U 盘。

根据中国电子商务研究中心发布的数据，2016 年拼多多投诉量居行业第一，高达 13.12%。而 2017 年，拼多多因质量差被投诉的事件并没有得到改善，解决率仅仅过半。《南方都市报》记者梳理发现，关于拼多多的投诉主要有两类：一类是用户投诉其商品质量差、虚假宣传、假货、客服态度差等问题；另一类是平台的商家投诉其恶意罚款、冻结货款。

虽然拼多多规则上也说明消费者可以无理由退换，但《南方都市报》记者了解到，由于退换的快递费需要消费者自理，9.9 元的商品退货成本可能需要 10 多元，所以消费者往往选择"吃闷亏忍下"。

拼多多以"两高一低（高流量、高标准、低价）的策略，将商家、快递公司、消费者吸引到平台上，但最终又将风险转嫁给了他们"。在上述商业分析人士看来，这并不是一个健康的商业运作模式。

拼多多上大蒜订单的收支明细

收支项目		费用明细
收入	拼团价	5 斤 9.6 元
成本	收购价	1 元左右/斤
	物流费用	3.5 元/单
	快递报价	50~100 单/天，3~3.5 元/单；1 000 单以上/天，可谈到 2.6~2.8 元/单
	快递包装费	1.3 元
	人工费	0.4 元
利润（收入-成本）	—	0.3~0.5 元

资料来源 孔学劭，田爱丽. 拼多多的低价究竟从何而来？[EB/OL]. [2018-05-03]. http://www.e521.com/news/chss/519340.shtml.引文经过改编。

主要参考文献

[1] 丁兴良. 直面价格战争（战略篇）[M]. 2版. 北京：经济管理出版社，2012.

[2] 纳格，等. 定价战略与战术 [M]. 王佳茜，译. 5版. 北京：华夏出版社，2012.

[3] 吉本佳生. 在星巴克要买大杯咖啡 [M]. 朱悦玮，译. 北京：中信出版社，2011.

[4] 赫舒拉发. 价格理论及其应用 [M]. 李俊慧，等，译. 北京：机械工业出版社，2009.

[5] 多兰，等. 定价圣经 [M]. 董俊英，译. 3版. 北京：中信出版社，2010.

[6] 张五常. 货币战略论 [M]. 北京：中信出版社，2017.

[7] 马登科，张昕. 国际石油价格动荡之谜：理论与实证 [M]. 北京：经济科学出版社，2010.

[8] 吴振球，倪叠玖. 企业定价 [M]. 2版. 武汉：武汉大学出版社，2010.

[9] 郭健. 市场营销原理 [M]. 北京：中国商务出版社，2011.

[10] 高鸿业. 西方经济学（微观部分）[M]. 6版. 北京：中国人民大学出版社，2014.

[11] 温桂芳，张群群. 中国价格理论前沿（1）[M]. 北京：社会科学文献出版社，2011.

[12] 余喆杨. 资产价格波动与宏观经济稳定研究 [M]. 北京：中国农业出版社，2011.

[13] 张庆君. 资产价格波动与金融稳定性研究 [M]. 长春：吉林大学出版社，2011.

[14] 王德章. 资产价格波动与金融稳定性研究 [M]. 2版. 北京：中国人民大学出版社，2011.

[15] 顾文钧. 顾客消费心理学 [M]. 2版. 上海：同济大学出版社，2011.

[16] 张良. 汽车营销学 [M]. 合肥：合肥工业大学出版社，2011.

[17] 张农科. 政府住房价格干预理论研究 [M]. 北京：中国经济出版社，2012.

[18] 方燕. 中国农产品价格波动与调控机制研究 [M]. 北京：经济科学出版

社，2013.

　　［19］王天春. 市场营销案例评析［M］. 2版. 大连：东北财经大学出版社，2013.

　　［20］温桂芳，张群群. 中国价格理论前沿（2）［M］. 北京：社会科学文献出版社，2014.

　　［21］李建平. 价格学原理［M］. 北京：中国人民大学出版社，2015.

　　［22］胡峰，曹荣光. 我国自然垄断行业价格规制研究［M］. 北京：中国经济出版社，2015.

　　［23］曼昆. 经济学原理：微观经济学分册［M］. 梁小民，等，译. 7版. 北京：北京大学出版社，2015.

　　［24］史密斯. 定价策略［M］. 周庭锐，等，译. 北京：中国人民大学出版社，2015.

　　［25］田中靖浩. 定价的艺术［M］. 杜海清，译. 上海：中国出版集团东方出版中心，2018.

　　［26］西蒙. 定价制胜：大师的定价经验与实践之路［M］. 蒙卉薇，孙雨熙，译. 北京：机械工业出版社，2017.